마음이 부자인 아이는
어떻게 성장하는가

마음이 부자인 아이는 어떻게 성장하는가

행복할 줄 아는
아이로 키우는
정서 육아법

박소영 지음

북크레용

프롤로그

마음이 부자인 아이로
키우고 싶은
모든 부모님에게

지난 14년간 정신과 전문의로, 소아정신과 전문의로 아이들과 부모들을 만나면서 꾸준히 생각해온 점이 있습니다. 아이가 겪는 질병의 심각도, 외부의 상황, 가정의 경제적 어려움이 아이의 마음에 상처를 주고, 곤경에 처하게 할 수도 있지만, 언제나 가장 중요한 것은 '아이의 마음이 얼마나 단단한가'였습니다. 같은 질병을 가지고 있는 아이라 해도 마음이 단단한 정도에 따라 상황을 이겨내는 과정과 결과가 달라졌습니다.

마음이 부자인 아이들은 어떤 상황에서도 행복해질 수 있습니다. 갈등이나 고난이 와도, 이를 이겨낼 만한 자원이 있기 때문입니다.

행복이란 어느 순간 갑자기 생기는 것이 아니라 꾸준히 연습하고 노력해야 만들어지는 것입니다. 마음 또한 근육과도 같아서 많이 쓸수록 더 잘 쓰고 단단해질 수 있습니다.

반면에 정서적으로 빈곤하고 신뢰도가 약한 아이들의 마음은 텅 비어 있는 경우들이 많았습니다. 이 아이들이 자라 부모가 되면 어떤 모습일까요? 실제로 부모와 아이의 관계를 잘 이루지 못하는 가족을 자세히 살펴보면 부모님이 어릴 적부터 풍부한 정서적 경험이나 관계의 끈끈함을 경험해보지 못한 채 자란 경우가 많았습니다.

요즘 부모들은 아이들의 마음에 대해서 궁금해하고, 아이가 신체뿐 아니라 정신적으로도 건강하게 자라길 바랍니다. 그리고 아이의 자존감을 높여주기 위해 최선을 다합니다. 하지만 부모들의 노력에도 불구하고 아이들의 마음은 더 아프고 힘들어지고 있습니다. 어디서부터 잘못된 걸까요? 가장 큰 문제는 '방향'이 잘못되었기 때문이라고 생각합니다. 아이가 원하는 부모의 관심과 사랑 그리고 부모가 주고 싶은 관심과 사랑의 방향이 다른 경우가 많기 때문입니다.

너무 많은 육아 정보와 기술을 접한 부모들은 '나는 왜 이렇게밖에 못 키울까' 하며 죄책감을 느끼거나 '내 아이에게 문제가 있는 것은 아닐까'라는 걱정에 시달리고 있습니다. 이 때문의 부모들의 육아 효능감은 점점 떨어지고, 결국 부모와 아이의 정서석 거리가 멀어지는 함정에 빠지게 됩니다. 저는 이 광경을 오랫동안 목도하며, 제대로 된 정보와 육아의 방향을 담은 나침반 같은 책이 필요하다고 생각해왔습니다. 이 책은 그런 저의 오랜 고민과 진심을 담은 결과물입니다.

부모들은 아이를 공부시켜 좋은 대학에 보내거나 돈 걱정 없이 살게 해주고 싶어 합니다. 하지만 결국 현실적인 한계에 부딪히게 되죠. 어떤 상황에 처한 부모라도 아이에게 정서적인 유산을 남겨줄 수는 있습니다. 바로 아이의 '마음을 부자'로 만들어주는 일입니다. 마음이 부자인 아이로 키우는 일은 매일의 일상 속에서 생각보다 쉽게 이룰 수 있습니다. 부모로서 함께하는 일상의 소소한 순간들만 잘 활용해도 우리는 충분히 아이의 마음을 풍부하고 단단하게 만들어줄 수 있습니다. 이 책에는 바로 그런 순간들을 캐치하고 활용할 수 있는 방법들을 담았습니다.

사실 제가 이 책을 통해 여러분에게 바라는 것은 오직 하나입니다. 바로 육아의 '영감'을 얻는 것입니다. 영감은 '직감적으로 느끼게 되는 심리적 상태, 창조적인 일의 계기가 되는 기발한 자극'이라는 뜻입니다. 저는 아이를 키우는 일에도 영감이 필요하다고 생각합니다. 기술, 지식, 정보만으로는 아이를 키워낼 수 없다는 사실은 이미 부모님들께서도 알고 계실 것입니다. 나만이 느끼고, 우리 부부만이 알고 있는 어떤 확고한 신념이 있어야 비로소 내 아이를 잘 키워낼 수 있습니다. 이 책을 통해 스스로 어떤 부모가 되고 싶은지 아이를 어떤 마음으로 키워야 할지 그 신념을 세우고, 아이와 함께 있는 순간마다 영감을 얻을 수 있길 바랍니다. 그리고 그 영감을 통해 육아의 소중하고 행복한 순간을 깨닫고 즐기셨으면 합니다.

이 책을 저만큼이나 공감하면서 읽을 사람을 꼽으라면 바로 제 남편입니다. 아이를 임신하고, 출산하고, 키우고 있는 지금까지 모든 순간들을 함께했기 때문입니다. 그 시간 동안 남편은 저를 한 인간이자 엄마로, 그리고 소아정신과 의사로 성장할 수 있게 해주었습니다. 이 책이 세상에 나올 수 있게, 제가 하고자 하는 일에 도전할 수 있게 항상 저를 지지해주는 사랑하는 남편과 책 출간의 기쁨을 나누고 싶습니다.

박소영

목차

프롤로그
마음이 부자인 아이로 키우고 싶은 모든 부모님에게　　004

1장　즐거운 육아는 존재하는가

1. '예전 육아'보다 더 힘들어진 '요즘 육아'　　013
2. 많이 알수록 부모도, 아이도 더 힘들어진다　　029
3. 그럼에도 육아가 즐거운걸　　048

2장　내 아이와 마음을 나누는 기적 같은 순간

1. 진정한 '부모의 맛'을 본 적 있는가　　065
2. 연애하듯 내 아이를 사랑하기　　069
3. 상호주관성, 애착을 높이는 가장 쉬운 방법　　084

3장 행복한 육아로 가는 길

1. 아이 : 부모라는 문을 통해 세상을 만나다   099
2. 부모 : 육아를 통해 진짜 나를 만나다   128
3. 아이와 부모의 관계 : 세상에서 가장 특별한 인연   158
4. 나는 어떤 부모인가   173

4장 '좋은 부모'는 기술이 아니라 태도로 결정된다

1. 부모는 저절로 되는 걸까? 노력으로 만들어지는 걸까?   185
2. 좋은 부모의 4가지 공통점   193
3. 놀이 : 아이의 세상으로 들어가는 문   232
4. 대화 : 부모와 아이의 마음을 잇는 강력한 통로   253

5장 '좋은 부모'가 되기 위한 4주 연습

1. 나의 육아 목표는 무엇인가   285
2. 육아 점검하기 : 지금 나의 육아는 어떤 모습일까   291
3. 아이와의 관계 밀도를 높여줄 4주 워크시트   311
4. 행복한 부모 나무에서 행복한 아이 열매가 맺힌다   325

1장

즐거운 육아는 존재하는가

'예전 육아'보다 더 힘들어진 '요즘 육아'

나는 아이를 낳고, 3개월간 출산휴가를 보낸 후 진료실로 돌아왔다. 몸이 회복되진 않았지만, 내가 좋아하는 일을 다시 할 수 있어 기뻤다. 다행히 근무하던 병원에서 여러 배려를 해준 덕분에 일을 하면서도 아들과 적지 않은 시간을 보낼 수 있었다.

당시 나는 정신과 의사 9년 차, 소아정신과 의사 6년 차로 이미 수많은 아이와 부모를 경험한 후였다. 그러나 엄마가 된 후에는 이전과 많은 부분이 달라졌다. 아이를 낳기 전에는 진료실 문을 열고 들어오는 아이와 부모는 나에게 환자와 보호자였다. 그러나 출산 후에는 그들이 마치 내 아이처럼, 그리고 부모는 나의 육아 동지처럼 느껴졌다.

육아에 지칠 대로 지친 부모와 이야기를 나누다 나도 모르게 눈물을 훔치기도 했고, 말 안 듣는 청소년과 그런 자녀 때문에 속 끓이는 부모를 만나면 내 미래를 보는 듯했다. 내 아들 또래의 아이가 진료실 문을 열고 들어올 땐, 아들 생각이 나 더 귀엽고 애틋하게 느껴졌다. 간혹 질병이나 좋지 않은 상황으로 어려움을 겪는 아이와 부모를 볼 때면 의사로서 온 마음을 다해 진료하는 것은 물론 나의 개인적인 경험과 노하우를 최대한 전하기 위해 노력했다.

확실히 나는 이전과는 달라진 소아정신과 전문의가 되었다. 부모교육과 양육 코칭에서는 전공 서적과 학술서에서 벗어난 좀 더 현실적인 조언들을 건네게 되었다. 아이의 증상과 행동에 초점을 맞추던 것을 넘어 아이 존재 자체를 더욱 사랑스럽게 바라보게 되었으며, 부모의 입장과 마음에도 더 많이 공감하게 되었다.

또 다른 변화도 있었다. 이전의 나는 병을 치료하고 아이의 증상을 완화하는 것을 목표로 삼았다. 하지만 엄마가 된 이후에는 '육아의 맛'을 잃어버린 부모를 보며 안타까운 순간이 많아졌다. 여러 고민과 걱정으로 많은 부모가, 부모와 자녀라면 응당 누려야 할 아이를 키우는 일의 참된 즐거움을 놓치고 있었는데, 새삼 그 점을 더욱 주목하게 되었다. 그래서 나의 진료 목표는 증상을 호전시키고, 문제 행동을 없애는 것뿐 아니라 아이들과 부모들이 반짝이는 시간을 더 많이 보낼 수 있도록 돕는 것으로 점점 확장되었다.

진료실에서 만난 부모는 저마다의 고민과 걱정을 하며 육아의 길을 잃고 헤매고 있었다. 임신과 출산 과정에서 이미 육체적·정신적 에너지가 소진되어버린 경우, 아이가 너무 까다로운 기질이라 육아 난이도가 상당히 높은 경우, 발달이 느리거나 장애가 있는 아이를 키우는 경우, 아이가 우울증이나 ADHD 등의 정신과적 진단을 받은 경우 등 다양한 아이들과 부모들을 매일 만나고 있다.

의사는 어려움이나 불편감이 있는 환자를 만나면 증상을 확인하고 표준화된 검사를 통해 진단을 내리게 된다. 정신과도 마찬가지다. 아이의 어려움을 확인하고 이에 따라 표준 지침을 제시하고 도와주면 된다. 물론 이런 보편적인 치료 케이스들도 쉽지 않다. 당연히 주치의와 부모 그리고 아이가 많이 노력해야 한다. 하지만 앞의 경우들, 즉 육아를 힘들게 만드는 원인이 비교적 분명한 경우는 앞으로 나아가야 할 방향이 어느 정도 정해져 있다. 그렇기에 힘들지만 정답이 있어 그 길을 따라가면 상황을 개선할 수 있다.

하지만 진료실에서 혹은 강연장에서 만나는 양육자의 고민은 점점 더 다양해지고 있다. 그들의 고민은 정신의학과 전문서에 나오는 병리 케이스를 넘어섰다. 그들이 나를 찾는 이유와 목적 또한 달라졌다. 지금의 양육자는 잘 크고, 잘 먹고, 병에 걸리지 않고 무사히 자라는 것을 넘어서 내 아이의 정신과 마음을 더욱 건강하게, 자존감을 높게 키우는 것을 육아의 목적이자 최대 고민으로 여긴다. 이른바 '병'이나 '문제'가 있어야만 진료실을 찾았던 과거와 달리 내 아이의 자존감과 정신건강을 더 튼튼하게 하기 위해 진료실을 찾는 경우가 늘고 있다. 우리 사회는 몸이나 마음의 병을 잘 치료하는 것은 물론 병이 생기기 전에 예방하고, 더욱 건강하고 행복해지기를 바라는 시대로 들어서고 있는 것이다.

☀ 일단 낳으면 키우게 돼 있다고?

통계청에 따르면 2024년 한국의 산모 평균 연령은 34세다. 20년 전 평균 연령이 29.6세인 것에 비하면, 연령대가 급격히 높아졌음을 알 수 있다. 이러한 변화의 원인은 다양하다. 출산이 이제 필수나 의무가 아니라 개인의 선택이라는 생각이 확산되었으며, 아무나 아이를 키울 수 없다는 신념도 한몫하고 있다. 아이를 낳고 키우기 위해서는 정서적으로 혹은 경제적으로 '준비된' 상태여야 한다는 인식이 커졌다.

결혼을 했든 하지 않았든 한번쯤 '아이를 낳으면 어떻게 될까' 하는 상상을 해본다. 식당, 카페에서 떼를 쓰는 아이와 그 옆에 지쳐 있는 부모를 보면서 '아이 키우는 것은 정말 힘들구나' 혹은 '나는 아이 못 키울 것 같아'라고 생각하는 이들이 점점 늘고 있다. 뉴스에 나오는 사교육 열풍 소식이나 영어 유치원비, 양육 비용 등을 보며 자녀를 낳고 기르기 위해서는 어마어마한 돈이 들 거라고 생각해 지레 겁을 먹는 이들도 있다.

물론 이들의 생각이 100% 틀린 건 아니다. 아이를 낳고 기르는 일은 쉽게 결정해선 안 되며, 개인적으로도 계획하에 임신과 출산을 진행하기를 권한다. 하지만 이 말이 임신과 출산을 완벽하게 준비된 상태에서만 해야 한다는 뜻은 아니다. 완벽하게 준비한다는 것 자체가 불가능하기도 하다. 아이를 낳기 전 필요한 것은 '내가 어떤 부모가 되고 싶은지' 즉 아이를 낳았을 때 변화하는 환경과 나의 역할에 대해 미리 생각하는 마음의 준비다. 부모가 된다는 것에 대한 큰 틀과 개념을 잡아가는 것이다.

이런 원론적인 개념과 동시에 현실적인 고민도 해결해야 한다. 당장 '누가 아이를 돌볼 것인가' 하는 큰 문제부터 풀어야 한다. 실제로 아이를 낳고 싶은데 돌봐줄 사람이 없어서 못 낳는다는 말이 심심치 않게 들린다. 만약 아이를 낳는다면 부부 중 누가 아이를 돌볼지, 부부 중 누가 어느 기간 동안 육아휴직을 할지도 결정해야 한다. 나아가 줄어든 수입으로 생계유지와 육아 비용을 충당할 수 있는지 계산해봐야 한다. 이 고민을 끝내지 않고서는 출산을 결정하기 어렵다.

갑작스럽게 임신한 경우도 마찬가지다. 임신 사실을 안 순간부터 출산 후 1~2년의 미래를 그려보고 어린이집에 보낼지 말지, 보낸다면 언제 어디로 보낼지 등 현실적인 일들을 고민해야 한다.

간혹 임신을 고민하는 부부에게 "일단 낳고 봐", "하나 더 낳아", "출산장려금이 있으니까 괜찮지 않아?"라고 한마디 거드는 사람이 있는데 이런 말은 출산이라는 중대사를 너무 가볍게 만들어버린다. 출산은 쉽게 결정할 수 있는 일이 아니다. 출산 이후 부부의 삶과 인생의 방향이 크게 달라지기 때문이다. 그런 관점에서 볼 때 현재 아이를 낳고, 키우는 부모는 이 모든 고민의 터널을 지나 자신이 잃을 수도 있는 것들을 감수한, 이른바 '독하게' 마음먹은 사람이라고 할 수 있다.

> 요즘 부모는 아이를 신체적으로 건강하게 키우는 것을 넘어서 정신적으로도 단단하고 행복하게 키우고 싶어 하기에 더 큰 압박감을 느낀다. 하지만 가장 먼저 해야 할 일은 내가 '어떤 부모가 되고 싶은지' 그려보며 마음의 준비를 하는 것이다.

☀️ 우리의 육아가 전쟁인 이유

어쩌면 진로나 결혼보다 더 큰 인생의 결심일지도 모르는 '출산'. 그 결정을 한 순간부터 부부는 좋은 부모가 되기 위해 그리고 나쁜 부모가 되지 않기 위해 머릿속에서 다양한 시뮬레이션을 하며 공부를 시작한다.

우리는 바나나 하나를 사더라도 어느 사이트에서, 언제 사느냐에 따라 가격과 질이 달라지는 시대에 살고 있다. 같은 물건을 2배 넘는 돈을 주고 사거나 값은 같은데 질이 떨어지는 물건을 사본 경험은 모두 있을 것이다. 유명한 식당이나 카페는 미리 검색해 예약하면 몇 시간씩 줄 서지 않아도 된다. 멋진 펜션도 정해진 시간에 예약하면 더 싼 값에 이용할 수 있다.

인터넷으로 발품을 조금만 팔면 우리는 수많은 기회를 얻을 수 있는 '검색의 시대'에 살고 있다. 그 때문일까. 무의식중에 정보를 모르면 뒤처지거나 손해 본다는 생각을 하는 듯하다. '뒤처지면 안 된다'는 강박은 육아에도 마찬가지로 적용된다.

출산 전부터 유명한 국민템(분유, 수유 쿠션, 기저귀, 장난감, 젖병 등)이 무엇인지 찾고, 어떤 육아용품이 필요한지 리스트를 만든다. 산후조리원에 들어가는 기간은 며칠이 적당하고 어떤 옵션을 선택해야 하는지, 제왕절개와 자연분만의 차이와 장단점은 무엇인지 최대한 많이 알아둔다. 만약 제왕절개를 한다면, 어떤 마취를 선택해야 할지도 꼼꼼하게 비교한다. 엄마들 사이에는 '족보'라고 불리는 비법이 공유될 정도다. 그만큼 출산 전부터 공부하고 알아봐야 할 것이 너무 많다. 요즘 부모가 유별나서 그런 걸까? 이 질문에 앞서 부모가 왜 이렇게 공부하는지부터 고민해보아야 한다.

"아이 한 명을 키우기 위해서는 온 마을이 필요하다"라는 아프리카 속담이 있다. 격하게 동의하는 말이다. 아이 한 명을 키우기 위해서는 부모를 비롯해 할머니, 할아버지, 이모, 삼촌, 고모, 이웃 등 많은 사람이 필요하다. 어른뿐 아니라 또래 친구들과 누나, 언니, 형, 오빠, 동생도 필요하다.

30~40년 전 우리가 태어나 자랄 때를 떠올려보자. 학교 수업이 끝나면 집에 가 가방만 던져놓고 뛰어나왔고, 많은 아이가 골목에 모였다. 친구들과 놀이터에서 놀거나 문방구에 가 불량식품을 먹기도 하고, 몇백 원 주고 트램펄린에서 1시간씩 뛰기도 했다. 그렇게 놀다 보면 "○○야~ 밥 먹어라" 하는 소리가 들린다. 그러면 집으로 가거나 친구 집에 따라가 밥을 먹기도 했다. 어쩌다 부모님이 늦는 날이면 옆집에 가 늦게까지 신나게 놀았다.

나는 어릴 적 5층 주택에 살았는데, 1층에는 이모가 살았고, 주택

바로 옆에는 자주 가는 갈비집이 있었다. 우리집은 맞벌이 가정이었기 때문에 나는 형제들과 이모집에 자주 가서 놀았고 우리끼리 갈비집에 가서 밥을 먹고 오기도 했다. 그 시절의 부모들은 육아를 인터넷이 아니라 시어머니나 친정어머니에게 배웠다. 친척들이 모여 살아 육아를 분담했고, 친척들과 함께 살지 못하면 이웃이 가족처럼 아이를 돌봐줬다.

지금 아이가 있는 가족의 모습은 어떨까? 아이는 보통 부모 중 한 명이 전담해 키운다. 여유가 된다면 조부모 혹은 시터의 도움을 받기도 한다. 이마저도 어렵다면 철저하게 시간과 역할을 나눠 아이를 돌본다. 나 역시 출산휴가를 짧게 쓸 수밖에 없어 병원에 일찍 복귀했다. 남편과 내가 출근한 시간 동안은 할머니가 아이를 보다가 내가 퇴근 후 아이를 돌보고, 그 후 남편이 퇴근하면 한 명은 아이를 돌보고 한 명은 집안일을 했다. 아이가 잠들 때까지 우리 둘은 정해진 시간 동안 각자 할 일을 끝내야 했기 때문에 '집으로 출근한다'는 말을 실감했다.

밤이 된다고 다르지 않았다. 아이를 재우고, 새벽에 수유를 하고, 구세주인 할머니가 오기 전에 집안일을 하는 것까지 우리는 철저하게 시간과 역할을 분담해야 했다. 3명이 함께 아이를 돌보는 것과 3명이 역할과 시간을 정확히 나눠 아이를 돌본다는 것은 완선히 다른 이야기다. 1명의 아이를 양육한다는 공동의 목표하에 3명의 다른 사람이 톱니바퀴처럼 움직였고 이때 가장 중요한 건 '정보 교환'과 '육아 방식의 통일'이었다. 아이가 얼마나 먹었는지, 아이가 무슨 놀이를 했는지, 아픈 곳은 없었는지, 오늘은 어떤 새로운 행동을 했는지 등 서로 소통해야 했다. 그리고 모두 동일한 방식으로 잠을 재우고, 같은 양의 분유를 먹였다. 일관성 있는 육아를 제공하기 위해서는 공동의 원칙이 필요했다. 3명의 양육자가 같은 시간 동안 아이를 돌보며 서로 이야기할 시간이 부족하기에 기본 육아의 원칙을 정해 합의하고, 이에 따르기로 약속했던 것이다.

이렇게 아이를 키울 때 필요한 것이 바로 '육아 공부'다. 함께 살며 자연스럽게 보고 배우는 육아는 모두가 꿈꾸는 이상적인 모습이지만 모두가 누릴 수 있는 건 아니다. 우리는 최대한 효율적으로 아이를 돌봐야 했다. 그래야 일과 육아를 병행하고, 삶과 육아의 균형을 맞출 수 있기 때문이다. 각기 다른 3명의 어른이 아이를 돌보기 위해서는, 서로가 납득할 수 있고 따를 수 있는 육아 원칙이 필요했다.

이러한 상황은 아기가 자라서 어린이집이나 유치원에 다니고 학교를 가는 시기에도 마찬가지다. 현대 사회의 육아에는 역할 분담과 효율이 필수적이다. 아이는 하루가 다르게 변하고 어제 할 수 없었던 것을 다음 날에는 해낸다. 아이의 변화에 따라 부모의 역할도 계속 변한다.

☀️ 부모를 맘카페로 이끈 '불안한 마음'

최대한 좋은 선택을 하고 정해진 시간 안에서 가장 유익한 시간을 보내기 위해 부모는 공부한다. 특히 퇴근 후 집에 돌아와 아이와 함께 보내는 짧은 시간의 가치를 높이기 위해 부모는 검색하고 또 검색한다. 생계를 위해 일하면서도 부모의 역할을 해내기 위해 최선을 다하는 것이다.

아이는 성장하며 매일 변한다. 하지만 부모도 모든 것을 다 알 수 없기 때문에 갑작스럽게 변하는 아이의 행동을 이해하지 못하는 순간들이 많다. "왜 갑자기 안 하던 행동을 하지?", "말로 해도 안 통하는데 어떻게 도와주지?" 이렇듯 아이를 키우는 부모들은 매일매일 새로운 궁금증이 생기기 마련이다. 이 궁금증에 대한 답을 어디서 찾아야 할까? 내 부모나 배우자의 부모가 알려주는 지식은 몇십 년 전의 이야기다. 같은 동네에 친한 지인도 없고, 산후조리원에서 만난 동기의 이야기는 믿음이 가지 않는다.

검색의 시대에 살고 있는 우리는 궁금증을 인터넷에 쏟아낸다.

조금만 검색하면 전문가들이 써둔 지식도 어렵지 않게 찾을 수 있다. 하지만 그 대답의 마지막엔 항상 이런 말이 적혀 있다. "이는 일반화된 사례로 모든 아이에게 적용될 수 없습니다." "전문가의 상담이 필요할 수 있습니다."

같은 질문을 해도 전혀 다른 답을 알려줄 때도 있고, 머리로는 이해되지만 실제 내 아이에게 어떻게 적용해야 할지 감이 안 올 때도 있다. 그래서 부모들은 결국 '맘카페'로 향한다. 인터넷에 떠도는 광고나 혹은 내 상황과 맞지 않는 이야기가 아니라 비슷한 사례들이 궁금해지는 것이다. 대부분의 부모는 비슷한 고민을 하고, 비슷한 시기를 거친다. 그런 사례들을 읽다 보면 마음에 위안이 되는 부분도 있고, 현실적인 조언을 얻기도 한다.

마치 몇백 년 전 우물터의 인터넷 버전 같다. 동네 아낙들이 옹기종기 모여 다양한 이야기를 하고 정보와 가십을 전하던 우물터 말이다. 우물터는 위로와 위안을 나누고 기분을 전환하는 장소이기도 하지만, 동시에 소문의 근원이자 걱정의 씨앗을 만들어내는 곳이기도 하다.

내가 임신 5주 차 때의 일이다. 임신테스트기로 임신한 사실을 확인하고 남편과 나만 서로 축하하고, 아직 임신 초기라 일하는 병원이나 다른 가족들에게는 임신 사실을 알리지 않은 시기였다. 산부인과에 가서 진료를 받고, 임신을 확인하고도 아직 실감이 나지 않았다. 그런데 속옷에 피가 조금씩 묻어나오는 것을 발견했다. 다른 증상은 없었지만 피가 나오니 두렵고 걱정스러웠다.

산부인과에 갔더니 이유는 알 수 없고, 안정을 취해야 한다고 했다. 필요하면 진단서를 써줄 테니 조금 쉬라고 했다. 이미 몇 달 전부터 예약한 환자들이 있었고, 병원에 임신 사실을 말하지 않은 상태라 무조건 쉬어야 할 정도가 아니면 무리하지 않으면서 일상을 유지하기로 했다. 그렇게 며칠이 지난 후 그날의 마지막 환자와 면담하고 있었다. 그런데 갑자기 아랫도리에서 피가 왈칵 나오는 느낌이 들었다. '뭐지?' 불안하고 무서운 마음에 심장이 두근거리고 호흡이 빨라졌다. 빠르게 진료를 마무리하고 화장실에 가서 확인하니 동전 오백원 정도 크기로 피가 나 있었다.

나는 곧장 산부인과로 달려갔다. 주차장에 들어가려고 줄 서 있는 차들 앞에서 경비아저씨께 거의 울부짖듯 주차를 부탁하고 5층 진료실로 달려갔다. 초음파를 본 주치의 선생님은 다른 문제는 보이지 않지만 하혈이 있으니 쉬는 게 좋겠다고 했다. 질정을 처방해줄 테니 잘 넣고, 지금 할 수 있는 것은 '절대 안정'이며 다른 것은 없다고 했다. 너무 무서워 다른 생각은 들지 않았고 머릿속이 얼어붙은 것 같았다. 나는 주치의 선생님께 내가 의사라는 사실을 밝히고 내가 어느 정도까지 생각해야 하는지 다시 한번 여쭤보았다. "사실 할 수 있는 것이 특별히 없습니다. 그러니 쉬는 게 답이겠지요."

솔직한 선생님의 대답에 나는 오히려 초연해졌다.

　약을 받아들고 집으로 돌아와 남편과 상의한 끝에 우리가 할 수 있는 것을 하기로 했다. 잘 쉬면서 마음을 편하게 먹자고 다짐하고 잠자리에 누웠지만 당연히 쉬이 잠이 오지 않았다. 그날 밤 난 처음으로 맘카페에 가입했다.

　내 이야기를 구구절절하게 늘어놓는 이유는 이러한 상황이 흔한 일일 수 있지만 내 개인적으로는 결코 흔하거나 대수롭지 않게 넘어갈 수 있는 사건이 아니었다는 것을 말하기 위해서다. 세상에는 많은 일이 일어난다. 사고나 갈등, 원하지 않는 일들이 지금도 내 주변에서 일어나고 있다. 하지만 이 일들이 나에게 일어났을 때는 더 이상 객관적으로 생각하기 어렵다. 합리적으로 해결하는 것이 쉽지 않다.

　나는 의사이기 때문에 출산도 육아도 쉽지 않다는 사실을 알고 있었으며 임신 초기에 하혈 증상이 임산부에게 드물지 않게 발생한다는 사실도 알고 있었다. 그럼에도 나에게 이런 일이 생기자 손끝 발끝 신경까지 두려움이 느껴졌다.

　한 아이를 품고 낳기까지 성인 남녀는 인생의 큰 변화를 맞게 된다. 특히 엄마는 10개월 동안 몸이 변하고 출산 과정에서 피를 쏟아내는 큰일을 치르게 된다. 임신과 출산을 거치고 나면 비로소 본격적인 불안과 미지의 영역이 시작된다. "배 안에 있을 때가 가장 편하다"라는 말이 있다. 이 말은 틀리지 않다. 부모는 작고 연약한 이 존재를 어떻게 다루어야 할지, 내가 잘못하지는 않을지 혹여나 아이를 떨어뜨리진 않을지 계속해서 불안해하고 걱정하기 시작한다.

간혹 출산 예정일보다 일찍 태어나 체중이 적게 나가거나 출산 후 황달이 있는 경우가 있다. 청력 검사에서 반응이 없거나 사경(斜頸, 목의 근육이 뒤틀려 머리가 한 방향으로 기우는 증상)이 있을 수도 있다. 어렵게 태어난 아이라면 부모는 더 많이 공부한다. 평소 불안이 큰 부모나 완벽주의에 가까운 부모라면 더욱 열심히 할 것이다. 성숙한 성인으로서 합리적, 이성적으로 슬기롭게 삶을 살아가던 이들이 부모가 되면서 인생에서 가장 크고 예측이 어려운, 그래서 합리적이지 않은 영역에 들어선다.

만약 "나는 아이를 낳고도 별로 변한 게 없어"라고 하는 사람이 있다면 나는 다시 한번 생각해보라고 말하고 싶다. 아이를 낳으면 우리는 '부모'로 변해야 하고, '부모'라는 역할을 연습해야 하고, '부모'로 성장해나가야 한다. 아이를 키우는 과정에서 부모는 자신의 예민함과 까탈스러움에 놀라기도 하고, 아이를 키우는 일이 생각보다 훨씬 대단한 일임을 깨닫기도 한다. "부모로서 내가 이것밖에 안 되다니" 하고 자책할 때도 있다. "무엇을 상상하든 그 이상을 경험하게 될 것이다"라는 말이 바로 육아를 두고 한 이야기가 아닐까 생각될 정도다.

불안은 '잘하고 싶은 마음'에서 출발한다. 그리고 불안이 커질 때 인간은 둘 중 한 가지 행동을 한다. 싸우거나(Fight) 도망치거나(Flight). 너무나 어려운 육아, 이것을 잘하고 싶은 마음이 클수록 우리가 느끼는 불안은 증폭된다. 이 불안을 해결하기 위해, 어떤 부모는 지금까지 해오던 방식대로, 육아라는 문제를 '해결'하고 싶어서 많이 공부하고 합리적으로 사고하려는 방식으로 육아 전쟁을 치른다. 아니면 반대의 부모는 "그런 거 공부 안 해도 돼"라고 자신의 두려움이나 부모로서 마땅히 가져야 할 역할이나 고민, 감정을 감추거나 회피해버린다.

어느 쪽이 무조건 옳다고 단정지을 수는 없다. 확실한 것은 너무 높은 불안으로 모든 것을 통제하려고 하거나, 반대로 아무것도 하지 않고 내버려두는 극단의 방법은 바람직하지 않다는 것이다. 불안이라는 감정은 인간의 본능이다. 인간이라면 어느 정도 불안을 품으며 살 수밖에 없다. 그렇다면 불안을 가진 채 우린 어떤 육아를 해야 할까?

> 인간은 불안이 커질 때 싸우거나(Fight) 도망친다(Flight). 아이를 잘 돌보고 싶은 마음이 커질수록, 불안도 함께 증폭될 수 있다. '피할 수 없다면 즐겨라.' 불안은 육아의 동반자이며 우리는 불안을 없앨 수 없다. 우리가 할 수 있는 것은 육아의 '불확실성'과 '불안'을 인정하고 받아들이는 것이다.

많이 알수록 부모도, 아이도 더 힘들어진다

대학병원을 나온 뒤, 내가 처음으로 근무하게 된 곳은 서울의 한 지역 아동병원의 소아정신과다. 개원 초 진료실을 찾는 아이의 절반 이상은 초등학생이었다. 학교에 다니기 시작하면서 여러 어려움과 갈등을 겪어 스트레스를 받은 아이 혹은 ADHD(Attention Deficit/Hyperactivity Disorder, 주의력 결핍 과잉행동 장애) 증상을 보이는 아이가 많았다.

그런데 시간이 지날수록 점점 더 어린아이들이 진료실 문을 열고 들어오는 게 아닌가? 두 돌 정도 되는 아이를 데리고 오는 경우는 점점 흔해졌고, 젖도 안 뗀 아이를 업고 안아서 데리고 오는 경우도 있었다. 낑낑거리며 유모차를 끌고 오는 부모나 할머니를 보는 일이 점점 더 익숙해졌다. 그렇게 나는 점점 더 어린아이와 그들을 키우는 보호자를 만나게 되었다.

그런데 어린아이를 데리고 오는 보호자의 입에서 비슷한 이야기가 나왔다.

"아이가 눈을 잘 못 맞추는 것 같아요."
"아이가 포인팅(Pointing, 손가락으로 원하는 것을 가리키는 행위)을 안 해요."
"아이가 불러도 반응이 없어요."
"우리 아이가 자폐인 것 같아 걱정이에요."

자폐 스펙트럼 장애는 신경발달장애의 하나다. 이 장애의 특징은 또래나 발달 수준에 비해 낮은 사회성을 보이며 흥미, 행동, 관심사가 제한되고 반복된다는 것이다. 이러한 특징들로 인해 일상 생활이나 발달에 심각한 문제를 일으키게 되면, 자폐로 진단된다. 연구마다 조금씩 다르지만, 자폐 스펙트럼에 해당하는 아이는 보통 0.5~3% 비율로 발생하니, 절대로 적은 편이라 할 수 없다.

자폐 스펙트럼을 조기에 발견해 중재나 개입을 시작할 경우 아이의 발달 경과와 일상 생활 적응에 큰 도움이 된다. 따라서 자폐에 대한 관심이 많아지는 것은 고무적이고 긍정적인 일이다. 그래서 자폐 스펙트럼 장애를 의심할 만한 증상을 조기에 발견해 진료실에 데리고 온 부모를 보며 참 다행이라는 생각도 많이 했다.

하지만 이와 동시에 우려되는 점도 있었다. 많은 보호자가 너무 이른 시기부터 혹은 불필요하게 자신의 아이를 '자폐가 아닐까' 하고 의심하고 걱정하게 되었다는 것이다. 수년간 진료를 본 경험으로 추정해보았을 때, 자폐가 의심돼 진료실을 찾은 아이 중 20%, 약 5분의 1은 아이에게 자폐 스펙트럼 장애를 의심할 만한 징후가 없었다. 물론 자신의 아이에게 문제가 없다는 것을 전문가에게 확인받는 것은 중요한 일이다. 더 이상 불필요하게 걱정하고 에너지를 쏟지 않아도 되니까. 부모의 불안으로 육아의 방향이나 육아의 질이 떨어지지 않게, 가능하면 불필요한 걱정이 오래가지 않게 전문가를 찾는 것은 옳다.

부모들은 하소연 하듯이 말했다. 지난 1년간 아이가 자폐일까 봐 지옥 같은 매일을 보냈다고. 그들은 매일 아이 이름을 불러보고, 눈은 잘 맞추는지 확인하면서 지냈다고 했다. 심지어 출산 전부터 자폐에 대해서 걱정하거나 아이가 돌 무렵이 되었을 때부터 각종 상담 센터를 돌아다니며 여러 가지 검사를 한 경우도 있었다. 너무나 긴 시간 동안 고민하면서 우울증, 불안증과 같은 정신과적 어려움이 생긴 경우도 있었고, 부부 갈등이 생긴 경우도 적지 않았다. 그래도 이렇게 진료실까지 찾아와서 전문가를 만났다면 다행이다. 진료실 밖에서 혹여나 자폐 스펙트럼 장애로 신난을 받을까 두려워 병원을 찾지 못하는 부모도 있을 것이다. 그러니 얼마나 많은 부모가 걱정에 시달리고 있는 걸까? 얼마나 많은 부모가 아이와의 소중한 시간을 걱정과 불안에 소모하고 있는 걸까? 하루는 한 엄마에게 조심스럽게 물어보았다.

"어머니, 언제부터 아이가 자폐라고 생각하시게 되었어요?"
"아니, 유튜브를 찾아보면 막 뜨잖아요. 그런데 한 번 영상을 눌렀더니 자폐 관련 영상들이 계속 뜨는 거예요. 그런 영상을 계속 보다 보니 다 우리 아이 이야기 같더라고요."

2019년 당시만 해도 유튜브라는 매체는 나에게 그다지 와닿지 않았다. 신빙성 있는 정보라고 생각하지도 않아 유튜브를 자주 보지 않았다. 그런데 많은 보호자의 걱정이 유튜브에서 시작되거나 증폭된다는 사실을 알게 되었다.

유튜브에 도대체 어떤 영상이 있기에 다들 걱정하는 걸까? 궁금한 마음에 '자폐 스펙트럼 장애'를 검색해봤다. 대부분 자폐 스펙트럼 장애를 가진 아이를 키우는 부모가 올린 영상, 특정 분야의 전문가가 올린 영상이었다. 하지만 한참을 내려가도 소아청소년 정신건강의학과 전문의의 영상은 찾을 수 없었다. 그러다 우연히 한 대학병원 소아정신과 교수가 짧게 인터뷰한 영상이 올라와 반가운 마음에 눌렀는데, 아뿔싸! 조회수가 67회였다.

대한민국에서 자폐 스펙트럼 장애라는 진단을 할 수 있는 사람은 소아청소년 정신건강의학을 전공한 '소아정신과 전문의'가 유일하다. 그런데 유튜브에는 소아정신과 의사의 영상은 찾기 힘들었다. 그나마 1개 있는 영상은 잘 보지도 않는다니! 다른 영상들의 조회수는 이미 10만, 20만이 넘는데 말이다.

검색 엔진보다 유튜브에서 정보를 검색하는 시대로 들어선 시점이었다. 부모는 많은 정보를 유튜브에서 얻고 그 수요도 점점 늘어나는데, 실제로 도움이 될 만한 영상은 턱없이 부족했다. 그날 이후 아이가 자폐인지 물어보려고 온 부모의 대다수가 아이가 자폐인지 아닌지 이런저런 테스트를 해보느라 아이와의 소중한 시간을 온전히 보내지 못했다는 것을 점점 더 피부로 느끼게 되었다. 부모가 검증되지 않은 유튜브와 유튜브 알고리즘이 이끄는 무분별한 정보로 인해 불안의 늪으로 빠졌다는 사실을 알게 될 때마다 화가 났다. 그래서 진료실에 오는 부모에게 "어디서 그런 정보를 얻으셨어요?", "누가 그러던가요?" 하고 물었다.

부모는 너무 많은 정보, 잘못된 정보로 괴롭힘을 당하고 있었다.

아이가 나를 보며 방긋 웃는데도, 눈맞춤이 10번에 8번밖에 안 된다며 자폐가 아닌지 의심했고, 낯선 이를 보고 놀라서 엄마 뒤에 숨으면 사회성이 부족하다고 걱정했다. 유튜브 알고리즘이 이끄는 대로 밤새 끌려다니면서 부모들의 불안은 눈덩이처럼 커졌고, 나는 그저 그런 부모들이 안타깝고 안쓰러울 뿐이었다. 수개월간 쌓아온 불안과 걱정은 전문가인 내가 진료실에서 객관적으로 설명해주어도 좀처럼 쉽게 해결되지 않았다.

    그래서 결심했다. 정의감 반, 오만함 반으로 유튜브를 시작하기로 한 것이다. 처음 유튜브 시작할 때의 내 목표는 자폐 스펙트럼 장애를 검색했을 때 소아정신과 의사가 올린 영상을 메인 화면에 띄우는 것이었다.

☀️ 왜 노력하는 엄마를 유별나다고 손가락질할까?

사실 이는 꼭 자폐 스펙트럼 장애에 국한된 이야기가 아니다. 우리는 너무 많은 정보가 넘쳐나는 정보 과잉 사회에서 살고 있다. 우리가 아이였을 때는 정보가 너무 없어서 문제였다. 아이가 열이 날 때, 경련할 때, 기도가 막혔을 때 어떻게 해야 하는지 혹은 응급조치는 어떻게 해야 하는지 알 수 없었다. 어린아이에게는 어떻게 말해주고 놀아줘야 하는지, 아이가 실수했을 때는 어떻게 가르쳐야 하는지, 아이는 어떤 감정을 느낄 수 있는지 등과 같은 육아 전문 지식도 마찬가지다. 우리 부모는 자신의 부모와 친척들의 육아 노하우, 구전으로 전해지는 이야기들로 아이를 키웠다.

정보의 결핍 시대도 문제지만 정보의 과잉 시대도 문제다. 이제는 넘쳐나는 정보 중에서 옥석을 가려내는 것이 중요한 능력이 되었다. 그럴싸한 콘텐츠, 혹하게 만드는 자극적인 제목, 전문가가 쓴 내용을 잘라내고 오려 붙여서 만든 콘텐츠는 인간의 오래된 속성인 불안을 자극하기에는 더할 나위 없이 좋다. 바쁘고 지친, 마음이 조급한 부모는 이런 콘텐츠에 현혹되고 있다.

그렇다면 이 시대에 우리는 어떤 자세를 취해야 할까? 맞서 싸울 것인가 도망치고 회피할 것인가? 정보와 제대로 한번 싸워볼 것인가 아니면 수많은 정보와 시대의 흐름을 무시하고 내 마음대로 키울 것인가? 정보의 홍수 속에서 쏟아지는 정보와 싸워보기로 결심한 부모들이 공부를 하기 시작했다. 전문서적을 읽는 것은 물론이고, 심지어 논문을 찾아서 이론을 공부한다. 소위 육아 전문가라고 하는 사람의 말도 믿지 못하겠어서 스스로 반 전문가가 되기로 한다.

내가 진료를 보기 시작한지 14년이 되었다. 그런데 요즘 그 어느 때보다 육아 트렌드와 부모의 모습, 양육 가치관 등이 빠르게 변하고 있다는 사실이 몸으로 느껴진다. 부모는 더 이상 수동적이지 않고, 직접 찾아보고 공부하며, 전문가와 비등해 보일 정도의 지식을 갖고 있다. 처음에는 당황했다. '이런 공부를 언제 다 하셨을까? 확실히 시대가 변하긴 변했구나' 하는 생각이 들었다.

 진료실을 찾는 부모 중, 누군가의 권유로 병원에 오거나 혹은 증상이 발생해 문제가 생긴 후에 아무런 정보 없이 병원에 오는 경우도 여전히 있다. 하지만 점점 더 많은 부모가 자신이 알고 있는 정보가 진짜 정보인지 아닌지, 내 아이에게 어떻게 적용해야 하는지, 내가 하는 방법이 옳은지에 대한 전문가적 견해를 구하고, 좀 더 효과적이고 구체적인 방법을 찾으러 오는 경우가 점점 늘고 있다. 이에 맞춰 전문의인 나의 역할도 바뀌어간다. 일방적으로 A부터 Z까지 알려주는 경우가 있는가 하면, 다양한 가능성을 가지고 부모와 토론하고 의견을 교환하는 수준까지 부모 상담과 교육의 영역은 다양해졌다.

 반대로 정보의 홍수 속에서 대항하기보다는 홍수 밖으로 뛰쳐나오는 부모 또한 존재한다. 그들은 요즘 부모가 과하게 공부하고, 그들의 모습이 유별나다고 생각한다. "옛날에는 이런 거 하나 몰라도 애 잘만 키웠다"라며 아무것도 몰라도 된다고 스스로에게 합리적인 이유를 대려 한다. 물론 큰 정보 없이도 삶의 노하우로 자신만의 육아 원칙과 방향을 잘 잡아서 어렵지 않게 아이를 키우고 함께 살아가는 부모도 존재한다. 그렇다면 과연 어느 쪽이 옳은 선택일까?

우리나라는 정말 빠르게 성장하며 변화해왔고, 지금도 세계 속에서 뒤처지지 않을 정도의 발전 속도와 변화를 보여주는 나라 중 하나다. 우리를 키워준 부모님이 크고 자라던 시대와 현재의 부모인 우리가 성장하던 시대, 그리고 지금 우리 아이들이 커가는 시대는 너무나 다르다. 인구가 많아 1명만 낳아서 잘 기르자는 캠페인을 하던 시기가 고작 몇 년 전인데, 이제는 출산율이 0.72명(2023년 기준)으로 세계 최저치를 기록하고 국가에서는 출산하면 돈을 주겠다는 출산장려금을 내놓기도 한다.

우리는 변화하는 시대에 살고 있고, 어느 한 시점에 머물러 있을 수 없다. 그런 의미에서 "예전에는 지금 같지 않았는데", "우리 땐 이런 거 없이 잘만 컸는데" 하는 말은 소용없다. 변화하는 시대, 현재의 시대에 맞게 부모도 변화하고 진화한다. 너무 빠르게 변화하는 과정에서 윗세대의 노하우를 적용하기도 어렵고, 새로운 자신만의 육아 노하우를 창조하기도 쉽지 않다. 그래서 육아를 하면서 시행착오가 생기고, 유별나다는 소리를 듣기도 한다. 심지어는 '맘충'이라는 단어도 생겨났다.

하지만 우리가 간과하는 것이 하나 있다. 육아는 30년 전에도, 지금도 힘들다. 그리고 그때의 부모도 현재의 부모도 자식 사랑은 유별나다. 그럴 수밖에 없다. 자식 앞에서 객관적이며 침착하고, 냉정함을 유지할 수 있는 부모가 과연 몇이나 될까? 물론 나를 포함해서 말이다. 그래서 나는 "요즘 엄마들이 유별나다", "옛날에는 안 그랬다"라는 말을 좋아하지 않는다. 무책임하며 예의가 없는 말이다. 열심히 노력하는 지금의 부모를 모욕하는 말이라고 느껴진다. 그 부모들의 마음을 제대로 이해한다면 그런 말을 감히 할 수 없을 것이다. 나는 요즘 부모를 비난하는 그들에게 묻고 싶다. 요즘에 아이 키워봤느냐고. 아니 실제로 대한민국에서, 아이 키워본 적이 있느냐고.

진료실을 찾는 부모나 내 주변 지인들은 솔직히, "아무것도 안 해도 돼"라는 말을 들으면 조금은 마음에 위안이 된다고 말한다. 항상 무엇인가를 해야만 하는 의무감과 책임감에 짓눌려 뭘 더 해줘야 할지 내가 무엇을 못 해주었는지 자책하게 되는데, 그냥 부모 마음대로 해도 된다는 말을 들으면 마음이 편해진다는 것이다. 동시에 열심히 하는 다른 사람이 유별난 거라고 속으로 생각하며 스스로 위안 삼는다고 한다.

그 짧은 고백에는 얼마나 많은 양가감정이 들어가 있을까. 지금의 부모는 육아를 공부해도, 공부하지 않아도 고민인 시대에 살고 있는 건 아닐까? 나 또한 이 시대에 아이를 키우는 부모이기에 그런 부모에게 어떤 처절한 동질감과 동료애마저 생긴다. 그래서 나는 부모란 싸우는 것(Fight)과 도망치는 것(Flight) 사이에서 끊임없이 고민하는 존재일 수밖에 없다고 생각한다. 그저 부모 마음대로 키우는 육아는 시대와 맞지 않고, 어떻게 보면 부모의 역할이나 의무를 저버리는 것처럼 보이기도 한다. 하지만 반대로 지나친 불안과 걱정은 부모가 아닌 부모 노릇을 하는 사람으로 만들어버리게 되는 현실을 목격하는 나는 그 안에서 균형을 잡아야 한다고 말하고 싶다.

POINT

우리는 끊임없이 변화하는 시대에 살고 있다. 육아도, 부모도 마찬가지다. 요즘 부모는 요즘 시대에 맞는 육아를 하기 위해 고군분투하는 당사자다. 부모의 노력을 폄하하지 말자.

☀️ 열심히 공부하는 부모, 행복하지 않은 아이
어디서부터 어긋난 걸까

부모 역할과 육아에 대해 공부해야 한다는 것은 모든 부모가 전문가가 되어야 한다는 말은 아니다. 내 아이를 '잘' 키우기 위해, 나와 내 아이에게 맞는 육아 방향을 잡기 위해 기본기를 갖추자는 뜻이다. 정보 과잉 속에서 나만의 육아 방향을 잘 잡기 위해서이기도 하다. 방향을 잘 잡아둔다면 정보를 잘 가려내고, 나와 내 아이에게 맞게 취사선택을 할 수 있다. 나아가 부모의 육아 효능감을 높이고 아이와의 관계에 더 몰입할 수 있게 된다.

이러한 능력을 '육아 리터러시(Literacy, 문해력)'라고 부른다. 글을 읽고 이해하며, 올바르게 사용하고 해석하는 능력을 리터러시 즉 문해력이라고 한다. 여기서 파생한 '정신건강 리터러시'라는 개념이 있는데, 개인이 자신의 정신건강에 대해 올바른 결정을 하기 위해 가장 기초적이고 기본적인 정신건강 정보와 서비스를 갖고 있으며, 이를 처리하고 이해할 수 있는 능력을 말한다. 이러한 정신건강의 리터러시는 전 생애에 걸쳐 한 사람의 정신건강 수준을 결정하는 데 핵심적인 요소가 된다.

육아 리터러시도 마찬가지다. 이는 육아 정보 중 무엇이 올바른 육아 요소인지 파악하고 이를 처리하고 적용하는 것뿐 아니라 어려움이 있다면 이를 발견하고 도움을 구하는 능력 또한 포함한다. 이 육아 리터러시는 부모가 아이를 낳고 키우는 순간부터 아이를 신체적, 정신적으로 독립시키는 순간까지 부모의 역할과 아이의 인생에 상당히 큰 영향을 끼친다.

대한민국 부모의 노력과 헌신은 전 세계에 내놓아도 모자라지 않는다. 예전 부모의 사랑과 정성이 더 지극하다고 말하는 사람도 있고, 지금 부모가 더 극성이라는 사람도 있지만 예나 지금이나 한국 부모의 자식 사랑은 세계에서도 손에 꼽힐 것이다. 다만 예전의 부모가 자신의 시간과 에너지를 아이에게 오롯이 희생하는 것으로 사랑을 표현했다면, 지금의 부모는 이전과 달리 육아 지식을 공부하는 것으로 자신의 사랑을 실현한다. 밤새워 유튜브를 보고 관련 책을 들여다보며 열심히 공부하는 부모. 그렇다면 우리 아이는 부모의 바람대로 더 많이 행복해졌을까?

유니세프(UNICEF)에서 매해 고소득 국가들을 대상으로 아동 행복 지수를 평가하는데, 그 결과가 가히 충격적이다. 한국은 최근 몇 년간 지속적으로 하위권에 머무르고 있는데, 2023년에는 전체 41개국 중에서 38위를 차지했다. 경제적 발전이나 교육, 생활 조건에 비해 아이들의 전반적인 행복도와 만족도가 크게 떨어지는 결과였다. 자식을 가장 옳은 방향으로 키우기 위해 매일 공부하는 부모 밑에서 자란 아이들. 이 아이들은 왜 행복하지 않다고 말하는 걸까?

아이들이 행복하지 않은 이유에는 다양한 요소가 있다. 학업 스트레스, 부모의 교육열, 경쟁을 유도하는 사회적 분위기 등 이유는 너무나 많다. 하지만 나는 여러 요소 중 가장 큰 비중을 차지하는 건 따로 있다고 생각한다. 바로 '부모가 행복하지 않아서'다.

아이의 행복지수에 대해 이야기하려면 성인 행복지수도 함께 살펴봐야 한다. 매해 보고되는 세계 행복 보고서(World Happiness Report)는 성인 30~40대의 행복지수를 살펴본다. 2024년 한국은 전체 143개국 중 52위를 기록했는데 행복지수는 10점 만점에 6.058점이었다. 낮은 사회적 연대감, 높은 경쟁, 스트레스, 낮은 삶의 만족도를 이유로 경제적으로 안정된 국가임에도 상당히 낮은 점수가 매겨졌다. 부모 나이대의 어른들이 행복하지 않은데, 아이들만 행복할 수 있을까?

나는 이 질문에 대한 답을 진료실에서 찾을 수 있었다. 나는 지난 14년 동안 수만 명의 아이를 만나고 상담해왔다. 그리고 그보다 많은 부모를 만났다. 그중 부모는 불행한데 아이만 행복한 집은 단 한 가족도 없었다. 부모의 정신건강은 아이의 정신건강과 고리처럼 연결돼 있다. "부모는 아이의 거울이다"라는 말처럼 아이는 부모를 보며 자란다. 부모의 말, 행동, 생각, 감정, 삶을 대하는 태도 등을 보고 자란다. 하루 24시간, 1년 365일 아이는 부모의 마음을 느끼고 부모의 정서를 느끼며 살아간다. 그렇게 아이는 부모라는 토양에 뿌리내린 나무처럼 그들의 모든 것을 흡수하며 자라나 부모의 모습을 닮아가며 성인이 된다. 그리고 부모의 모습은 아이가 부모가 되고, 죽을 때까지 영향을 끼친다.

"선생님, 아이를 위해서라면 전 괜찮아요. 애 키우는 게 원래 힘든 거죠 뭐."

"어머님, 저는 어머님이 더 걱정돼요."
"저는 정말 괜찮아요. 저는 제가 알아서 할 테니까 우리 아이만 낫게 해주세요."

내가 진료실에서 만난 부모는 자신의 마음을 들여다보는 것을 두려워하거나 그다지 중요하지 않은 것으로 여긴다. "자식은 배 터져 죽고, 부모는 배고파 죽는다"는 말이 있다. 부모는 아이가 행복해하는 모습을 보며 만족감과 뿌듯함을 느낀다. 물론 이 감정은 거짓이 아니다.

하지만 부모도 인간이다. 인간은 살기 위해 먹고 자고 쉬어야 한다. 이런 기본적인 욕구뿐 아니라 정신적인 욕구도 채워져야 한다. 부모도 위로받고 사랑받아야만 살 수 있다. 마치 배부른 아이를 볼 때 부모의 허기가 채워지는 것이 아니라 그저 배고픔을 조금 더 버틸 수 있는 정신력이 생기는 것과 같다. 그리고 부모가 살아야 아이가 산다. 부모가 행복해야 아이가 행복하다.

나는 불행하더라도 너는 행복해야 한다는 식의 헌신적인 육아는 지속 가능하지 않다. 한때 K-장녀로 불리던 세대를 기억하는가? K-장녀는 자식만을 위해 자신을 희생하며 살아온 6070 세대의 첫째 딸을 일컫는다. 이들은 어릴 땐 동생들을 위해 희생하고 자라선 부모의 상황과 마음까지 헤아려야 하는 '부모의 부모' 역할을 도맡았다. K-장녀는 부모가 자신과 형제들을 위해 스스로를 소모하는 모습을 지켜보며 자랐고, 부모의 불행을 온몸으로 느꼈다. K-장녀는 "나는 짜장면 안 좋아해"라는 엄마의 말에 숨은 속뜻을 알았기에 부모와 함께 불행해졌다.

그들의 무의식에는 자신을 위해 희생한 부모에 대한 죄책감이 쌓여 있다. 따라서 그들은 성인이 되어서도 부모의 감정을 모두 들어줘야만 하는 무게를 지고 있다. 부모를 모실 때도 사랑하고 공경하는 마음이 아니라 의무적으로 부양해야 한다는 감정적 압박을 받고 있다. 이제 독자들에게 묻고 싶다. 내 아이가 그런 책임감과 죄책감을 갖고 부모인 나를 대하길 바라는가?

그렇다면 부모인 나는 어떠한가? 부모로서 나의 정신건강을 들여다본 적이 있는가? 나를 포함한 요즘 부모는 다른 성인과 마찬가지로 인터넷 검색, 구글링, 유튜브, SNS를 한다. 마트에 가기보다 인터넷으로 쇼핑을 하고, 음식도 배달해서 먹는 시대다. 종이신문을 보는 사람을 손에 꼽을 정도로 인터넷은 우리 삶에 깊숙이 들어와 있다.

육아도 마찬가지다. 이 SNS는 핵가족화라는 사회적 현상과도 연관되어 있다. 과거엔 마을이 함께 아이를 키웠지만 지금은 한 가족이 오롯이 아이를 보살핀다. 부모와 조부모 혹은 시터의 도움을 받아 육아를 하지만 서로 정보를 나눌 시간은 많지 않다. 이런 상황에서 부모는 인터넷에 의지하게 되었다.

맘카페를 통해 육아 동지를 구하고 육아는 나만 힘든 게 아니라는 위안을 얻는다. 실생활에 도움이 될 팁을 얻을 수도 있고 동네 친구를 사귈 수도 있다. 나아가 SNS로 좋은 육아템을 발견하고 구매하기도 하며, 아이의 놀이장소를 찾는다. 실로 정보의 천국이라고 할 수 있다.

모든 현상에는 이면이 있듯 물론 역효과도 있다. 예쁘게 꾸며진 놀이방, 영양소는 물론 모양까지 완벽한 이유식, 매일 다른 세련된 등원복, 흐트러짐 없이 완벽한 엄마의 모습과 아이와 잘 놀아주는 이상적인 아빠까지…. SNS 속 인플루언서들은 동화 같은 육아의 모습을 보여준다. 이 모습을 보고 '와~ 좋다'라는 생각에서 끝나면 다행이다.

갑자기 좌절감을 느끼며 '왜 나는 이것밖에 못하지?', '우리 애는 맨날 똑같은 반찬만 먹이는데, 저 아이는 매일 다르네', '저 아빠는 되게 잘 놀아준다', '저 가족은 멋있는 풀빌라에 놀러 갔네. 우리 애는 아직 물에 발 한번 안 담가봤는데'라는 생각을 하다가 이내 '나는 부족한 엄마(혹은 아빠)일까?', '내가 능력이 부족해서 그런가?', '내가 아이를 사랑하지 않는 걸까?', '내가 어린 시절 사랑받지 못해서 그런가?'라는 생각이 들며 불안이 눈덩이처럼 커지기도 한다. 내가 모르는 사람이 올린 1분도 안 되는 영상을 보며 육아의 방향과 나 자신에 대한 의구심을 키우게 되는 것이다.

SNS뿐 아니라 우리는 같은 동네에 사는 또래 아이의 엄마, 비슷한 나이대의 아이를 키우는 직장 동료, 같은 유치원에 다니는 아이의 엄마와도 서로 의지하는 동시에 '나는 아이를 잘 키우고 있나'라며 비교한다. 내가 어릴 적 정말 듣기 싫어한 말이 있는데 바로 "옆집에 걔 있지?"로 시작되는 엄마의 비교였다. 엄친아(엄마 친구 아들), 엄친딸(엄마 친구 딸)과 자라는 내내 비교되었다. 이런 환경에서 자란 나는 엄마가 된 후에는 '나도 모르게' 나와 다른 부모를 비교하는 모습을 발견한다.

아이가 높은 학구열과 경쟁 속에서 자신의 마음 살피는 일에 소홀하고 행복으로부터 멀어지듯이 부모도 자신을 점수화하고 남들과 비교하며 뒤처지지 않으려 많은 에너지를 쏟는다. 이렇게 우리는 매일 '나는 몇 점짜리 부모인가' 하는 심판대에 스스로를 계속 올린다.

간혹 "나는 그렇게 희생하는 부모는 아니야", "나는 완벽주의의 축에도 못 껴"라고 스스로를 합리화하는 부모도 있을 것이다. 하지만 대한민국의 많은 부모는 매일 타인과 자신을 비교하며 불안에 짓눌리지 않기 위해, 뒤처지지 않기 위해 고군분투한다. 어쩔 수 없는 일이다. 좁디좁은 대한민국에서 평균에 대한 기준을 매겨놓고 정답을 강요하는 사회에서 살면서 타인을 통해 위안을 주고 반대로 불안을 심어주는 사회, 우리 모두 그곳에 살고 있기 때문이다. 그런 곳에서 내 마음대로, 우리 가족의 뜻대로, 소신대로 산다는 것은 매우 어렵다. 우리는 그런 곳에서 아이를 키우고 있다.

혹시 너무 부정적이라고 생각하는가? 그렇다면 대한민국의 육아는 불행할 수밖에 없는 걸까? 아이를 낳기로 결심하는 순간 이 정도의 불행과 고통은 감내해야 하는 걸까? 아니다. 그럼에도 나는 육아가 즐겁다. 나는 늘 내가 태어나 한 일 중 가장 잘한 일이 아이를 낳은 것이라고 말한다. 부모인 내 모습을 사랑하며, 나 자신을 응원한다. 그렇기에 나는 나처럼 아이를 키우는 대한민국의 모든 부모들, 육아 동지들을 뜨겁게 응원한다. 그렇다면 어떻게 해야 이 지독한 시대를 살며 행복한 육아를 할 수 있을까?

POINT

> 부모는 아이를 위해 희생하고 공부하지만, 부모의 노력과 아이의 행복은 비례하지 않는다. 스스로 부족하다고 채찍질하고 비교하며 불안해하는 부모의 육아는 행복으로부터 점점 멀어진다. 그 모습을 보고 자란 아이는 과연 행복할 수 있을까? 부모인 나는 지금 행복한가?

그럼에도
육아가 즐거운걸

몇 년 전 〈우리 아이가 달라졌어요 리턴즈〉라는 TV 프로그램에 출연한 적이 있다. 그때 MC가 이런 질문을 던졌다.

"선생님도 아이를 키우신다고 들었는데, 선생님은 육아 쉬우세요?"

"당연히 저도 쉽지 않아요."

방송에는 여기까지만 나왔지만 나의 대답은 더 있었다.

"하지만 저는 육아가 너무 행복해요."

"아이 낳으니까 좋으세요? 선생님은 다시 태어나도 아이를 낳으실 건가요?"

"그럼요. 아이를 낳은 일은 제가 태어나서 한 일 중 가장 잘한 일이에요."

지금도 종종 같은 질문을 받는데, 나는 그때마다 똑같이 대답한다. 내가 소아정신과 전문의라서 아이 키우는 게 더 쉽고 그래서 좋은 거 아니냐는 질문도 받았다. 분명 소아정신과 전문의로서 장점은 있다. 많은 부모가 가장 걱정하는 부분이 '도대체 우리 아이가 왜 이럴까?'와 '이런 행동이 정상일까?'다. 나는 아이의 발달, 심리, 정서, 인지에 대해 공부했기 때문에 대부분의 답을 알고 있다. 그래서 다른 부모에 비해 당황하거나 걱정하는 일이 적은 것은 사실이다. 그러면 전문지식을 가진 소아정신과 의사, 육아 전문가는 모두 행복한 육아를 할까? 전문지식이 없는 부모는 불행한 육아를 할까?

나는 아동 발달, 아동 심리 전문가지만 자녀와 사이가 좋지 않은 분이나 양육 방법에 대해 고민하며 소아정신과를 찾는 사람을 적지 않게 만나왔다. 그들은 전문가로서 아이를 만날 때와 내 아이를 키우는 일은 너무나 다르다며 오히려 더욱 자신을 책망하거나 스스로에게 실망하고 답답해했다. 머리로 지식을 알고, 병리를 다루며 치료하는 일과 부모가 되는 일은 다른 차원의 일이기 때문이다. 전문가라고 해서 육아가 마냥 쉽거나 행복한 것은 아니다.

육아에 전문지식이 필요충분조건은 아니다. 그럼 나는 왜 내 육아가 행복하다고 자신 있게 말할까? 사실 나는 육아가 행복하다고 말할 수 있는 부모가 적지 않다고 생각한다. 많은 부모는 실제로 행복한 육아를 한다고 믿는다. 다만 대한민국의 부모는 좋은 것을 좋다고 표현하는 데 다소 인색하다고 생각한다. 누군가 "어머 너무 좋은 엄마시네요"라고 하면 "그렇죠? 전 육아가 정말 잘 맞나 봐요"라고 대답하는 사람은 드물다. 오히려 "아니에요. 저도 집에 가면 아이를 혼내기도 하는걸요"라며 자신의 부족한 부분을 앞세운다.

몇 년 전 남편의 친구가 아이 돌잔치를 열어 함께 간 적이 있다. 남편 친구는 "제수씨, 저는 그냥 평범한 아빠인가 봐요. 애 키우는 게 너무 힘드네요"라며 겸연쩍어했다. 이 짧은 문장에서 난 여러 생각이 들었다. 육아를 힘들어하는 '평범한 아빠'는 부족한 부모일까? 육아를 크게 힘들어하지 않고 늘 아이와 신나게 놀아주기만 하는 아빠가 좋은 아빠일까? 그 기준에 맞춘다면 나는 좋은 엄마일까?

임신 38주까지 일하고 출산휴가는 고작 3개월밖에 갖지 못한 나를 사람들은 좋은 엄마라고 부를까? 모유수유를 50일만 하고 복직했을 때 한 동료는 안타까운 듯 말했다. "어휴 애한테 모유가 얼마나 좋은데 이렇게 일찍 복직했어요?" 그분의 기준에서 나는 좋은 엄마가 아닐 수도 있다.

  소아정신과 의사라고 해도 나 역시 평범한 엄마다. 누군가 내가 육아하는 모습을 보면 실망할지도 모른다. '어머, TV에 나온 선생님인데 나랑 똑같네?' 혹은 '선생님도 사람이구나. 별다른 거 없네 뭐' 하며 안심할 수도 있다.

  하지만 나는 "저는 제 아들과의 애착이 끈끈하다고 자신해요", "저는 아들과 정말 잘 놀아줘요", "아들은 저를 정말 사랑해요"라고 자주 말한다. 내 아들도 나를 좋아하고 나도 내 아들이 좋다. 나는 지금의 내 모습에 만족한다.

  〈행복은 성적순이 아니잖아요〉라는 영화가 있다. 맞다. 행복은 주관적이고 고유한 것이다. 육아도 좋은 엄마도, 정도만 지킨다면 그 이후에는 주관적이고 고유한 영역이다. 누가 함부로 평가할 수 있는 부분이 아니다. 그렇다면 우리의 육아가 행복해질 수 있는 비밀은 무엇일까?

☀️ 아이는 그저 부모가 곁에 존재해주길 바랄 뿐이다

어느 날 진료실 문을 열고 예쁜 여자아이와 그 여자아이만큼 예쁜 엄마가 들어왔다. 아이는 이제 갓 두 돌이 된 아윤이였다. 엄마가 옷을 어찌나 예쁘게 입혔는지 아동복 모델처럼 보일 정도였다. 아윤이 엄마는 아이가 두 돌이 다 되는데 발달이 느린 것 같다고 했다. 영유아 검진에서는 특별한 문제는 없었다. 하지만 보통 15개월 정도가 되면 단어들을 표현하는데 아윤이는 "엄마", "아빠" 정도만 말한다고 했다. 이외에도 아윤이가 하는 놀이들이 너무 한정적이라며 걱정했다.

엄마는 영아기 발달에 대해서 공부를 정말 많이 한 듯했다. 아이의 대소근육이나 언어 발달에 대한 기본 지식은 물론이고, 집에는 국민템으로 불리는 다양한 놀잇감으로 가득하다고 했다. 나는 엄마의 걱정을 다 들은 후, 아이의 모습을 관찰하기 위해 평소처럼 놀아 달라고 요청했다. 어린아이를 진료할 때는 내가 아이와 직접 상호 작용하는 것 외에도 주양육자와의 놀이를 관찰하면서 얻을 수 있는 정보가 아주 많기 때문이다.

진료실에는 편하게 앉을 수 있는 매트와 쉽게 접할 수 있는 놀잇감들이 있었다. 그런데 아윤이 엄마는 나의 요청에 당황하면서 "지금 여기서요?"라고 되물었다. 그러고는 다소 어색해하면서 아이에게 놀잇감을 이것저것 건네주었다. "이거 봐봐~ 장난감이 많네~"라고 덧붙이면서. 아이는 어리둥절해하며 엄마만 쳐다보았고 나는 아윤이 엄마가 진료실이 어색해서 그런 거라 생각하며 놀이에 참여해 자연스러운 상황을 연출하려고 했다. 나는 "어머니, 그럼 우리 까꿍

놀이 해볼까요?"라고 권했다. 그런데 아윤이 엄마는 얼굴이 갑자기 새빨개지더니 "선생님, 저 한 번도 까꿍놀이 해본 적 없어요"라는 말과 함께 고개를 숙였다.

내가 정신건강의학과 전문의 자격증을 따고, 소아청소년 정신과 분과 세부 수련을 받던 때의 일이다. 내 지도교수님의 자녀가 외국에서 고등학교를 다니고 있었다. 어느 날 진료가 끝나고 교수님을 찾아 뵈었더니 교수님께서 아이 수업 발표 자료를 수정하고 계신 게 아닌가. 당시 미혼에 아이도 없던 나는 깜짝 놀랐다. 아이의 자율성과 독립성을 키워주어야 할 청소년기에 아들 숙제를 봐주고 계신다고? 게다가 교수님은 잠잘 시간도 부족할 만큼 바쁘신 분이었다.

나는 교수님께 "아니 교수님, 소아청소년 정신과 교수님이 이러셔도 되는 겁니까?" 하고 당돌하게 말했다. 교수님은 발표 자료에서 눈을 떼지도 않은 채 무덤덤한 말투로 말씀하셨다.

"박 선생, 정신과 의사라는 직업보다 아빠라는 본능이 우선이야."

교수님의 대답에 나는 머리를 한 대 맞은 듯했다. '아… 교수님은 아이의 아빠지, 주치의가 아니시지.'

이론은 빠삭하지만 아이와 노는 게 어색한 엄마, 아빠로 존재할 때는 본능을 더 따르는 교수님. 이 두 이야기는 나에게 엄마로서도, 소아정신과 전문의로서도 많은 고민과 질문을 남겨주었다. 과연 부모란 어떤 존재여야 하는가? 부모 역할, 부모 노릇을 글로 배우는 것은 실제 육아에 얼마나 도움이 되는가? 부모라는 본능과 현실 사이에서 우리는 기본 원칙과 이론을 어떻게 접목해야 하는가?

정신의학과에서는 마음, 감정, 사람 사이의 관계를 다룬다. 마음, 감정, 관계는 수치화할 수 있는 영역이 아니다. 마음에는 정답이 없고, 감정은 자연 발생적이며, 관계는 흐르고 변화한다. 그중에서도 가장 역동적이면서도 끊임없이 변화하는 것이 아이의 마음이고, 그중에서도 가장 중요하고 삶의 근간이 되는 것이 부모와 자녀의 관계다.

그러니 책에 적힌 딱딱한 이론과 다른 사람의 경험은 나와 꼭 맞지 않을 수도 있다. 또한 타인에게 꼭 맞는 것이 나와 우리 아이에겐 맞지 않을 수 있다. 어떤 부모와 어떤 아이인지에 따라 조금씩 다르기 때문이다.

발달학적으로 평균적인 발달 수준이나 단계가 나뉘는 것은 사실이다. 하지만 이론과 현실은 다르며 이론은 생활과 밀접하게 융통성 있게 해석되고 적용되어야 한다. 아이를 책처럼 키우기 위해, 아이에게 모든 것을 다 해주기 위해(Doing), 마치 체크리스트를 만들고 지워나가야 하는 숙제로 받아들이고 느껴선 안 된다. 이것은 불가능한 영역을 가능한 것처럼 느끼게 한다. 부모는 자신도 모르게 완벽함을 추구하고, 아이에게도 완벽함을 요구하게 된다. 디테일하게 리스트를 만들고, 그 안의 항목들을 놓치지 않으려 아등바등하게 된다.

하지만 사실 아이에게 필요하고, 아이가 바라는 것은 완벽한 부모도, 빼곡한 체크리스트도 아니다. 대부분의 부모가 어렴풋이 알고 있을 것이다. 아이는 자신이 사랑하는 부모와 함께 존재하는 것(Being)을 원한다. 아이는 부모 '그 자체'를 원한다.

아이가 놀이동산에 가고 예쁜 옷을 입을 때 즐거워한다면 그건 놀이기구가 재밌어서도 예쁜 옷이 마음에 쏙 들어서도 아니다. 그 순간 부모가 내 옆에 있기 때문이다. 어린 아기를 키울 때 서로 얼굴을 맞대고 눈맞춤하고, 간지럽히며 키득거리는 것만으로도 아이는 세상에서 가장 행복한 표정으로 까르르거린다. 아이와 누워 하릴없이 하늘을 바라보거나 머리를 쓰다듬을 땐 아이의 입가엔 행복으로 가득한 미소가 퍼진다. 이것만 봐도 알 수 있다. 아이가 언제 가장 행복한지.

아이가 청소년이 되고 성인이 되어 새로운 가족을 꾸려도 마찬가지다. 색다른 경험을 하고 좋은 곳에서 맛있는 음식을 먹을 때 도파

민이 나와 쾌락을 느낄 수 있겠지만, 인간이 원하는 건 순간의 쾌락이 아니다. 진정한 행복은 부모가 가진 편안함과 안전함에서 나온다. 그리고 이 편안함과 안전함은 부모가 언제나 변하지 않을 것이고 앞으로도 나를 받아줄 것이라는 믿음을 바탕으로 한다.

부모 노릇을 하려고 애쓰지 말고, 진짜 부모로서 존재하자. 부모가 되는 것은, 자연스럽게 부모로서 살아가는 것은 머리로 지식을 많이 쌓는 것만으로는 충분하지 않다. 이것은 마치 자전거나 수영, 스키를 타는 것과 비슷하다.

운동을 익히고 내 것으로 만들기 위해선 물론 어느 정도의 이론도 필요하다. 하지만 이 운동을 내 것으로 만드는 데 가장 중요한 것은 '몸이 기억하는 것'이다. 즉 두뇌의 대뇌피질에서 이론을 기억한다고 되는 일이 아니라 뇌에 몸의 움직임을 각인해야 한다. 이를 절차적 기억(Procedure Memory)이라고 한다. 이 과정을 거치면 10년 만에 수영을 하거나 오랜만에 자전거, 스키를 탈 때 나도 모르게 몸이 움직인다.

부모로 살아가는 일도 그렇다. 여러 자료를 찾아보고 기술서를 읽는 것만으로 진짜 부모가 되기는 어렵다. 좋은 부모라는 것은 이뤄내야 하는 과업이나 해치워야 할 숙제라기보다는 매순간의 총합이다. 매일의 일상 속에서 아이를 대하고 함께하는 과정 속에서의 부모의 모습이 중요한 것이다.

세상엔 이미 너무 많은 육아 기술서가 있다. 하지만 전문가들은 "기술서는 읽은 다음에는 잊어라"고 말한다. 100가지 기술을 다 외운다 해도, 그 기술이 부모인 모습을 만들어주지는 않는다. 육아는 기술의 총합이 아니라 한 인간이 부모로서 성장하는 과정이기 때문이다.

기술서의 내용은 공통된 이론일 뿐이다. 그것을 소화해 적용하는 것은 나의 몫이다. 기술서를 곧이곧대로 받아들인다면 다른 사람을 흉내 내는 어색하고 비일관적인 부모로 남을 가능성이 크다. 내 아이는 고유한 인간이며, 부모 역시 그렇다. 따라서 남의 행동을 흉내 내거나 인위적인 부모가 되는 것보다 자연스럽고 나 자체로 존재하는 육아를 하는 부모가 되어야 한다.

> 부모는 아이에게 끊임없이 해주려(Doing) 하지만 아이가 원하는 것은 부모가 부모로서 존재하는 것(Being)이다. 아이는 부모가 언제나 변하지 않고 나를 받아줄 것이라는 믿음에서 행복감을 느낀다.

☀️ 아이와 함께 창조한 세상
상호주관성

'좋은 부모가 되기 위해선 공부도 어느 정도 해야 하지만 전문가처럼 될 필요는 없고, 육아 주관은 갖되 남들과는 달라야 한다고?' 앞의 이야기를 읽으며 모호하고 어렵게 느껴질 수도 있지만, 딱 한 가지만 기억하면 육아를 하면서도 조금 더 자주, 조금 더 많이 행복해질 수 있다. 이 개념만 잘 이해하면 더 적은 노력으로도 육아가 행복하다고 느낄 수 있고, 그렇기에 더 여유로운 부모가 되어 아이를 더 잘 수용해줄 수 있다고 믿는다. 첫 단추만 잘 끼우면 된다. 그다음부터는 선순환될 것이기 때문이다.

바로 '상호주관성(Intersubjectivity)'이라는 개념이다. 아직은 낯설 수도 있지만, 부모에게 반드시 필요한 개념이다. 애착이라는 용어가 널리 알려진 것과 달리 상호주관성은 전문가가 아니면 알기 어렵다. 나도 정신과 의사가 된 이후에 이 개념을 알게 되었는데, 그때부터 '상호주관성'의 매력에 푹 빠지게 되었다. 이후 아이를 키우며 이 개념을 조금 더 직접적으로 경험하게 되면서 지금은 가장 좋아하는 정신과 이론으로 자리 잡았다.

상호주관성이라는 말은 영어로 'Intersubjectivity'다. 이 단어를 분해하면 '상호(두 사람 간)'라는 뜻의 Inter와 '주관성(자신만의 개인적인 주장이나 생각)'을 뜻하는 Subjectivity로 나눌 수 있다. 지극히 개인적이며 한 사람 안에서 이루어지는 '주관성'이라는 단어와 두 명 이상의 사람이 꼭 필요한 '상호'라는 단어가 합쳐진 재미난 형태다. 이 단어에 함축된 뜻을 풀이하면 '각각의 마음의 주인인 두 사람이 만나 상호작용을 하며 하나의 세계를 창조해나간다'는 것이다.

상호주관성은 특히 애착과 부모 자녀 관계를 연구하던 많은 소아정신분석의, 소아정신과 의사에게서 주목을 받았다. 아이는 스스로의 마음을 조절하고 통제하는 방법을 모르는 미성숙한 존재다. 따라서 상황에 맞지 않는 행동을 할 수 있다. 이때 부모가 일방적으로 정답을 알려준다면 아이는 독립적으로 자랄 수 없다. 아이는 부모에게 의존적이지만 동시에 상호주관적인 관계가 되길 원한다. 즉 아이는 살아 있는 개체로서 자신의 주관성을 유지하면서, 부모에게 영향을 끼치기를 원하는 것이다.

내 아이가 6개월 되던 때 아이와 함께 누워 서로를 바라보던 순간이 있다. 보드랍고 따듯한 내 아이의 눈망울에는 웃고 있는 내가 보였고, 나는 나를 바라보는 이 아이가 나를 사랑한다는 확신을 느꼈다. 아이 역시 내가 얼마나 자신을 사랑하는지 이 순간을 얼마나 소중히 여기는지 알고 있다는 게 느껴졌다. 어떻게 알았냐고? 그냥 저절로 알았다. 우리는 서로 아무 대화도 하지 않았지만, 우리에겐 어떤 설명도 필요 없는 세상이 열렸다. 그 순간의 공기와 온도, 습도, 빛의 밝기까지. 모든 것이 완벽했고 내 아이는 자신을 사랑하는 엄마를 바라보며 세상에서 가장 편안한 상태로 웃고 있었다.

아이와 나의 또 다른 세상이 열리던 그 찰나의 순간은 6년이 지난 지금도 생생하게 떠오르며 여전히 육아에 큰 힘이 되고 있다. 아이와 내가 공유하던 그 순간의 감정과 정서, 서로의 마음을 알고 있다는 안전감, 같은 감정의 온도를 나누고 있다는 확신에 대한 기억은 그 어느 때보다 충만한 순간으로 남아 있다.

이 이야기를 읽으며 혹시 연애 때의 기억이 떠오르진 않았는가? 연애를 할 때 서로의 눈을 바라보며 편안함과 믿음, 서로 사랑하는 마음을 공유하는 경험을 해봤을 것이다. 육아를 할 때도 아이와 함께 서로의 사랑을 말없이 느끼고 공유하는 경험을 하게 된다. 하지만 우리는 이 순간을 알아채지 못하고 흘려보낼 때가 많다. 매 순간 아이에게 무엇인가를 해주어야 한다는 압박감, 아이를 만족시키고 좋은 부모가 되어야 한다는 책임감 때문에 아이와의 시간을 온전히 즐기지 못하는 것이다. 이 때문에 아이와 연결되는 그 특별한 순간을 캐치하지 못한다.

아이와 나 사이에 공동의 세계가 창조되는 충만한 시간은 내가 육아를 즐기는 원동력이 되었다. 아이를 키우는 행복을 단순히 수

치나 단답형으로 설명할 수 없는 것이 그 이유이고, 또 육아가 너무 힘든데도 둘째 생각이 나는 것도 바로 이 순간의 기억 때문이다.

아이와 연결된 그 순간을 분명하게 기억하는 이유는 아마도 내가 상호주관성이라는 용어를 알고 있었기 때문일 것이다. 우리는 경험한 것에 이름을 붙일 때 그것을 좀 더 명확히 이해하고 기억할 수 있게 된다. 그래서 많은 부모가 이 순간을 느꼈다고 하더라도 기억하지 못하는 것일 수도 있다. 그래서 나는 이 개념을 앞으로 많은 부모와 나누고 싶다.

상호주관성만 알고 있다면 대단한 장소에 가거나 커다란 노력을 하지 않아도 아이와 시간을 특별하게 보낼 수 있다. 그리고 그 순간을 더 오래 기억할 수 있다. 나아가 이 시간이 차곡차곡 쌓이면 부모의 역할이 낯설고 불안하지 않게 된다. 그저 아이 곁에 있는(Being) 진짜 부모로 존재하게 되는 것이다.

> **POINT**
>
> 아이와 내가 연결되는 순간인 '상호주관성'. 아이와 내가 함께 공유하는 인식, 의도 그리고 정서는 우리 둘만의 고유한 세상을 만들어낸다. 평범한 일상 속에서 상호주관성의 순간을 발견하고 쌓아나갈 때 아이와 나의 관계는 더욱 단단해진다.

2장

내 아이와
마음을 나누는
기적 같은 순간

진정한 '부모의 맛'을 본 적 있는가

'상호주관성'은 우리나라 부모에게는 아직은 낯선 용어인 듯하다. '애착'이라는 단어는 부모는 물론 일반인에게도 익숙하고 잘 알려진 개념인 데 비해 상호주관성은 생소하게 느낀다. 하지만 내가 정신과 의사로 가장 애정하는 개념 중 하나가 바로 상호주관성이다.

상호주관성은 두 사람 이상의 주체가 함께한 경험을 통해 서로를 이해하고 받아들이는 것을 뜻한다. 즉 함께 같은 경험을 하고 그 안에서 서로가 서로에게 영향을 주는 것을 뜻한다. 정신분석학, 심리학, 인문학, 사회학뿐 아니라 철학 등의 다양한 학문 분야에서 널리 사용되는 개념이다.

정신의학적 측면에서 보면, 기존엔 의사가 환자에게 일방적으로

의료서비스를 제공하는 개념이었다면 상호주관성을 기반으로 한 면담치료는 환자와 의사가 함께 능동적으로 치료에 참여하는 것을 중요하게 생각한다. 이 치료에서 정신과 의사는 능력이 다소 미숙하거나, 일시적으로 퇴행한 내담자를 이끌어주고 보듬어주는 역할을 하는데, 이것이 '부모'의 역할에도 자주 비유된다.

분만실에서 혹은 수술실에서 아이와 처음 만난 그 순간을 기억하는가? 믿기 어려울 정도로 작고 눈도 제대로 뜨지 못하는 빨간 아기. 어떤 사람은 너무 감격스러워 눈물을 쏟을 수도 있고, 어떤 사람은 너무 소중한 나머지 불안한 마음에 아이 옆에 가지도 못할 수 있다. 혹은 내 아기라는 게 실감 나지 않아 무덤덤한 사람도 있을 것이다.

나는 수술실에서 아이를 처음 만난 그 순간이 지금도 생생하다. 간호사 선생님 손 위에서 두 눈을 똑바로 뜨고 날 쳐다보던 아이를 보며 '세상에! 내가 아이를 낳았다니! 내가 저 아이의 부모라니!'라는 생각이 번뜩 들었다. 그리고 아이는 마치 "당신이 내 엄마군요!"라고 말하는 듯 또렷하게 나를 쳐다보았다. 차가운 수술대 위에 누워 있던 나는 신기하고 벅차오르는 마음과 함께 막막하고 어리둥절한 기분을 느꼈다. 그렇게 아이와 나의 첫 대면식 이후 나는 '엄마 박소영'으로 다시 태어났다.

사실 임신테스트기에서 두 줄을 확인한 순간부터 내 안에는 또 다른 자아가 자라기 시작한 것 같다. 이후 조금씩 몸집을 키워가는 태아와 함께 엄마 박소영의 자아도 점점 더 자리를 잡게 되었다. 나는 아기에게, 아기는 나에게 서로 영향을 주며 38주 5일을 보냈고, 나는 신체적으로도 심리적으로도 엄마로 변하고 있었다.

"소영아 너 아주 조신해졌다? 배를 손으로 가리고 다니고, 되게 조심조심 걸어다니네?"
"어, 그래? 내가?"

배가 슬슬 나오기 시작할 무렵, 나의 오랜 친구가 나에게 한 말이다. 성격이 급해 궁금한 게 있거나 시간이 부족할 때면 여섯 살 남자아이처럼 뛰어다니던 내가 부쩍 조심스러워진 모습이 친구에게는 신기하게 보였나 보다.

내 행동이 조심스러워진 것은 '임산부니까 조심해야지' 하는 의식적인 행동은 아니었다. 나도 인지하지 못한 채 박소영에서 엄마로 변화하고 있었다. 임산부에 대한 여러 조언 중 "뛰면 안 된다", "높은 구두는 신으면 안 된다", "날 음식은 먹으면 안 된다"처럼 조심스러움을 강조하는 말이 많다. 하지만 이런 말이 임산부를 조심스럽게 만드는 것 같진 않다. 오히려 무의식의 영역에서 아이를 품고 있는 엄마로서 '나도 모르게' 조심스러워진다. 태어나지도 않은 아이가 엄마에게 이토록 큰 영향을 주는 것이다. 나는 그렇게 진정한 엄마의 맛을 보기 시작했다.

연애하듯
내 아이를 사랑하기

사랑하는 사람과 연애하던 그때를 떠올려보자. 나와는 다른 자신만의 세계와 자아를 가진 사람, 처음엔 그 사람의 외모가 좋았을 수도 있고, 그 사람과 나누는 대화가 즐거웠을 수도 있다. 점점 그 사람이 궁금해지고 알아갈수록 호감을 느끼게 된다. 그렇게 호감이 쌓이고, 즐거운 순간이 누적되면서 관계는 더욱 깊어진다.

연애를 유지하는 감정은 '궁금증'이다. 그 사람이 무슨 생각을 하는지, 무엇을 좋아하는지, 어린 시절은 어땠고 미래는 어떻게 되길 꿈꾸는지. 점점 그 사람의 내면이 궁금해지기 시작한다. 상대방의 감정과 인식, 사고방식, 가치관… 모든 게 궁금하고 알고 싶다.

연애를 유지하는 기본 감정이 '궁금증'이라면 연애를 심화시키는 또 다른 감정은 '공감'이다.

'그 사람도 나에 대해 이렇게 많이 생각할까?'
'그 사람은 내 행동을 어떻게 생각할까?'
'그 사람에게 나는 어떤 의미인가?'

상대에게 내가 얼마나 중요한 존재인지 계속해서 확인받고 싶어 한다. 내가 상대에게 커다란 영향을 주었길 바라고, 그 사람이 내 생각의 흐름대로 따라와주길 바란다. 내가 이상한 말을 해도 찰떡같이 알아들어주기를 원한다. 나에게 힘든 일이 생겼을 때 해결하기 위해 나만큼 고민하고, 슬픈 일이 생겼을 때 나보다 더 슬퍼하며, 좋은 일이 생겼을 때 진심으로 기뻐해주는 사람. 이런 사람을 보며 우리는 이렇게 생각한다.

'이 사람은 내 편이구나. 이 사람은 믿어도 되겠다.'

함께 나눈 대화와 시간이 쌓여가면서, 관계가 깊어진다. 남들은 모르는 우리만의 '특별한 무언가'가 있다고 믿게 된다. 신뢰와 믿음을 바탕으로 끈끈한 관계가 만들어진 것이다. 이것이 바로 '상호주관성'이다. 사람은 누구나 상대방에게 영향을 주고 싶어 한다. 내가 상대방에게 영향을 많이 받으면 받을수록 나 또한 상대방에게 중요한 사람이 되고 싶어 진다. 이 본능은 부모와 자녀 사이에도 발생한다.

부모는 이미 알고 있다. 내가 이 어린 생명체에게 얼마나 큰 존재인지, 얼마나 절대적인 영향력을 끼치는지. 그것을 알기에 오히려 부담이 될 정도다. 외모까지 판박이라면 아이를 볼 때마다 느낀다. '아, 이 아이가 내가 낳은 아이구나.' 부모의 모습을 따라하고, 부모의 습관이나 말투를 어느새 똑같이 하는 아이를 보며, '어이쿠 조심해야겠다' 하고 느끼며 부모는 아이에게 끼치는 자신의 영향력을 몸소 매일 느낀다. 하지만 부모가 간과하는 것이 있다. 바로 아이가 부모에게 끼치는 영향력이다.

아이도 부모에게 영향을 끼치고 싶어 한다. 그리고 실제로 아이는 부모에게 막대한 영향력을 행사한다. 아이는 스스로의 마음을 조절하거나 제대로 표현하지 못하는 미성숙한 존재로 태어난다. 따라서 부모에게 의지할 수밖에 없다. 하지만 동시에 독립적인 존재로 인정받길 원하기에 '의존적이지만 독립적인 주체'로 부모에게 영향을 주며 관계를 맺길 바란다. 아이는 부모에게 일방향적으로 사랑과 돌봄을 받는 수동적 존재가 아니라 부모에게 영향을 끼치고 싶어 하는 능동적인 주체로서, 부모와 상호주관적 관계를 맺기를 원한다. 심리학자 다니엘 스턴(Daniel N. Stern)은 생후 9~12개월부터 아이가 자신의 마음과 내면을 표현할 수 있으며 이를 통해 상호주관성이 만들어진다고 했다. 생후 8~9개월이 되면 아이는 여러 제스처를 통해 양육자와 의사소통을 시도한다. '엄마, 자동차 좀 봐요!' 하고 손가락으로 자신이 좋아하는 장난감을 가리키거나 '아빠, 나 떡뻥 주세요' 하고 자신의 의도를 밝히거나 '나 기분이 좋아요', '나 너무 속상해요'라고 울거나 웃으면서 자신의 감정을 표현한다. 이렇게 아이가 자신을 표현할 수 있는 수단이 다양해지면서, 부모와 아이는 서로의 정서, 주의, 의도를 더 많이 공유할 수 있게 된다. 이를 통해 아이는 부모와 내면을 공유하며 상호주관적인 관계가 비약적으로 발달한다.

부모도 역시 이 표현의 의미를 알고 있기 때문에 아이를 더 잘 이해하게 된다. 설사 그 표현 방식이 일반적이지 않고 남다른 방법이더라도 부모는 이를 알아차리고 내 아이가 필요한 것을 준다. 부모가 자녀의 상태를 알아차리는 것은 이론적으로 공부하는 것만으로는 채워지지 않는다. 좀 더 본능적이고 직관적인 영역에 가깝다. 예를 들어 아이가 배고플 때 우는 소리를 기가 막히게 알아차린다든가 표정만 봐도 응가를 참고 있다는 것을 알아차리는 등이다.

몇몇 심리학자는 아이가 태어난 직후부터 상호주관성이 생기며, 시간에 따라 상호주관성이 발달한다고 주장한다. 아이는 태어나자마자 부모의 얼굴 표정을 따라하거나 부모의 행동을 그대로 따라한다. 이를 통해 상호주관성이 시작된다는 것이다. 실제로 아이는 생후 1개월만 되어도 주양육자를 알아보고 주양육자가 아닌 다른 사람이 나를 돌볼 때면 불편함을 호소한다. 심지어 부모의 목소리나 톤이 조금만 달라져도 민감하게 반응하는 아이도 있다. 아이마다 상호주관성이 생겨나는 시점은 조금씩 다르다. 다만 분명한 것은 아이는 아주 어렸을 때부터 부모에게 영향을 주며, 이에 따른 상호주관성도 아주 이른 시기부터 발생한다는 것이다.

아이와 부모가 함께 있는 모습을 보면 그들이 여러모로 참 닮았다는 것을 알 수 있다. 물론 유전적으로 외모를 닮았기 때문이기도 하지만 그들이 짓는 표정이나 분위기가 많이 닮았기 때문이다. 자신을 보며 환하게 웃는 엄마를 보며 아이도 같은 표정으로 웃는다. 부모는 뒤뚱뒤뚱 걷다가 넘어진 아이를 보면, 마치 자신이 넘어진 듯 미간을 찌푸린다. 아이가 친구와 싸우기라도 한 날이면, 속상해하는 아이를 보며 엄마도 시무룩해진다. 서로를 바라보는 부모와 아이는 이렇게 서로를 닮아간다. 이처럼 부모와 아이는 인식하지도 못하는 매 순간 서로에게 끊임없이 영향을 끼친다. 함께 느끼고 경험하는 것이다.

이처럼 우리는 본능적, 직관적으로 상호주관성을 경험한다. 상호주관성은 3가지 핵심 요소로 구성되는데, 바로 주의(Attention), 의도(Intention), 정서(Affect)의 공유다. 그렇다면 일상에서 주의, 의도, 정서는 어떻게 공유될까?

☀️ 관심사를 나누는 주의의 공유

첫 번째는 주의의 공유(Joint Attention)로 합동 주시 혹은 협동 주시라고도 알려져 있다. 이것은 아이가 자신의 관심사를 다른 사람에게 전달하고, 상대방이 나의 관심사나 주의 집중에 동참하도록 하는 것이다. 아이는 대개 9~10개월이 되면 손가락으로 물건을 가리켜 주의를 표현하기 시작한다. 또한 타인이 주의를 끌기 위해 손가락으로 무언가를 가리키거나 타인이 시선을 옮길 때 그에 따라 시선을 옮기고 따라갈 수 있게 된다. 아이는 자신의 관심사와 주의를 부모와 공유하고, 부모의 반응을 궁금해한다. 동시에 자신에게 낯선 상황에 놓였을 때 자신의 주관적인 결정을 내리기 전 타인을 참조하는 사회적 참조(Social Referencing) 능력도 주의의 공유와 함께 발달한다.

두 돌 정도 된 아이가 블록놀이를 한다고 가정해보자. 아이는 블록놀이에 푹 빠져 있는데, 엄마는 아이에게 어제 새로 산 그림책을 읽어주고 싶다. 아이를 몇 번 불러서 그림책을 읽자고 했는데, 아이의 주의는 온통 블록에 꽂혀 있다. 이때 엄마는 그림책을 혼자서 읽기 시작한다. "우와! 사자가 있잖아. 어머 근데 사자가 토끼에게 친구를 하자고 하네?" 다소 과장된 목소리로 그림책이 흥미있다는 듯, 엄마는 연기를 한다. 이런 엄마의 과장되고 흥미로운 소리에 아이가 반응한다. '응? 뭐지? 엄마가 뭘 보고 저렇게 재밌어하는 거지?' 하고 엄마가 주의를 기울이는 것으로 관심을 보인다. 아이는 이내 블록놀이를 멈추고 엄마 옆으로 와서, 엄마의 시선이 향하는 곳을 바라본다. 엄마의 주의에 반응하여 참여한 것이다.

반대의 경우도 있다. 아빠와 함께 길을 걷던 아이가 멀리 하늘 높이 헬리콥터가 지나가는 것을 보았다. '책에서만 보던 헬리콥터가 실제로 있다니!' 헬리콥터를 발견하고 기쁜 아이는 이 기쁨의 순간을 아빠에게 공유하고 싶다. '우와! 아빠 저거 봐!' 아이는 자신이 주의 집중하고 있는 헬리콥터를 손가락으로 가리키며 아빠의 주의를 끈다. 아빠가 자신의 관심사, 자신이 주의를 기울이는 바로 그 헬리콥터의 발견에 함께 참여해주기를 바라면서.

'주의의 공유'는 우리 일상에서 수도 없이 일어난다. 너무 흔하게 발생해 오히려 인지하지 못할 때가 많다. 하지만 이런 소소한 순간이 쌓이고 쌓여, 아이와 나의 세상을 연결하는 핵심 요소가 된다.

> 주의의 공유는 아이가 관심 있는 것을 부모와 공유하고자 하는 상태다. 자신의 관심사를 부모와 나누고 싶어 하고, 부모의 관심사에 호기심을 갖는다. 서로의 세상을 공유하고 싶은 본능이다.

☀️ 바라는 것을 나누는 의도의 공유

두 번째는 의도의 공유(Joint Intention)다. 아이는 태어나는 그 순간부터 자신의 욕구를 표현한다. 배가 고프거나 졸리거나 불편하면 '응애 응애' 하며 운다. 아니면 버둥거리거나 눈을 껌뻑거리며 한 곳을 오래 응시하기도 한다. 목을 가눌 수 있게 되면 관심이 가는 방향으로 고개를 돌리기도 하고 불편한 자극이 느껴지면 얼굴을 찌푸리기도 한다.

이처럼 욕구와 목적의식을 가지고 자신의 '의도'를 상대방과 나누려고 한다. 태어난 지 얼마 되지 않았을 때는 자기중심적이고 본능적인 1차원적 자기표현을 하지만, 점차 구체적인 의도를 가진 표현으로 발전한다. '나를 안아줘', '나를 재워줘', '저리로 데리고 가줘' 등 표현력이 발달하며 상대방이 자신의 욕구를 충족해주도록 유도

하게 된다. 예를 들어 이전까지는 무엇인가가 불편해 소리 지르고 그것으로 인해 그 불편함이 사라졌다면, 아이는 점차 누군가 나를 보살펴준다는 것을 깨닫고 특정 상대방이 자신에게 더 우호적으로 행동하도록 유도한다. 예를 들면 아이는 생후 3~4개월이 되면 주양육자를 향해 미소를 지어 보인다거나 안아달라고 손을 뻗는 등 의도를 가진 행동을 보인다. 그리고 양육자도 이런 아이의 의도를 알게 된다. 즉 상호 공유된 의도가 점점 더 발달하게 되는 것이다.

내가 아이에게 이유식을 만들어줄 때였다. 아들은 나에게 명확하게 의사를 표현했다. 몇 번 먹어보고 맛이 없으면, 내가 그 음식을 들고 오기만 해도 고개를 홱 돌려 자신을 표현했다. 몇 번이나 먹이려고 시도했지만 아들은 내가 음식을 치워버릴 때까지 고개를 돌리고 또 돌렸다. 결국 나는 그 음식을 치워버릴 수밖에 없었다. 아이는 고개 돌리는 행동이 엄마인 내가 음식을 치우게 할 수 있는 행동이라는 것을 알고 있었다.

반대로 아들이 좋아하는 음식을 준비할 때면 아들은 두 손을 꼭 쥐고 위아래로 흔들면서 눈을 반짝거렸다. 그러면 나는 음식을 빨리 가져다주기 위해 바쁘게 움직였다. 아이가 두 손을 쥐고 흔드는 행동이 나에게 영향을 주어 빨리 움직이게 한 것이다. 그 순간 아이와 나는 의도를 공유했고, 함께 존재했다.

> 의도의 공유는 아이가 자신이 하고 싶은 것이 무엇인지 의사를 표현해 부모와 공유하는 것이다.

☀ 감정을 나누는 정서의 공유

마지막 세 번째는 바로 정서의 공유(Joint Affect)다. 공유 정서나 상호적 감정 등으로도 부르는데, 쉽게 말해 같은 감정을 함께 느끼는 것이다. '공감'과 비슷하다고 생각할 수도 있는데 공감은 의식의 차원에서 이루어지지만 정서의 공유는 무의식의 차원에서 이루어진다는 점이 다르다.

공감은 타인의 입장에서 상황을 바라보고 이해하려는 능력이다. 내 마음과는 다른 타인의 마음이 존재한다는 것을 이해하고, 타인이 느끼는 정서 또한 이해할 수 있는 '인지 능력'인 셈이다. 공감은 '능력'이라고 불릴 정도로 인지적인 과정을 거쳐야 하는 영역이며 이는 우리가 살면서 학습한 '의식적 차원'의 능력이다. 이에 비해 정서의 공유는 무의식적 차원의 정서를 함께 나누기 때문에 좀 더 본능적이며, 더 자연스럽다.

 엄마가 우는 것을 보고 아이가 따라 울거나 놀이터에서 친구들이 싸우며 우는 것을 보고 아이가 따라 우는 것을 본 적이 있을 것이다. 인지적 과정인 '공감'을 알기 훨씬 전부터 아이는 정서를 공유할 수 있다. 인간은 태어나면서부터 타인의 정서를 함께 느끼는 능력을 갖고 있기 때문이다. 아주 어린 아기도 정서를 공유하는 모습을 관찰할 수 있는데, 이에 관련한 유명한 실험이 있다.
 바로 에드워드 트로닉(Edward Tronick)의 '무표정 실험'으로 돌 전의 영아가 엄마의 표정 변화에 어떻게 반응하는지 관찰한 연구다. 처음에 엄마는 아이와 눈을 맞추고 즐겁게 웃는다. 즐겁고 신난 엄마의 얼굴을 보는 아이도 아주 밝다. 그러나 이후 엄마는 갑자기 무표정한 표정을 짓는다.
 아이가 어떤 소리를 내거나 표정을 지어도 엄마는 반응하지 않고 마치 정지된 것처럼 무표정한 얼굴을 계속한다. 엄마는 이 상태를 약 1분 동안 지속한다. 무표정한 엄마를 보며 아이는 처음엔 당황한다. 이 상황을 바꾸기 위해 엄마를 쳐다보고 손을 뻗기도 하고 박수를 치거나 옹알거리는 소리를 내기도 한다. 엄마에게 영향을 끼치고 싶어 하는 것이다. 하지만 이런 노력에도 엄마는 여전히 무표정하다. 이제 아이는 좌절을 느끼기 시작한다. 자신이 엄마에게 아무런 영향을 줄 수 없다는 사실, 엄마가 자신의 의도와 행동에 반응하지 않는다는 사실에 괴로워하며 점점 분노와 좌절을 느껴 울거나 화를 내기도 한다. 이 실험을 통해 아이는 엄마의 정서에 따라 움직이며, 그 정서에 영향을 끼치려는 모습을 보인다는 것을 알 수 있다 (아이가 걱정되는 분을 위해 덧붙이자면 실험의 마지막 단계는 엄마가 다시 아이에게 반응을 보이며 어르고 달래는 것이다. 아이는 잠시 좌절을 느꼈더라도 원래대로 돌아온 엄마를 보며 금세 정서가 회복되는 모습을 보인다).

 이 실험은 부모-자녀 사이의 상호작용, 특히 부모가 아이에게 커다란 영향을 끼친다는 사실을 보여준다. 그리고 태어난 지 100일이 안 된 아이도 부모의 정서와 표현에 상당히 민감하게 반응하며 이를 조절하기 위해 의도적인 행위와 행동을 보인다는 것을 알 수 있다.

 그렇다면 성인은 어떻게 정서를 공유할까? 성인은 자신만의 경험과 인식이 쌓였기 때문에 타인과 오롯이 정서를 공유하는 것이 오히려 쉽지 않을 수 있다. 즉 의식적으로 정서를 공유할 수는 있지만 (공감) 1차원적이고 직관적인 정서의 공유를 하는 경우는 흔치 않다. 연애라는 특수한 상황에선 깊은 정서의 공유가 이뤄지기도 하는데, 이때 우리는 타인과 이 정도로 가까워질 수 있다는 사실에 놀라며 두려움을 느끼기도 한다. 진정한 의미의 정서의 공유를 경험하기 때문이다.

 이외에도 성인은 자녀를 갖게 되었을 때 정서의 공유를 다시 경험하게 되는데 연인 관계보다 더 쉽고 강렬하게 느끼게 된다. 연인 관계에는 노력이 필요하지만 자식을 사랑하는 데는 의식적인 노력이 필요 없기 때문이다.

 이제 막 배밀이를 하려는 아이가 있다. 아이는 힘겹게 자신의 상체를 들어올려 앞으로 나아간다. 엄마는 어디선가 끙끙대는 소리에 아이가 앞으로 나아가는 것을 발견한다. 엄마는 "옳지 잘한다!" 하며 마치 자신이 힘을 주듯 미간을 찌푸리며 집중한다. 아이는 엄마의 응원에 힘입어 10cm 정도 움직였다. 아이는 '누구의 도움도 없이 내가 움직였잖아?!' 스스로 대견함과 뿌듯함을 느낀다. 이어 "우리 아기 장하다! 앞으로 한 뼘이나 갔어. 너무 잘했어!"라며 아이만큼 흥분한 엄마의 얼굴을 발견한다. 아이는 '내가 움직인 걸 보고 엄마가 기뻐하네? 정말 기분 좋아! 이제 스스로 움직일 수 있고 엄마도 기쁘게 할 수 있어!'라고 생각하며 까르르 소리내 웃는다. 아이의 웃음소리에 엄마는 기분이 더욱 좋아져 웃는다.

 엄마와 아이가 서로의 정서를 공유하는 순간이다. 이렇게 서로의 정서를 공유하는 순간이 모여 아이와 부모 사이에는 누구도 끼어들 수 없는 둘만의 유대감이 생기게 된다. 모든 것이 처음인 아이는 매일이 새롭다. 세상을 배우고 새로운 것을 발견하면서 아이는 두려움, 기쁨, 환희, 좌절 등 모든 감정을 느끼게 된다. 그리고 이 감정을 함께 나누며 아이보다 더 많이 두려워하고 기뻐하는 사람이 있으니 바로 부모다. 아이와 부모가 정서를 공유한 순간을 아이가 모두 기억할 수는 없다. 하지만 부모와 함께한 정서의 공유 순간은 아이의 마음속 깊이 자리 잡아, 아이의 평생을 지지해줄 소중한 보물이 된다.

자신이 집중하는 것을 나누는 주의의 공유, 자신의 욕구를 나누는 의도의 공유, 자신이 느끼는 것을 나누는 정서의 공유. 이것들은 자녀와 부모가 연결되어 있다고 느끼게 하는 핵심적인 3가지 요소다. 즉 상호주관성으로 한걸음 더 가까이 다가가는 3가지 열쇠라고 할 수 있다. 아이와 함께할 때 이 3가지 열쇠를 가지고 있다면 부모는 아이와 좀 더 쉽고 자연스럽게 관계를 맺을 수 있다.

이 상호주관성의 3가지 요소의 핵심은 부모가 부모의 모습으로 아이의 곁에 존재(Being)하는 것이다. 많은 부모가 아이에게 더 좋은 무언가를 해줘야(Doing) 한다고 생각한다. 혹은 아이에게 더 좋은 것을 줘야(Giving) 한다고 생각한다. 심지어 아이를 사랑하는 마음조차 의식적으로 줘야만(Giving) 한다고 생각한다. 하지만 아이와 부모의 관계를 단단하게 엮어주는 유일한 방법은 바로 부모가 존재하는(Being) 것이다. 부모가 아이와 함께하며 서로 영향을 줄 때, 상호주관성이라는 문을 통해 부모와 아이는 함께 창조한 세상을 경험하게 된다.

> 정서의 공유는 무의식적인 공감이라고 할 수 있다. 아이는 부모의 감정에 쉽게 전염되고 부모 역시 그렇다. 정서를 공유하며 아이와 부모의 유대감은 더 단단해진다.

상호주관성,
애착을 높이는 가장 쉬운 방법

부모가 자녀에게 줄 수 있는 최고의 선물, 애착

　내가 임신했을 당시 한 백화점 광고판에서 보았던 문구다. 당시 나는 이 문구를 보고 상당히 불편했다. 나에게, 부모에게 무언가를 강요하는 것처럼 느껴졌다. '애착'이라는 단어는 일반인에게도 잘 알려져 있다. 애착이라는 용어가 처음 주목받았을 때, 많은 사람은 애착이 부모가 자녀에게 줄 수 있는 최고의 선물로 생각했다. 물론 맞는 말이지만 문제는 부모가 완벽한 상태의 애착을 아이에게 줘야만 하며, 부모의 노력에 아이의 애착 상태가 오롯이 달려 있는 듯 여겨졌다는 것이다. 따라서 아이의 애착 상태에 조금이라도 부족함이나 문제가 있다면 부모에게 모든 책임이 있는 것처럼 생각했다.

임신과 출산 과정을 거친 많은 부모 중 스스로 완벽한 부모라고 생각하는 사람은 아마 없을 것이다. 따라서 많은 부모는 자신의 부족함을 메우기 위해 노력한다. 어떻게 하면 더 좋은 부모가 될 수 있을지, 어떻게 하면 아이와 더 단단한 애착을 만들 수 있을지 고민한다. 나는 진료실, 강연장에서 많은 부모와 예비 부모를 만나며 그들이 얼마나 많이 고민하는지 지켜봐왔다. 나는 이런 부모의 책임감 있는 모습을 격려하며 존경한다.

하지만 과도한 책임감과 중압감은 오히려 독이 된다. 한 아이의 인생이 오롯이 나로 인해 결정된다는 과도한 부담감을 갖는 부모가 있다. 그런 경우 아이가 조금이라도 잘못되면 모든 것이 부모, 특히 엄마의 잘못으로 귀결되는 경우가 많다. 이는 개인의 생각일 뿐 아니라 대한민국의 오래된 문화와 사회적 분위기 때문이기도 하다. 아이가 분리불안이 심하거나 떼를 많이 쓴다면 사람들은 마치 엄마의 잘못으로 생각한다. 그리고 그런 시선에 엄마는 '내가 부족해서 그런 거야'라는 불안을 갖게 되고 불안은 죄책감이 된다. 결국 엄마는 스스로를 육아에 실패한 엄마로 치부해버린다.

하지만 여기서 놓치지 말아야 할 것이 있다. 애착은 부모 혼자서만 만들어가는 것이 아니라는 사실이다. 부모가 성이며 아이 양육의 책임이 있기 때문에 애착 관계에서 부모의 역할과 책임이 우선적이지만, 부모의 노력만으로 안정된 애착이 만들어지지는 않는다. 부모가 일방향적으로 아이에게 사랑과 애정을 쏟아낸다고 해서, 그것에 비례하여 애착이 견고해지고 안정적이 되는 것이 아니라는 뜻이다.

아이는 우리가 생각하는 것보다 더 크고 위대한 존재다. 갓 태어난 신생아는 자신을 품어줬던 엄마의 목소리를 알아차릴 수 있다. 생후 6~7개월만 되어도 나에게 익숙하지 않은 낯선 사람은 경계하며, 안전한 상황을 유지하기 위해 특별한 사람, 즉 애착 대상인 부모에게는 더욱 다가간다.

아이는 이 특별한 사람이 자신을 계속해서 돌봐주고, 위험이 생기면 자신을 보호해주길 바란다. 따라서 이 사람과의 관계를 더욱 견고하게 만들기 위해 노력한다. 부모에게 애교를 부리듯 웃거나, 안아달라고 손을 뻗고, 필요할 때는 크게 울어서 부모를 부르는 것 모두 관계를 위한 노력이며, 아이의 이러한 행동을 '애착 행동'이라고 부른다. 이처럼 아이는 오롯이 수동적으로 사랑과 보호를 받기만 하는 존재가 아니라 능동적으로 애정을 갈구하며, 이를 위해 노력하는 존재임을 알 수 있다. 즉 아이 역시 애착 관계에서 주도적인 역할을 한다.

아이는 부모의 민감도를 높이기 위해 여러 가지 노력을 한다. 예를 들면, 상황에 따라 다른 방식으로 울거나 웃어본다. 무언가 강하게 원할 때는 온몸을 비틀거나 젖먹던 힘을 쥐어짜내 우렁차게 울기도 한다. 간혹 표현이 미숙한 아이는 머리부터 발끝까지 힘을 주어 몸을 빨갛게 만들며 자신의 욕구를 표현한다. 부모의 민감도가 높아질수록 아이의 상태와 감정을 더 잘 알아차리기 때문에 아이는 계속해서 부모의 민감도를 높이기 위해 노력한다. 부모가 더 잘 알아차리기를 바라면서, 아이도 스스로 노력한다.

아이는 생후 3개월만 되어도 자신의 감정을 표출하는 것뿐 아니라 부모의 감정도 감지할 수 있게 된다. 부모가 언제 더 기뻐하고 화내는지 알 수 있는데, 이른바 '눈치'를 볼 수 있게 되며 점점 사회화된다. 돌 전후의 아이를 상상해보자. 돌쟁이 아이의 가장 재미있는 놀이 중 하나는 물건 떨어뜨리기 혹은 물건 던지기다.

아이는 신체능력이 발달하면서 물체를 손에 쥐고, 또 쥐었던 것을 펼쳐서 떨어뜨리거나 던질 수 있는 자신의 능력을 발견한다. 그리고 '내가 이 물건을 움직일 수 있다고?' 마치 자신의 초능력을 발견한 것처럼, 물건이 떨어지는 게 어찌나 신기한지 자신의 손과 물건을 반짝이는 눈빛으로 쳐다본다. 새롭게 발견한 자신의 능력을 다양한 방법으로 반복해 시험하는데, 물건을 던지는 것 역시 이 시험 중 하나다. 이 행동을 반복하며 아이의 시선은 부모에게 향한다.

'아빠, 나 어때? 대단하지?'

'엄마, 이거 해도 되는 거야?'

자신의 감정과 만족감이 부모에게 전달되기를 바라면서, 그리고 부모가 어떤 반응일지 보기 위해 아이는 부모를 바라본다. 이때 부모가 환호하며 즐거워하는 반응으로 응답한다면 아이는 이것이 '좋은 행동'이라고 생각하게 된다. 반대로 부모가 냉담하거나 화를 낸다면 아이는 자신의 행동에 대해 다시 생각해본다. '계속해도 되는 건가? 그만해야 하나?' 즉 아이는 부모의 반응에 영향을 받으며 자신의 행동을 결정한다.

부모- 자녀 관계에서 '반응'은 일방향적인 것이 아니다. 아이는 부모에게 반응하고, 부모는 아이에게 반응한다. 이렇게 상호적으로 서로의 반응을 지켜보며 영향을 받는다. 마치 작용과 반작용처럼 아이와 부모는 영향을 주고받는 것이다.

애착 형성에서 가장 중요한 부모의 역할은 민감성, 반응성, 일관성이라고 알려져 있다. 하지만 이 3가지 요인에는 부모뿐 아니라 아이도 중요한 몫을 한다. 아이는 부모의 민감성을 높이기 위해 다양한 애착 행동을 한다. 그런 아이에게 부모는 반응하고, 부모의 모습을 본 아이는 다시 반응한다. 반응성과 민감성을 바탕으로, 부모는 아이에 대해 더 잘 파악하고 이해하게 되고, 서로 간의 의사소통이 좀 더 원활해진다. 즉 서로 합이 잘 맞게 되면 육아가 훨씬 더 수월해지고 일관적이 되는 것이다. 이러한 부모와 아이 간의 긍정적인 상호작용의 순환이 반복되면, 애착은 더욱 깊어진다.

☀️ 열심히 육아를 공부해도 실전에 써먹지 못하는 이유

많은 부모가 애착을 비롯한 다양한 육아 지식을 공부한다. 요즘엔 책뿐 아니라 검색을 통해 다양한 정보를 얻을 수 있기 때문에 공부하는 부모가 더욱 늘고 있다. 이제 공부하는 부모는 더 이상 유별난 사람이 아니라 보통의 평균적인 모습이 되었다. 이렇게 공부하는 부모는 점점 더 늘어나는데, 아이러니하게도 금쪽이는 더 많아지고 있다. 왜 그럴까?

첫 번째, 공부와 실전은 다르기 때문이다. 배우는 대본을 받고 그 역할에 맞는 행동을 연습한다. 몇 번의 리허설을 통해 완벽한 모습을 연기한다. 하지만 부모가 되는 일은 '대본대로' 부모 역할을 연기하는게 아니다. 많은 부모가 자신만의 이상적인 부모상을 그려놓는다. 하지만 육아는 완벽하게 짜여진 극이 아니다. 마치 자전거를 타거나 수영을 배우는 것처럼 처음엔 원리를 배우고, 그다음엔 계속 해봐야 한다. 그래야 내 것이 된다.

육아도 마찬가지다. 육아 전문가들의 이야기를 듣고 계획을 세운다고 하더라도 완벽할 수 없다. 따라서 육아 전문가들이 말하는 근본적인 내용이 무엇인지 파악한 후 내 아이와 나의 상황에 맞게 여러 번 실천한 후에야 내 것이 될 수 있다. 그렇게 된다면 더는 책이나 유튜브를 찾아보지 않더라도 아이의 울음과 떼쓰기에 상호작용하며 반응할 수 있다.

두 번째, 이론만 공부하고 정작 자신의 아이를 바라보지 못하는 부모가 있기 때문이다. 이들은 '본질'보다 '기술'에 더 매달린다. 부모는 소아정신과 의사, 육아 전문가, 아동심리 전문가 등 전문가들에게서 아이를 잘 관찰하고, 어떻게 대하면 되는지 다양한 기술을 배울 수 있다. 하지만 이들은 말 그대로 그 이론의 전문가다. 예를 들면 소아정신과 의사는 마음 전문가다. 아이의 마음은 대체로 어떻게 흘러가는지, 아이의 심리는 어떻게 발달하는지 등 전문적인 지식을 바탕으로 아이를 바라본다.

하지만 부모는 '내 아이 전문가'여야 한다. 세상에 하나뿐인 내 아이를 가장 잘 알고, 아이의 고유한 특성이 무엇인지 아는 사람은 바로 부모여야 한다. 부모는 가장 오랜 시간 아이와 함께했으며, 아이에게 가장 큰 영향력을 준다. 따라서 부모는 기술을 배우거나 육아 공부를 하는 시간보다 내 아이를 관찰하고 아이와 소통하는 시간을 우선시해야 한다. 실제 경험에서 아이와 마주하며, 나만의 육아를 만들어야 한다. 아이와 함께 놀다가, 아이를 혼내다가 책이나 인터넷에서 본 육아 기술이 떠올라야 한다. 육아 지식만 열심히 공부하다가 가끔 내 아이와 놀아주는 게 아니라.

세 번째, 부모가 아이만 생각하고 자신을 돌보지 않기 때문이다. "아이만 행복하면 저는 괜찮아요. 아이만 잘 자라게 해주세요." 진료실에서 만나는 부모는 이렇게 말한다. 부모에게 아이의 행복은 언제나 최우선이다. 나 역시 한 아이의 엄마이기 때문에 부모들의 이런 마음이 본능이라는 것을 안다. 나도 나는 자식을 낳고 나서야 "자식 입에 음식이 들어가는 것만 봐도 배가 부르다"는 옛말을 온몸으로 느낀다.

하지만 부모가 잊은 게 있다. 내 배가 고프면 아이를 편안하게 해줄 수 없다. 덜 먹고, 덜 자고, 덜 쉬며 어느 정도는 버틸 수 있을 것이다. 하지만 그것은 최상의 상태는 아니다. 부모도 본능의 지배를 받는 인간이다. 그렇게 산다면 육아도 지속 가능할 수 없다. 우리는 몇 달 단기 계약으로 부모가 되는 게 아니다. 아이가 태어난 순간부터 내가 이 세상에 존재할 때까지 나는 부모라는 역할을 수행해야 한다. 그러므로 아이 곁에서 건강하고 좋은 부모로 존재하기 위해선 자신을 살펴야 한다. 부모의 마음과 정신이 건강해야 아이도 행복해질 기회를 갖는다.

앞서 말했듯 애착 관계는 부모와 아이가 함께 만들어가는 것이다. 부모 스스로가 건강하고 안정적이라면 아이는 그러한 부모의 지지와 응원을 받아 자신의 삶을 확장해나갈 수 있다. 그렇게 부모와 아이가 서로 영향을 끼치고 성장하는 과정에서 애착이 더욱 단단해진다. 안정된 애착은 이렇게 서로 함께 만들어나가는 것이다.

> **POINT**
> 부모는 부모로서 아이 곁에 있어야 한다. 부모가 되는 기술을 배우는 것에 머물러 있지 말고, 살아 있는 생생한 부모로 아이와 함께 살아가자.

☀ 아이와의 '관계'에 몰입하라

우리는 모두 좋은 부모가 되기 위해 노력한다. 누군가는 아이가 좋아하는 장난감을 많이 사줌으로써, 누군가는 주말마다 멋진 옷을 입혀 좋은 장소에 데려가줌으로써, 누군가는 아주 어릴 때부터 영어를 익힐 수 있게 서포트해줌으로써, 누군가는 육아와 관련한 전문지식을 공부함으로써 좋은 부모가 되려고 한다. 완벽한 부모가 되기 위해 수많은 리스트를 만들고, 멋진 장소를 찾아내며, 좋은 교육 환경을 만들어준다.

과연 어떤 부모가 좋은 부모일까? 부모는 각자의 가치관에 따라 혼신의 노력을 다하지만, 결과가 노력에 항상 비례하는 것은 아니다. 사실 좋은 부모가 어떤 사람인지 정의내리기는 쉽지 않다. 결국 아이 입장에서 어떤 부모를 원할지 생각해봐야 한다. 아이가 원하는 좋은 부모는 어떤 부모일까? 돈이 많은 부모나 외모가 뛰어난 부모, 좋은 곳에 데려가주는 부모일까? 사실 우리는 이미 답을 알고 있다. 아이가 원하는 부모는 특별하고 대단한 부모가 아니라 그저 자신 곁에 존재하는(Being) 부모다. 아이의 관심사를 궁금해하고, 의도를 이해해주며, 아이가 느끼는 감정을 있는 그대로 받아들여주는 부모인 것이다.

아이에게 많은 것을 해주려다가 오히려 아이와 함께하는 관계를 잃어버리는 부모도 있다. 하지만 우선순위를 놓치면 안 된다. 좋은 부모의 첫 번째 우선순위는 아이와 건강하고 단단한 관계를 만드는 것이다. 아이가 부모와의 관계가 불완전하다면 그 아이는 세상을 받아들이는 과정에서 어려움을 겪는다. 갈등을 헤쳐나가는 힘이 부족하고 스트레스를 잘 견디지 못한다.

아이와 함께 존재해야(Being) 한다는 것은 24시간 아이 곁에 있어 줘야 한다든가 하는 양적이고 물리적인 시간을 말하는 것이 아니다. 아이 곁에서 '부모로서' 존재해야 한다는 뜻이다. 시간의 길이보다 더 중요한 것은, 아이와 어떻게 함께하느냐다. 아이 곁에서, 부모로서 존재하며, 아이와의 관계를 단단하게 하는 가장 분명하고 효과적인 방법이 바로 '상호주관성'이다.

일하느라 아이와 함께하는 시간이 짧은 부모도 있고, 아이를 어린이집이나 유치원에 보내고 집안일을 하다 보면 아이와 놀아주는 시간이 하루에 1~2시간이 채 안 되는 부모도 많다. 아이와 마주 앉아 집중해서 상대할 시간이 적어질수록 부모는 초조해진다. '우리 아이 말 트이게 하려면 책을 많이 읽어줘야 하는데', '두뇌 발달에 좋다는 이것도 해야 하고, 상상력을 자극해준다는 저것도 해야 하는데'라는 생각에 마음이 급하다.

하지만 아이와 함께하는 순간에 집중하고 그 시간에 상호주관성을 쌓는다면 관계의 밀도가 높아져 아이는 마음이 더 튼튼하고 풍성한 아이로 자랄 수 있을 것이다. 아이는 부모가 항상 곁에 있지 않아도 나를 사랑하며 다시 내 곁에 돌아올 것이라고 신뢰하게 된다. 즉 몸은 떨어져 있더라도 아이 마음속에 늘 든든한 부모가 존재하는 것이다. 부모 역시 수많은 리스트의 압박에서 벗어나 자연스럽게 좋은 부모의 길을 걷게 될 것이다.

짧은 시간밖에 아이에게 집중할 수 없더라도 관계의 질을 높이는 방법이 있다. 바로 부모로서 아이 곁에 존재하는 것이다. 머릿속의 리스트를 지우고, 아이와 함께하는 지금 이 순간에 몰입하자.

3장

행복한 육아로
가는 길

아이
: 부모라는 문을 통해 세상을 만나다

무엇이 육아를 즐겁게, 행복하게 만드는가? 어린아이를 기르는 일은 분명 쉽지 않다. 육체적으로도 정신적으로도 부모의 절대적인 희생이 필요한 일이다. 그래서 육아에 대해서 이야기할 때 '힘들다', '고되다'라는 표현을 많이 한다. 그러나 우리 주변엔 분명 상대적으로 육아 스트레스를 적게 받고, 행복함을 더 많이 느끼는 사람들이 있다. 꿈만 같은 '행복한 육아'를 실생활에서 즐기는 사람이 있는 것이다. 그들이 꼭 강한 정신력, 뛰어난 전문 지식, 남다른 경제력을 가진 것은 아니다. 행복한 육아를 하는 사람을 자세히 살펴보면 육아의 '기본'을 잘 이해하고 있다는 것을 알 수 있다.

그럼 이제 한번 떠올려보자. 육아라는 길고 위대한 대장정을 잘 수행하기 위해 가장 중요한 요소는 무엇일까? 육아는 아이, 부모, 그리고 부모-자녀 간의 관계 이 3가지 핵심 요소로 이뤄진다. 동시에 이 3가지 요소의 균형이 잘 맞아야 안정된 육아, 행복한 육아를 만들 수 있다. 육지와 육지를 잇는 길고 거대한 다리를 생각해보자. 이 다리의 이름은 '육아'다. 이 다리를 유지하는 3개의 기둥이 있는데 바로 아이, 부모, 관계다. 이 다리 중 하나가 부실하거나 균형이 맞지 않으면 어떻게 될까? 다리는 위태위태하다가, 어느새 금이 가 결국 무너져버릴 것이다.

이제 이 3가지 요소의 특징을 알아보자. 동시에 내 아이, 나(부모), 우리의 관계가 어떤 상태인지 점검해보자. 지금 우리 가족이 안전한 다리를 만들고 있는지 아니면 위태로운 상황에 놓였는지 알아보는 좋은 기회가 될 것이다.

첫 번째 요소인 아이에 대해 알아보자. 미숙하고 취약한 상태로 태어난 아이는 혼자서는 생존할 수 없는 존재다. 아이는 생존을 위해 부모의 도움이 반드시 필요하다. 하지만 아이는 의존하고 싶은 욕구만큼이나 동시에 독립된 개체가 되길 희망한다. 누군가에게 절대적으로 의지할 수밖에 없는 순간에도 아이는 자신만의 생각과 환상을 가지고 있다.

아주 놀랍게도 신생아는 자신이 세상의 절대자라고 믿으며, 세상이 자신의 마음대로 움직일 수 있다고 생각한다. 아이의 이러한 나르시시즘(Narcissism)은 아이를 조금만 관찰해도 엿볼 수 있다. 아이는 배가 고프면 울고, 기분이 좋으면 웃는다. 배가 고픈데 빨리 허기가 채워지지 않으면 곧바로 울어버린다. 배가 찰 때까지 울거나 얼굴이 빨개질 정도로 소리를 치기도 한다. 마치 부모를, 양육자를 조련하듯 그들에게 호통치듯 말이다. 아이는 보통 자신의 이러한 일방적인 요구가 대부분은 충족되는 경험을 하게 된다. 엄마가 화장실에 있더라도, 아빠가 깜빡 졸고 있더라도 아이가 소리치거나 울면, 거의 즉각적으로 하던 일을 멈추고 아이의 소환에 응한다.

혹시 애니매이션 〈보스베이비(Boss Baby)〉를 아는가? 자신이 전지전능한 왕이라고 생각하는 주인공들의 모습은 만화 속에서만 존재하는 이야기가 아니다. 사실 신생아 초기의 과도한 나르시시즘은 아이의 발달에서 꼭 필요한 모습이다. 엄마 뱃속에서 아기는 아무것도 요구하지 않지만, 늘 모든 것이 최상으로 제공되는 상태에 있다. 배고프기 전에 모든 영양분이 공급되고, 변을 보려고 힘을 주지 않아도 되며, 따듯한 양수 덕분에 추위에 떨지 않아도 된다.

모든 게 완벽한 세상에 살던 아이는 세상에 나오면서부터 추위와 배고픔, 소음과 건조함 등에 노출된다. 출생 후의 급격한 변화를 아이는 자신을 향한 공격으로 받아들인다. 출생 후 아이는 몸이 갑자기 들어 올려지거나 소변이나 대변을 보고 난 후 축축함을 느끼기도 한다. 입에 들어오는 우유의 차가움 혹은 뜨거움을 느끼고, 배고픔도 느낀다.

낯선 환경과 불편한 기분. 아이는 세상에 태어나 이러한 불편함에 적응하는 시간을 겪는다. 이때 양육자는 완벽하진 않더라도 아이가 이 세상을 미워하지 않도록 도와주어야 한다. 자신이 세상의 조물주라 믿었던 아이가 세상에 배신감을 느끼지 않도록 할 수 있는 한 최선의 환경을 제공해줘야 한다.

하지만 부모가 아무리 최선을 다하더라도 아이가 원하는 것을 100% 만족시켜줄 수는 없다. 부모는 아이가 원하는 것을 알아차리지 못할 때도 있고 아이가 울 때 즉각적으로 반응하지 않을 수도 있다. 이렇게 아이의 완벽한 세상에 균열이 생기고 이를 통해 세상을 알게 된다. 아이는 자신이 세상을 창조했고, 세상은 나를 위해 존재한다는 착각에서 조금씩 벗어난다. 그리고 이 세상에 나 말고 또 다른 존재 즉 '부모'가 있다는 것을 알게 된다.

아이는 처음 부모를 냄새, 형태, 목소리로 알아차린다. 그러다 점점 내 욕구를 충족해주고 사랑해주는 특정 양육자를 알아차리고 더 선호하게 된다. 양육자가 가까이 오는 것만으로도 기분이 좋아지고 얼굴을 더 많이 보고 싶어 한다. 냄새를 맡고 싶고 안기고 싶어 한다. 그러면 기분이 좋아지기 때문이다. 양육자와 함께 있을 때 자신의 세상이 안전해진다고 느끼기 때문에 양육자를 더 많이 찾게 된다. 부모와 아이의 특별한 관계가 시작되는 것이다.

의존과 독립의 욕구를 동시에 갖고 태어난 아이는 이렇게 양육자를 알아가면서 관계를 맺기 시작한다. 자신이 생존하기 위해선 양육자의 존재가 필수적임을 깨닫게 되는 것이다. 그래서 아이는 양육자에게서 떨어지지 않으려고 하고, 헤어지면 세상이 무너질 듯 운다. 그러니 아이가 보이는 분리불안, 애착 행동은 자연스러운 발달 과정인 셈이다.

☀️ 아이는 어떻게 자라나는가

미성숙한 아이는 부모에게 의존하며 자란다. 태어난 지 얼마 안 된 아이는 소화기관이 발달하지 않고, 음식을 씹을 치아도 없다. 따라서 모유나 분유를 거쳐 이유식을 먹는다. 이마저도 잘못 먹으면 탈이 나 설사하거나 토하기도 한다. 또 체온 조절 능력이 떨어져 쉽게 감기에 걸리고 감염에도 취약하다. 기린은 태어난 지 몇 시간 만에 걷는다. 하지만 인간은 독립적 개체가 되어 스스로 생존할 수 있기까지 수년이 걸린다.

그렇다면 심리적으로는 어떻게 성장할까? 인간은 태어난 후 다양한 경험을 하며 고유한 성격을 갖고, 독립된 개체로 성장한다. 이렇게 한 인간의 인격이 변화를 거듭해 고정되는 시기를 전문가들은 대략 만 18세 전후로 본다. 즉 심리적인 성장을 이루는 데만 최소한 18년의 시간이 걸린다는 것이다. 더 놀라운 사실은 18세가 지난 후에도 인간 내면의 심리는 계속해서 성숙하고 발달하는 과정을 거친다.

심리학자 에릭 에릭슨(Eirk Ekrison)은 인간 내면의 심리 발달 과정을 8단계로 분류했다. 에릭슨의 심리 발달 과정에 따르면 인간의 심리는 사회, 환경의 영향을 받으며, 각 발달 과정마다 꼭 이루어야 하는 발달 과업이 있다. 이를 '심리 발달 과업(Developmental Task)'이라고 한다.

총 8단계의 발달 과정 중 첫 3단계가 생후 6년 안에 이루어진다. 말도 잘 못하고, 아무것도 모르는 듯한 시기에 한 인간의 정신건강의 기본 뼈대가 만들어지는 것이다. 많은 연구에서 밝혀졌듯 성인기 정신건강의 여러 문제가 소아청소년기부터 시작되거나 기인한다. 그만큼 영유아기, 유년기의 경험이 아이의 삶 전반에 지대한 영향을 주는 것이다.

에릭슨에 따르면 각 단계마다 적절한 환경적 자극과 경험이 필요하다고 한다. 특정 시기가 된다고 해서 인간의 발달이 저절로 이뤄지는 것은 아니며, 각 단계별 필수 과업을 완수하기 위해서는 노력과 연습이 필요하다. 그렇다면 우리 아이는 어떻게 발달할까? 가장 많은 변화를 겪는 생후 6년까지인 1~3단계의 특징을 알아보자.

에릭슨의 심리 발달 과정				
단계	나이	발달 과업	발달 과업의 실패 결과
1단계 영아기	출생 후 ~ 만 1세	기본적인 신뢰감	불신
2단계 걸음마기	만 1세 ~ 만 3세	자율성, 개체성	수치심, 회의감
3단계 학령전기	만 4세 ~ 만 6세	주도성	죄책감
4단계 아동기	만 7세 ~ 만 11세	근면성(생산성)	열등의식
5단계 청소년기	만 12세 ~ 만 17세	자아정체성	정체성 혼란
6단계 성인 초기	만 18세 ~ 만 29세	친밀성	격리감
7단계 장년기	만 30세 ~ 만 59세	생산성	정체감
8단계 노년기	만 60세 ~ 만 80세	인생 통합	절망감

1단계 영아기는 생후 1년의 시기며, 구강기라 부르기도 한다. 이 시기의 아이는 부모의 보호와 보살핌 없이는 살아갈 수 없다. 따라서 아이는 자신을 보살펴줄 사람이 필요하며, 그 특정 사람과 애착 관계를 맺게 된다. 그리고 이 애착을 기반으로 해 신뢰감과 안정감을 느끼게 된다. 이 시기 발달 과업인 신뢰감, 즉 안정된 애착을 경

험하는 데 실패한 아이는 세상이나 자기 자신에 대한 의구심, 불신을 갖게 되고, 이후 아이의 자존감이나 대인 관계에도 영향을 준다.

2단계 걸음마기는 항문기라 불리기도 한다. 돌 전후부터 만 3세의 아이는 부모를 인지하고 받아들이며 이와 동시에 서서히 부모에게서 독립해나간다. 이제 막 걷기 시작한 아이가 무슨 독립이냐고 생각할 수도 있지만, 이때의 독립은 우리가 일반적으로 떠올리는 완전한 분리의 개념은 아니다.

어린아이를 어린이집에 맡기거나 친척, 지인에게 잠시 맡길 때 아이가 세상이 떠나가라 우는 모습을 본 적이 있는가? 아이는 자신을 지켜주는 절대적인 존재인 부모가 눈앞에서 사라지면 공포를 느낀다. 동시에 부모가 눈에 보이지 않기 때문에 그들이 영원히 사라질 것만 같은 두려움을 느낀다. 하지만 점점 인지능력이 발달하면서 부모가 눈앞에 없더라도 세상에 존재한다는 것을 깨닫는다. 나아가 물리적으로 부모가 존재한다는 것을 넘어서 부모에 대한 믿음 즉 '부모는 보이지 않을 때도 항상 나를 지켜주며, 사랑한다'는 사실을 알게 되고, 이에 대한 믿음을 내면에 새길 수 있게 된다. 심리적 발달을 이루면서 점점 부모로부터 물리적으로 독립할 수 있게 되어 결국 자신의 개체성을 확립하게 된다.

이전까지는 부모가 먹여줘야만 먹을 수 있었고, 부모가 데려다주어야만 이동할 수 있었지만 이제는 다르다. 자기 손으로 음식을 먹을 수 있고, 두 발로 원하는 곳으로 갈 수도 있다. 더 이상 부모에게 의지하지 않아도 될 것 같다는 자신만만함이 생긴다. 이 시기 아이가 '싫어', '아니'를 입에 달고 사는 것도 같은 이유다.

'내가 저곳에 올라갈 수 있을까?'
'한번 뛰어내려볼까?'
'엄마가 주는 것 말고 내가 원하는 것을 해볼까?'
'아빠가 가라는 곳 말고 다른 곳으로 가볼까?'

아이는 자신의 의지와 능력을 시험하고, 실천에 옮겨본다. 그러한 과정을 거치면서 아이는 자신에 대한, 자신의 독립성에 대한 믿음이 생기게 된다. 하지만 만약 이 시기 부모의 의지대로만 아이를 움직이게 한다면 아이의 발달 과업을 완수하기 어렵다. '내가 엄마 없이도 혼자 할 수 있을까?', '아빠가 없으면 나 혼자서는 할 수 없을 거야'와 같이 스스로에 대한 의구심을 품게 된다.

3단계 학령전기는 남근기라고도 불린다. 만 4세부터 6세까지의 아이로 이 시기가 되면 아이는 사회로 나아가기 위한 실전 준비태세에 돌입한다. 영아기와 걸음마기를 거쳐 부모와의 관계에서 안정감을 갖게 된 아이는 가족과 사회 속에서 자신의 역할을 배워 간다. 부모를 모델로 삼아 무엇이 옳은지 그른지 혹은 무엇이 가치 있고 없는 일인지 받아들인다. 동시에 앞으로 자기 자신이 어떤 행동을 해야 할지 목표와 방향을 갖게 된다. 이에 따라 양심과 도덕성의 기초를 만들어나간다. 그리고 자신의 감정을 조절하는 힘을 점자 키워나간다.

이 시기 아이를 지나치게 억압하거나 아이의 감정을 억누른다면 아이는 스스로가 정한 목표나 행동에 죄책감을 갖거나 앞으로 자신이 무언가를 결정하게 될 때 불안해할 수 있다. 이 시기는 아이의 성격 형성에 매우 핵심적인 시기로 부모의 양육태도가 중요하다.

이렇게 영아기, 걸음마기를 거쳐 학령전기까지 약 6년 동안 아이는 '관계의 틀'을 만든다. 두뇌 발달 측면으로 살펴봐도 이때는 두뇌의 '기초공사'가 완료되는 시기다. 인간의 뇌는 기본 신경세포인 뉴런(Neuron)으로 구성되며, 이 뉴런들 사이를 잇는 신경망을 시냅스(Synapse)라고 한다. 인간의 두뇌는 태아기부터 뉴런과 시냅스가 발생하며, 생후 2~3년이 되면 신경세포의 연결망이 가장 촘촘해지고 밀도가 높아져 시냅스가 과증식하는 시기를 거친다. 그렇게 과증식 시기를 지나 만 6세까지 두뇌의 기본 골조가 세워진다.

생후 6년간 아이의 정신과 두뇌는 놀랍도록 성장하며 평생의 인생을 좌우할 기본 골조가 만들어진다. 그러나 정신도 두뇌도 아이 혼자서 발달시킬 순 없다. 부모와의 관계가 핵심적인 역할을 한다. 즉 생후 초기 6년간 부모와 아이의 관계의 질에 따라 아이의 청사진이 달라지는 것이다.

아동, 청소년, 성인기에 접어든 후에도 인간의 심리 상태는 계속 변한다. 인간은 시간이 지나며 점점 더 독립된 개인으로 성장하고 이에 따라 부모의 역할은 조금씩 달라지고 변화한다. 그중에서도 초기 부모의 역할은 아주 중요하며 핵심적이다. 인간은 누구나 8단계의 심리 발달을 거친다. 발달 시기가 조금 느리거나 빠를 순 있지만, 발달 단계를 뛰어넘을 순 없다. 또 특정 단계에서 필수적인 심리 발달 과업을 이루지 못하면 그다음 단계에도 영향을 미친다.

유년기 부모와의 불안정한 애착 관계로 인해 성인이 된 이후의 연애나 친구 관계에도 어려움을 겪는 경우, 멋진 직장에 남부럽지 않게 돈을 벌면서도 열등의식에 사로잡힌 경우가 바로 그 예다. 이들의 이야기를 자세히 들여다보면, 성인기가 되기 전 특정 심리 발달 단계에서 발달 과업을 제대로 이루지 못했거나, 해소되지 못한 어려움이 있는 경우가 많다.

아이의 기본 발달 흐름을 안다면 아이의 행동이나 생각을 더 잘 이해할 수 있다. 특히 아이가 어릴수록 자신의 생각이나 감정을 말로 표현하기 어렵기에 부모가 아이의 심리 발달 과정을 어느 정도 이해하고 있다면, 육아에 큰 도움될 것이다.

모든 인간이 이와 같은 공통적인 발달 단계를 밟지만, 각기 다른 삶을 살아간다. 아이마다 갖고 있는 고유한 특징과 그들이 경험해 온 삶이 누적되기 때문이다. 그렇다면, 내 아이만이 갖고 있는 고유한 특징은 무엇이 있을까? 진료실에서 만나는 부모에게 종종 "우리 ○○은 어떤 아이예요?" 하고 질문을 던진다. 아이가 왜 말을 못 하는지 혹은 왜 물건을 집어 던지는지 이유가 궁금해 병원을 찾은 부모는 뜬금없는 나의 질문에 당황하곤 한다.

인간 공통의 발달 단계나 발달 과업을 이해하는 것은 내 아이를 더 잘 이해하기 위한 부수적인 과정이다. 하지만 요즘은 주객이 전도되어 오히려 내 아이를 '있는 그대로' 보지 못하고, 얼핏 들은 지식에 견주어 아이를 끼워 맞추는 경우가 있다. 부모라면 내 아이의 고유성을 제일 잘 알고 있어야 한다. 아이만이 갖고 있는 고유한 속성, 무엇을 좋아하고 무엇을 싫어하는지, 기쁠 때는 어떤 소리를 내는지, 싫을 때 표정은 어떤지 이해하고 있어야 한다.

다음 사례들을 통해 나는 아이의 고유성을 잘 파악하고 있는지, 아니면 놓치고 있는지 생각해보자.

> **POINT**
>
> 아이는 태어난 후 6년간 놀라운 심리 발달을 이룬다. 이 시기 심리 발달은 이후 성인이 되어 생의 마지막까지 한 개인의 삶에 핵심적인 영향을 미친다.

알고 보니 나를 너무 닮은 아이

20개월 여자아이 현아와 현아 엄마가 진료실 문을 열고 들어왔다. 자폐 스펙트럼 장애가 의심돼 내원했다는 현아 엄마는 초조한 얼굴에 목소리는 떨고 있었다. 보통 여자아이는 말이 빨리 트여 돌 즈음에는 단어들을 말하지 않느냐고 물으며, 현아가 전혀 말을 하지 않는다고 했다. 아이가 좀 더 어렸을 때는 혼자서도 잘 놀아서 키우기 편하다고 여겼다고 한다. 하지만 15개월이 지나도 엄마를 "음…마…" 정도로만 부르고 다른 말을 못 하는 것을 보며 이상하다고 생각했다. 그때부터 온갖 정보와 자료를 수집하기 시작했고 노력 끝에 자폐 스펙트럼 장애를 알게 되었다. 자폐에 대해서 공부하면 할수록 현아 엄마는 현아의 모든 행동이 자폐 조기 증상에 해당된다고 느꼈다. 현아 엄마는 가방에서 무엇인가를 꺼내 나에게 건네주었는데 다름 아닌 자폐 스펙트럼 장애 자가 설문지였다.

"선생님, 여기 중에서 6개는 확실히 안 되고요, 4개 정도는 왔다 갔다 해요. 이 검사가 16개월부터 할 수 있는 거잖아요? 그래서 제가 16개월부터 매달 체크하고 있는데 아직도 그래요."

걸음마기 아이를 위한 자폐 스펙트럼 장애 선별 검사지(M-CHAT)는 자가 보고식, 그러니까 보호자가 직접 설문을 하는 방식으로 자폐 스펙트럼 장애의 조기 징후를 가정에서 발견하는 데 유용하게 활용할 수 있는 도구다. 나도 유튜브 등에서 자폐가 의심되는 아이에게 이 검사지를 이용해 확인해보라고 권유한 적이 있다.

"그렇군요. 어머니 그동안 걱정이 많으셨겠어요. 그럼 우선 아이와 함께 한번 놀아볼까요?"

현아 엄마와 면담이 끝난 후 나는 상호작용 평가를 위해 놀이매트로 오라고 권했다. 머뭇거리는 엄마를 보며 불편할 수도 있겠다 싶어 나도 매트에 앉아 놀이에 참여했다. 아이는 엄마와 내가 상담을 할 때부터 이미 매트에서 혼자 앉아 잘 놀고 있었다. 진료실 안의 다양한 놀잇감에 관심을 보이고 이것저것 살피고 만져보기도 했다. 현아는 전반적으로 차분하고 조용한 편이었다.

엄마와 본격적으로 놀이를 하려고 하는데, 엄마는 눈에 잘 띄는 캐릭터 인형을 갖고 와서 아이에게 보여주었다 "현아야, 뽀로로! 이거 뽀로로! 엄마가 좋아하는 건데, 이것 갖고 놀까?" 진료실의 아기 인형을 만지작거리던 아이는 엄마가 보여주는 뽀로로에는 반응이 없었다. 무덤덤한 표정으로 인형을 계속 만지작거렸다.

이번에는 엄마가 아이 뒤에 있는 소리 나는 자동차를 누르며 아이의 관심을 끌었다. "(삐삐~~~) 현아야, 이것 봐~~ 소리 난다." 아이는 잠깐 자동차를 보는 듯 했지만 시선은 이내 자신의 인형으로 돌아왔다. '선생님, 이것 보세요. 제가 불러도 관심이 없어요'라는 표정으로 엄마는 나를 쳐다보았다. 마치 나에게 동의를 구하는 듯한 표정이었다.

이번엔 내가 놀이에 참여할 차례였다. 나는 아이의 인형을 조심스럽게 쓰다듬으며 말했다. "와~ 우리 아가가 예쁜 옷을 입고 있네. 현아가 아기 재워주는구나." 현아는 아기 인형을 토닥이듯 두드렸고 나는 현아의 모습을 따라했다. 이번엔 현아가 옆에 있는 담요를 가져와 인형에게 덮어주었다. 그렇게 현아와 나의 놀이는 시작되었다.

내가 지켜본 결과 현아는 자신의 놀이에 몰입할 줄 아는 아이였다. 다른 사람이나 주변 환경에 자극을 받기보다는 자신이 시작한 놀이에 집중하는 경향이 있었다. 한편으로는 차분해 보이지만 다른 한편으론 고립돼 보이기도 했다. 하지만 자신이 하는 놀이에 누군가 참여한다면 함께 놀 줄 아는 아이였다. 내가 아이의 관심사를 따라가니 아이는 나를 받아주었다. 자신이 좋아하는 인형을 내게 건네주기도 했고 내가 아이를 따라하자 흡족하게 웃어 보이기도 했다. 놀이가 끝날 때쯤에는 내 무릎 위에 앉기도 했다.

사실 현아 엄마는 현아와 비슷한 성격이었다. 현아 엄마는 한 분야의 전문가로 10년 넘게 경력을 쌓았고 자신의 일을 좋아했다. 친구를 자주 만나러 가진 않았지만 오래된 친구들과도 돈독한 관계를 유지하는 편이었다. 코로나 시기 출산을 하며 현아 엄마는 재택근무를 하게 됐다. 아이를 돌봐주는 분이 있어 일과 육아를 병행할 수 있었다. 간혹 현아를 보러 오는 사람마다 정말 순한 아이라고, 엄마가 편하겠다는 이야기를 들으며 그러려니 했다.

그런데 어느 날 조리원 동기들이 모인 자리에서 또래 아이들을 보고 난 후 불안이 시작되었다. 현아보다 1주일 늦게 태어난 한 아이가 자신의 엄마에게 다가가 웃고, 엄마와 함께 놀고 싶어서 매달렸다. 아이의 애교 넘치고 엄마와 즐겁게 노는 모습을 보며 '돌쟁이가 저렇게 애교가 많을 수 있다고? 내 아이는 무엇이 잘못된 것일까?' 하는 불안이 엄습하기 시작했다.

그날부터 현아 엄마는 인터넷 맘카페를 샅샅이 살펴보았다. '애교 없는 아이', '조용한 아이', '의젓한 아이', '혼자 노는 아이'로 검색하다 보니 모두 비슷한 이야기를 했다. 바로 '자폐 스펙트럼'. 집중해서 혼자 잘 논다고 생각하던 아이가 자폐 스펙트럼 장애로 진단을 받았다는 이야기, 부모와 상호작용이 잘 안 되고 불러도 대답 없는 아이는 자폐를 의심해야 한다는 이야기가 끝도 없이 쏟아졌다. 의심은 점점 확신이 되었다. '아이가 문제였구나.'

또래 아이들과 비교해서 내 아이가 조금 달라 보인다는 찜찜함에서 시작된 검색은 현아 엄마를 '내 아이가 자폐일 수도 있다'는 명제로 이끌었다. 이후 현아 엄마는 자폐와 관련된 글을 찾아 읽으면서 점점 현아가 자폐라는 생각에 빠져들었다. 간혹 '아니지 않을까?' 하는 생각이 들다가도 '혹시 자폐인데 내가 놓치는 것이라면 어쩌지?'라는 '혹시'가 주는 두려움에 검색을 멈추지 못했다.

다음 날부터 현아 엄마의 하루는 달라졌다. 일하다가도 갑자기 나와서 현아를 불렀다. 아이 이름을 부를 때 몇 번 대답하는지 놀잇감을 보여주면 얼마나 눈을 맞추는지 수시로 확인했다. 현아 엄마는 아침에 눈 뜨는 게 두려울 지경에 이르렀다. 아이가 오늘은 나를 보며 웃어줄까? 오늘은 이름을 부르면 나를 돌아봐줄까? 마음 졸이면서. 그랬기에 현아 엄마는 진료실에서 나와의 놀이 중에 현아가 나에게 웃음 짓고 애교 피우는 모습을 보며 적지 않게 당황했다.

"갑자기 얘가 왜 이러지? 집에서는 안 이랬어요, 정말요. 이렇게 같이 노는 거… 정말 오랜만에 봐요. 아니 처음 봐요, 선생님!"

'우리 아이가 정상인가' 하는 물음은 다시 처음으로 돌아갔다. '내가 문제였나? 뭐가 문제지?' 아이의 행동이 이해되지 않을 때, 아이와 함께 있는데 어려움이 있을 때 부모는 본능적으로 '문제'가 있다고 생각한다. '문제'가 분명하면 '해결'할 수 있기 때문이다. 그러나 사실 아무것도 문제가 아닌 순간이 더 많다.

현아가 엄마가 아니라 나에게 반응을 더 보인 이유는 단순하다. 현아 엄마는 자신의 의도대로 현아가 따라와주기를 바란 반면, 나는 현아의 관심사에 참여했기 때문이다.

부모가 자신의 아이를 볼 때 객관적이고 냉철하게 판단하기란 쉽지 않다. 아이를 한 걸음 물러서서, 아이 자체의 독립된 개체로 관찰하기 어렵다는 뜻이다. 아이의 행동이 이해되지 않을 때, 부모는 자신의 눈이 아니라 아이의 시선에서 아이의 마음을 기준으로 살펴보아야 한다. 갓난아이가 울 때 '뭐가 문제지?'라는 생각보다 '우는 것밖에 표현 방법이 없으니 당연하겠구나' 하고 생각하면 쉽다. 이렇게 시선을 바꾸는 것만으로도 육아는 크게 달라진다.

불안은 부모의 시선을 흐리게 한다. 현아가 만약 옆집 아이였다면 현아 엄마는 아이를 좀 더 객관적으로 관찰할 수 있지 않았을까? 하지만 자신의 아이기 때문에 엄마의 시야는 흐려졌다. 현아 엄마는 항상 아이 옆에 있었지만, 아이를 이해하지 못했다. 불안하고 초조한 마음으로 아이를 분석하고 해결책을 찾느라 현아의 마음과 정서, 의도를 공유하지 못한 것이다. 그렇기 때문에 엄마-아이 사이의 정서와 의도를 공유하는 데 실패했다.

이후 현아 엄마는 '부모-아동 상호작용 치료'를 통해 현아와 진짜 상호작용하는 법을 배워나갔다. 나는 우선 엄마의 걱정과 불안 리스트를 따로 만들어 하나하나 설명했다. 불안부터 다스려야 했기 때문이다. 그와 동시에 매일 아이에게 테스트하는 것을 중단시켰다. 의미 없이 현아를 부르는 것, 현아에게 억지로 눈맞춤을 요구하는 것은 엄마의 불안으로 나타나는 행동이었고, 그 행동들은 역으로 현아와 엄마를 더 멀어지게 만들었기 때문이다. 현아 엄마는 발달 기준에 현아를 끼워 맞추는 것이 아니라 아이의 시선을 쫓고, 아이의 행동을 따라가도록 연습했다. 반복되는 연습을 통해 현아 엄마는 깨달았다.

"선생님, 지금 보니 아이가 저랑 똑같은 것 같아요.
사실 저도 주변 상황에 별로 관심이 없거든요."

불안했던 마음이 점점 줄어들면서 현아 엄마는 현아를 있는 그대로 바라볼 수 있게 되었다. 체크리스트 점수를 매기듯 아이를 보는 게 아니라 혼자만의 시간을 즐기는 현아 그 자체를 바라보게 되었다. 아이의 고유성을 파악하게 된 것이다. 엄마는 이제 더 이상 일하다 나와서 현아를 부르는 일이 없어졌다고 했다. 그리고 현아와 어떻게 함께 놀 수 있는지 알게 되었다고도 했다. 3개월 만에 현아 엄마는 불안을 덜어내고 아이의 시선을 따라갈 수 있게 되었다. 현아와의 놀이는 훨씬 더 자연스러워지고 이에 현아의 반응도 높아졌다. 엄마는 이제 아이와의 시간을 온전히 즐길 수 있게 되었다.

> 내 아이 전문가는 다른 누구도 아닌 바로 부모다. 아이의 관점에서 바라보고 이해하려고 노력한다면, 부모는 아이와 소통하기가 쉬워지고 상호작용은 더욱 깊어진다. 이를 통해 부모는 아이의 고유성을 파악할 수 있게 된다.

☀️ 숫자와 그래프로
   아이를 분석하게 된 아빠

우진이는 어려서부터 발달이 느렸다. 언어 발달이나 신체 발달 등 전반적으로 발달이 느려서 만 3세경부터 치료를 받았다. 하지만 검사 결과는 항상 경계선 정도로 나왔다. 지속적으로 치료를 받는데도 여전히 또래에 비해 발달이 느려 치료를 종결할 수 없었다.

우진이는 첫 진료부터 엄마와 함께 왔다. 우진이 엄마는 자신이 어렸을 때 말을 늦게 시작했다고 하며, 아이가 말이 느린 것이 자신 때문이라고 죄책감을 느끼며 괴로워했다. 그래도 엄마는 우진이의 속도에 맞춰 잘 기다려주었다. 언젠가 또래 아이들과 비슷해 질 것이라 믿으며 기다렸다.

우진이는 엄마 말도 잘 듣고 센터수업도 잘 따라오는 아이였다. 그러던 아이가 초등학교 입학 전 여름방학부터 불안정한 모습을 자주 보였다. 하지 않던 소변 실수를 한다든가 엄마에게 소리를 지르고 폭력적인 모습을 보이기도 했다. 엄마는 이런 우진이의 모습에 불안해하며, 학교 가기 전 아이를 '정상'으로 만들고 치료를 마쳐야 한다는 생각에 우진이를 점점 몰아쳤다. 하지만 그럴수록 우진이의 반항적인 모습은 더욱 심해졌고, 엄마에게 폭력적으로 대하는 모습도 더 잦아졌다.

"아빠가 우진이를 너무 심하게 혼내요."

첫 진료 후 3년 만의 엄마의 고백이었다. 우진이와 엄마가 갈등이 심해지는 것을 옆에서 지켜보던 아빠가 더 이상 참지 못하고 몇 번 우진이에게 체벌을 했다는 것이다. 사실 나는 이전부터 아빠도 병원에 방문하길 요청했는데, 바쁜 아빠는 병원에 오지 못했다. 이번에는 꼭 아빠도 함께 내원해야 한다고 강하게 이야기했다. 직접 전화 통화까지 하고, 예약시간까지 바꿔 아빠를 병원으로 오게 했다.

그렇게 아빠와 함께, 그 옆에서 떨고 있는 엄마가 진료실로 들어왔다. 우진이 엄마는 우진이 문제를 자기 선에서 해결하지 못하고 아빠까지 끌어들였다는 생각에 노심초사했다. 주름 하나 없이 다린 정장에 흐트러짐 없는 머리 스타일을 한 아빠는 지난 몇 년간의 아이 평가 기록을 들고 나타났다.

"선생님, 아이가 도형 맞추기는 잘하는 걸 보면 시지각 능력은 높아졌거든요? 그런데 여전히 언어능력이 부족해요. 그리고 작업기억은 왜 오르지 않습니까? 학교에 들어가서 공부하려면 이게 중요할 텐데요."

* 시지각 능력-눈으로 보고 이해하는 능력

* 작업기억-일시적으로 정보를 기억하고, 인지 과정을 통해 순서를 짓고 수행하는 능력

우진이 아빠는 금융계에서 일하는 분이었다. 나는 갑자기 내가 진료실이 아니라, 여의도 고층빌딩 어딘가에서 전략 보고를 듣는 것처럼 느껴졌다. 사실 심리평가 보고서를 꼼꼼하게 읽어보고 오는 부모는 어느 정도 지식이 있기 때문에 내 입장에서도 설명하기가 아주 편하다. 전문 용어를 굳이 풀어서 설명할 필요도 없고 이해도 빠르다. 치료가 장기화되었을 때 아이의 취약점을 확인하고 그에 따라 부모가 필요한 개입을 하는 것은 기본 중의 기본이다. 따라서 아빠의 모습은 어떤 면에서는 매우 모범적이라고 할 수 있다.

"아버지, 우리 우진이랑 뭐 하고 노세요? 어떨 때 제일 귀여우세요?"

갑작스러운 나의 질문에 한 번도 생각해본 적 없다는 표정의 아빠는 황당하다는 듯 나를 쳐다봤다. 언어능력과 작업기억에 대해 논의하려고 병원에 왔는데 갑자기 언제 귀엽냐니. 아빠의 당황한 얼굴을 보며 나는 생각했다. '옳거니. 먹혀들었구나.'

일생 동안 정도(定道)에서 벗어난 적 없고 남들보다 뒤처져본 적 없던 아빠는 자기 아들이 발달이 느리다는 사실을 받아들이기 어려웠다. 그래서 더 아이를 아내에게만 맡겼고, 아이의 문제는 모른 척하며 지냈다. 그렇게 지내다 보면 정상이 되겠지 하고 상황을 회피했다.

아빠는 더듬더듬 말하는 아이가 자신감 없어 보여서 짜증이 났다. 어느 날엔 아이에게 자전거 타는 법을 알려줬는데 자꾸 넘어지는 아이를 보니 버럭 화가 났다. 그날 이후 우진이 아빠는 아이를 더욱 의식적으로 멀리했다. 혼내고 소리 지르는 나쁜 아빠가 되느니 차라리 모른 척하자는 마음으로 딴에는 노력한 것이다.

동시에 아빠는 핑계거리를 찾고 있었다. 아빠는 아내가 자신의 눈치를 본다는 것, 아이가 느린 것이 아내 탓이 아니라는 것을 분명 알고 있었다. 하지만 탓할 사람이 필요했다. 탓하지 않으면 아이가 발달이 느리다는 것을 진실로 받아들여야 하고, 내 아이에게 무엇인가가 결핍되었고 손상되었다고 인정하는 셈이었다. 시간이 지나 초등학교 입학을 앞두게 되었고 더는 모른 척할 수도, 아내 탓만 할 수도 없었다. 아빠가 할 수 있는 것은 지난 기록들을 분석하고, 그에 따른 문제 해결 방법을 찾는 것이었다.

나의 질문에 순간 당황한 아빠는 어쩐 일인지 오래도록 숨겨온 자신의 이야기를 막힘없이 풀어냈다. 마치 대나무숲에 온 나무꾼처럼 자신의 괴로움을 토해냈다. 다행히 우진이 아빠는 놀라울 정도로 솔직하고 자신의 마음을 잘 알고 있는 분이었다. 사실 누구보다 우진이와 아내를 자신만의 방식으로 걱정하고 있었다. 다만 자신이 살아온 방식으로 이해하기 어려운 자식을 어떻게 대할지 몰라 방황할 뿐이었다. 아빠의 불호령이 떨어질까 두려워하던 엄마도 아빠의 말을 들으며 눈물을 보였다.

그 뒤로 치료 전략을 바꾸었다. 물론 우진이의 인지와 언어능력 향상을 위한 중재는 지속했다. 하지만 문제를 해결하는 동시에 우진이 아빠는 우진이의 아빠로서 우진이와 함께하기로 했다. 우진이의 발달 속도와 노력을 인정하고, 있는 그대로의 우진이를 받아들이는 연습을 하기 시작했다. 물론 처음부터 잘되진 않았다. 우진이의 학습은 엄마가 맡고, 우진이 아빠는 관계를 회복하는 것에 집중했다. 관계 회복을 위해 '애착 증진 프로그램'을 진행했다.

보통의 정서치료는 치료사와 아이가 진행한 후 부모에게 피드백만 주는 방식으로 진행하지만 우진이네는 아이와 아빠가 함께 치료 일원으로 참여했다. 치료사는 치료 시간 동안 둘 사이의 상호작용 패턴을 관찰하면서 바로바로 개입했다.

정서치료에서 아이와 부모는 함께 다양한 작업을 하는데, 부모는 단지 아이 옆에서 아이를 지지해주고 도움을 주는 존재로서 함께 하는(Being) 연습을 한다. 우진이 아빠는 지난 몇 년간은 회피를, 최근 몇 년간은 강압을 하며 두 극단을 오갔다. 작업실에서 아빠는 우진이를 더 이상 수치로, 그래프로 환산하여 보지 않고, 있는 그대로의 모습을 보게 되었다.

치료는 1년 반쯤 진행되었는데 치료의 수혜자는 그 누구도 아닌 아빠였다. 아빠는 '우진이 아빠'로서 아이와 함께하는 순간이 즐거울 수 있다는 경험을 하게 되었다. 아빠가 자신을 받아주는 것을 느낀 우진이도 자신감을 채워갔다.

아이는 기계가 아니고 이론처럼 자라지도 않는다. 아이는 하나의 유기체이며 이 세상에 똑같은 아이는 단 한 명도 없다. 이런 복잡한 인간을 잘 이해하기 위해 다양한 도구가 계발되었다. 심리평가, 인지평가, 정서평가 등이 그것이다.

이러한 검사 및 평가는 아이를 잘 이해하기 위해, 아이의 행동을 좀 더 잘 추측하기 위한 하나의 단서로 활용된다. 하지만 검사 수치나 결과만으로 내 아이 전체를 절대 규정지을 수 없다. 아이를 더 잘 이해하기 위한 도구에, 역으로 아이를 틀에 끼워 넣게 되는 오류를 범하지 않아야 한다.

그러니 부모가 전문가일 필요는 없다. "저희 아이는 자극추구가 높은데, 사회적 민감도도 높아요"보다는 "우리 아이는 활발하고 호기심이 많은데, 그러면서 주변 눈치도 많이 봐요"는 어떨까. 자극추구, 불안회피, 작업기억… 이런 전문용어로 아이를 바라보지 않았으면 한다. 언어지능, IQ 등의 숫자에도 내 아이를 가둬두지 말자. 그런 건 아이와 함께하는 시간이 상대적으로 너무 적은 전문가가 아이를 전문적으로 평가하고 접근하는 데 필요한 도구일 뿐이다. 부모의 특권은 일상에서 아이와 함께하며 아이를 자세히 볼 수 있다는 것 아닌가. 나는 부모가 나의 질문에 이렇게 답해주길 간절히 바란다.

"우리 현우는 어떤 아이예요?"
"현우는요, 친구들을 좋아하고 개구져요. 친구랑 노는 걸 너무 좋아해서 매일 놀이터에 가고 싶어 하는데 가면 꼭 한번씩 싸워요. 지는 걸 싫어하거든요. 집에 와선 친구 마음이 상했을까 봐 걱정하는 마음이 따뜻한 아이예요."

부모의 시선으로 아이를 바라봐도 충분하다. 비록 아이가 발달이 느려도, 아이가 자폐 스펙트럼 장애가 있더라도, 부모는 부모로 남아야 한다. 그것이 1순위고 부모만이 가질 수 있는 특권이다. 그리고 부모가 부모로서 부모의 자리를 잘 지킬 때야말로, 아이는 어떤 고난과 역경이 오더라도 이겨낼 수 있게 된다.

☀️ 혼자 존재하는 아이는 없다

아이는 저마다 고유한 특성을 가지고 태어난다. 우리는 그것을 '기질'이라고 한다. 기질은 유전적, 생물학적인 특성으로 한 사람이 주변 환경에 반응하는 정도나 방식을 말한다. 주로 정서적인 면에서 나타나며 무의식적인 반응으로 나타난다.

기질에 따라 불안과 두려움을 감지하거나 타인과 주변 환경에 예민함을 얼마나 느끼는지, 그리고 어떻게 반응하는지가 다르다. 어른이 되면 자신의 기질을 의식적으로 통제할 수 있지만, 어린아이는 그렇지 않다. 따라서 어린 시절에 기질이 가장 잘 드러난다.

동일한 발달 과정을 밟는 아이들이라도 타고난 기질이 다르기 때문에 표현 방식이 매우 다르다. 예를 들면 20개월 아이와 함께 공원에 갔을 때, 기질적으로 외부 환경에 관심이 많고 새로운 자극을 추구하는 경향이 높은 아이라면 부모와 멀리 떨어져도 주변을 돌아다니고 이것저것 만져본다. 반대로 외부 환경에 민감하게 반응하는 아이라면 키즈 카페에 가서도 적응하는 데만 30분 넘게 걸린다.

하지만 타고난 모습 그대로 삶을 살아가는 사람은 없다. 일생을 통해 경험하는 다양한 환경적 요인, 즉 부모나 친구 같은 대인 관계 및 생의 변화 등에 따라 자신의 고유한 행동 양식이 결정된다. 한마디로 개인이 행동하는 모습이나 성격에는 타고난 기질(Nature)과 태어난 후의 환경(Nurture)이 함께 작용한다. 따라서 아이의 현재 모습은 아이만의 것은 아니다. 아이는 부모와 환경, 경험의 결과로 현재의 모습을 보이는 것이다.

"혼자 존재하는 아이는 없다(A baby doesn't exist alone)."

저명한 소아정신분석학자 도널드 위니코트(Donald W. Winnicott)의 말처럼 아이는 다른 사람과 관계를 맺지 않고는 존재하지도 못하고 성장할 수도 없다. 다음 장에서는 아이가 평생 맺는 관계 중에서 가장 중요한 관계인 '부모'에 대해 알아보자.

> 부모라는 특권은 부모만이 가질 수 있다. 아이는 수치화할 수 없는 존재다. 태어나고 자라고, 성장하고 경험하고, 부모와 상호작용하며 변화하는 유기체다. 아이를 있는 그대로 바라볼 수 있는 여유를 갖자.

부모
: 육아를 통해 진짜 나를 만나다

초등학교 3학년 남자 아이 지한이는 학교에서 친구들과 자주 싸웠고, 집에서는 부모에게 욕설과 반항을 했다. 친구들과 반복적으로 갈등을 겪자 담임 선생님이 병원 방문을 권유해 진료실을 찾게 되었다.

"내가 클 때는 이런 것쯤은 아무 문제도 아니였어."
"나는 내 아버지에 비하면 정말 많이 봐주는 거야."
"사내아이가 이런 정도로 무너지면 안 되지."
"네 엄마가 너무 오냐오냐 해서 그런 거야."

지한이 아빠는 첫 외래진료에 들어오면서부터 불평을 쏟아냈다.

이 정도 문제는 병원에 올 일도 아니며, 필요하다면 체벌을 해서라도 강하게 혼내면 될 일인데, 엄마와 학교가 호들갑을 떨어 정신과까지 오게 되었다고 했다. 지한이 엄마는 남편의 태도에 대해 나에게 사과하며 남편이 없을 때 이야기하고 싶다고 했다.

아빠와 지한이를 잠시 내보내고 나니 지한이에 대해 자세한 이야기를 들을 수 있었다. 지한이는 어렸을 때부터 장난기가 많고 활발했다. 그런 성격 때문인지 유치원에 다닐 때도 친구들과 갈등이 있어 자주 연락이 왔고, 엄마는 그때마다 죄인이 된 기분이었다. 그때마다 아이 아빠는 "남자애들은 다 치고 박고 하면서 크는 거야. 유난 떨지 마"라며 아내에게 핀잔을 주었다.

지한이는 똘똘해 초등학교 입학 후에도 학업을 잘 따라갔다. 하지만 자기 마음대로 안 되면 소리를 지르고 물건을 집어 던지기도 했다. 그런 모습을 보고 담임선생님이 혼내기도 했지만 그럴수록 지한이는 더욱 거칠게 나왔고, 친구들에게 폭력적인 행동을 보이기도 했다. 엄마는 문제가 생길 때마다 학교에 찾아가야 했다.

학교뿐 아니었다. 집에서도 숙제를 미루거나 방 청소를 하지 않는 등 아이는 자기 할 일을 제대로 하지 않았다. 엄마가 이 문제로 훈육하면 오히려 크게 대들거나 더욱 게으름을 피워 갈등이 커졌다. 보다못한 아빠가 아이를 심하게 혼냈다. 충분히 할 수 있는 쉬운 일도 하지 않는 아이. 아빠는 단호하게 훈육해야 한다고 생각했고, 그때마다 아이를 쥐 잡듯 잡았다.

지한이는 아빠에게 혼난 날이면 스트레스를 받아 잠을 제대로 이루지 못했고, 엄마는 이 모습을 보며 안절부절못할 수밖에 없었다. 아이를 그대로 둘 수도, 아빠를 말릴 수도 없었다. 가족이 함께 집에 있는 날이면 아이가 아빠에게 혼나지 않게 하기 위해 노력했고 늘 노심초사했다.

지한이의 위태로운 일상이 계속되던 어느 날, 담임 선생님에게서 연락이 왔다.

"어머니, 병원 상담을 한번 받아보시면 어떨까요?"

지한이 엄마는 사실 몇 년 전부터 상담을 받아볼까 고민하고 있었다. 아이를 너무나 사랑하지만 아이의 행동을 이해할 수 없었다. 아이를 돕고 싶지만 자신의 방법은 아이에게 통하지 않았다. 엄마가 그동안 상담을 받지 못한 이유는 남편 때문이었다. 정신과 상담 이야기를 꺼내는 순간 남편이 불같이 화낼 게 뻔했으니까. 하지만 이번엔 '학교 선생님이 먼저 권했으니 남편도 듣지 않을까?' 하는 마음으로 남편에게 말했다.

예상처럼 남편은 "무슨 정신과야? 엄마가 애를 정신병자로 만드는 거야?"라고 나무랐다. 다행히 학교와 선생님이 발 벗고 나서주었다. 학교에서는 진료비와 검사비를 지원해주고, 지역의 정신건강 증진 센터와도 연계해주었다. 아빠는 '그렇다면 검사 정도는 받아보겠다'라는 태도로 엄마와 선생님의 간절한 요청을 승낙했다.

병원에서도 지한이 아빠의 태도는 크게 다르지 않았다. 진료를 올 때마다 뭔가 분한 듯 씩씩거리며, 도대체 뭐가 문제인지 밝혀내 자신을 납득시키라는 태도였다. 사실 지한이 아빠와 비슷한 태도를 보이는 부모가 종종 있다. 아이의 개선할 부분을 치부로 여기기 때문에 방어적인 태도가 되는 것이다. "그래서 뭐가 문제란 말이요?", "그래서 내 아이가 정신병이 있단 말이요, 없단 말이요?" 하는 말이 익숙해졌을 정도다.

하지만 그런 모습을 보이는 부모의 속마음도 크게 다르지 않다. 내 아이가 건강하고 문제없기를 바란다. 혹시나 아이가 정말 문제 아일까 봐 두려운 마음에 오히려 화를 내는 것이다. 혹은 병원, 엄마, 학교가 한 편이고 자신만 다른 편이라고 생각하며 소외감을 느끼는 경우도 많다. 그렇기 때문에 이런 경우 아주 조심스럽게 접근해야 한다.

"아버님, 바쁘신데 이렇게 병원까지 와주셔서 감사해

요. 지한이에게 엄청 큰 힘이 될 겁니다. 어머니한테서 학교 이야기를 충분히 들었으니, 이제 아버님 이야기를 듣고 싶어요."

부모와 이야기를 나누고, 지한이의 검사를 마친 끝에 ADHD임을 확인할 수 있었다. 정서 조절이 어려워 또래와 관계를 만드는 데 어려움을 겪었고, 사회성도 미숙했다. 동시에 타인에 대한 피해의식이나 억울함도 있었다.

지한이는 면담치료와 약물치료를 받게 되었다. 그리고 엄마와 아빠 두 사람의 양육방식 상담이 꼭 필요했다. 지한이 엄마 아빠는 양육태도가 완전히 달랐고, 아이는 둘 중 누구의 방식을 따라야 할지 헷갈렸다. 특히 아빠에 대한 감정이 복잡했는데 지한이는 아빠처럼 되고 싶고 아빠와 가까워지고 싶었지만, 동시에 아빠를 두려워하고 미워했다. 아빠도 자신을 미워한다고 생각했으며, 아빠와의 관계로 생긴 좌절과 분노를 엄마에게 쏟아냈다.

가족 모두에게 변화가 필요했다. 지한이 아빠는 초기 평가와 약물치료까지만 동의하고 더는 병원에 오지는 않았다. 엄마와 양육방식에 대한 상담을 하며 부모 교육이 필요하다고 말했으나 아빠는 오지 않았다. 지한이가 첫 진료를 본 지 3개월이 지났을 때 아빠는 성난 표정으로 진료실 문을 열고 들어오며 말했다. "아니 병원을

3개월이나 다녔는데 왜 아직도 이 모양이에요?"

10년을 살아온 아이가 단 3개월 만에 과연 얼마나 달라질 수 있을까? 아이는 태어난 순간부터 자극을 받고 다양한 일을 겪는다. 그러한 매일의 경험이 쌓이고 쌓여 현재의 모습을 만들어낸다. 지한이의 행동에는 지난 10년간의 경험이 담겨 있다. 아이의 평생을 거쳐 만들어진 행동과 표현 방식은 단기간에 바꿀 수 없다.

부모가 아이 문제로 소아정신과를 찾아오기 전까지 오랫동안 고민한다는 것을 잘 알고 있다. 내 아이를 문제아라고 낙인 찍는 것만 같고, 부모 노릇을 잘하지 못했다는 두려움 때문에 병원에 오기가 쉽지는 않다. 그럼에도 절실한 마음으로 아이와 함께 병원을 찾는다는 것도 알고 있다. 하지만 진짜 노력은 병원에 온 후부터 시작된다.

소아정신과에서는 수술이나 시술로 아이를 바꾸는 곳이 아니다. '마법의 약' 같은 것도 존재하지 않는다. 소아정신과 의사는 아이가 왜 그런 행동을 하는지 원인과 의미를 찾으며 어떻게 개선해야 하는지 알려줄 수는 있지만 부모의 역할을 대신할 순 없다. 소아정신과 의사는 변화의 방법을 알려주고, 지치지 않게 도와주는 역할을 한다. 어두운 길에 불을 밝혀주는 역할은 할 수 있지만 앞으로 걸어나가야 할 사람, 변화의 주체와 핵심은 당사자인 아이와 부모다.

　현재 아이와 부모 관계에 어려움이 있다면 성숙한 어른인 부모부터 변화하는 것이 옳다. 만약 학교 폭력이나 사고를 당하는 등의 외부 원인으로 아이의 행동이 달라졌다 하더라도, 아이에게 가장 큰 도움을 줄 수 있는 사람은 부모다. 어떤 시련이나 갈등이 올지라도 믿고 의지할 존재가 있다면, 아이는 다시 일어설 수 있기 때문이다. 반대로 믿고 의지할 존재인 부모와의 관계가 불안정할 때, 아이는 작은 시련에도 쉽게 넘어진다. 부모는 그만큼 아이에게 가장 큰 존재다. 다음의 말처럼 우리에겐 부모로서의 책임이 있다는 사실을 잊어선 안 된다.

> "너는 기억해야 해. 네가 길들인 것에 대해 언제까지나 책임이 있는 거야. 너는 장미에 대해 책임이 있어."
>
> 　　　　　　　　　　　　　　－《어린 왕자》중에서

POINT

현재 아이의 모습은 부모와 환경, 아이가 함께 만들어낸 결과물이다. 힘들어하는 아이를 돕고 싶다면, 아이뿐 아니라 부모 자신의 모습을 제대로 바라보자.

☀️ 거울세포
: 아이는 곧 부모다

거울세포(Mirror Neuron)라고 부르는 신경세포가 있다. 이 세포는 다른 사람의 표정과 행동을 관찰할 때 마치 스스로 경험하는 것처럼 느끼게 한다. 거울세포라는 이름도 타인을 거울처럼 반영한다고 해서 붙은 이름이다. 거울세포는 1990년 자코모 리촐라티(Giacomo Rizzolatti) 교수가 원숭이 연구 중 우연히 발견했다. 자코모 교수는 원숭이의 뇌를 관찰했는데, 원숭이가 음식에 손을 뻗을 때 활성화되는 뇌의 부위와 연구원이 이를 바라볼 때 활성화되는 부위가 같았다.

연구팀은 이러한 거울세포의 역할 덕분에 인간은 관찰하고 있는 상대방의 생각이나 행동을 마치 자신이 실제 행하는 것처럼 느끼고 이해할 수 있다고 밝혔다. 액션 영화 속 주인공이 고통받는 장면을 보면 나도 몸이 지끈거리거나 얼굴이 찡그려지는 것도 마찬가지다. 이러한 거울세포는 왜 인간이 사회적 동물인지 과학적으로 뒷받침해주는 발견이었다. 감정과 느낌으로 다른 사람을 이해할 줄 아는 것, 이것을 우리는 '공감'이라 부르는데 이런 의미에서 거울세포를 공감세포라고 부르기도 한다.

아이가 태어난 후 6개월까지를 공생기라고 부르는데, 아이와 엄마가 한 몸이라고 느끼며 공생하는 시기다. 이 시기 동안 아이는 나(자아)와 엄마(타아)를 구별하지 못하고, 엄마를 자신의 부속품으로 느낀다. 이후 생후 7~8개월이 되면 엄마가 타인이라는 것을 알게 되고 세상과 자신을 분리하여 인식하기 시작한다. 그때부터 거울세포도 활성화한다. 이 과정에서 아이는 분노, 짜증, 희열, 초조, 질투 등 다양한 감정을 배운다. 또 부모를 포함한 타인의 감정 변화도 더 잘 관찰하고 식별하고, 그에 따라 다른 반응을 보이는 법을 배운다. 즉 '눈치'가 생기고 분위기를 파악하게 되는 것이다. 태어난 지 7~8개월밖에 안 되었는데, 눈치를 볼 수 있다니 놀랍지 않은가?

아이를 키울 때 부부가 조금만 다투거나 긴장 상태가 되면 아기도 덩달아 긴장하거나 갑자기 조용해지거나 떼를 쓰며 우는 것을 본 적이 있을 것이다. 또 엄마의 찌푸린 얼굴을 보며 손을 뻗어 엄마의 얼굴을 만지거나 아빠가 콧노래 부르는 것을 보고 덩달아 기분 좋은 얼굴을 할 때도 있다. 변화하는 주변의 분위기, 불편함과 어색함에 나름 적응한다는 증거다. 또 아이가 부모의 표정과 입 모양을 따라하거나 몸짓을 따라하는 것도 관찰할 수 있다.

거울세포의 모방 기능 덕분인데, 눈에 보이는 것을 넘어서 부모의 감정과 정서도 모방한다. 즉 부모의 감정이 아이에게 전염되는 것이다. 이 공감적 경험은 단순한 모방을 넘어 다른 사람의 기분, 생각, 의도, 감정을 알아차리고 행동의 이유를 파악하게 하는 역할까지 한다.

단순히 아이를 키우는 것이 아니라 부모의 모든 것이 아이와 '연결'되어 있다고 생각하면 부담감에 압도될 수도 있다. 동시에 아이에게 부모는 얼마나 큰 존재인지 다시금 깨닫게 한다. '부모는 아이의 거울'이라는 말이 있다. 그만큼 아이는 부모의 모든 것을 보고 자란다. 부모가 직접적으로 아이에게 가르치는 것뿐 아니라 부모가 스스로를 얼마나 아끼는지, 주변 사람을 어떻게 대하는지, 아침에 어떻게 일어나는지, 회사에 일하러 갈 때는 어떤 마음인지 등 태어난 순간 부모의 모든 모습을 관찰하며 배운다. 그렇게 부모의 모든 것을 스펀지처럼 빨아들인다.

POINT

아이는 부모의 거울이다. 부모의 마음, 행동, 사고, 인식 등 부모의 삶 자체가 아이에게 영향을 준다. 아이에게 나는 어떤 모습으로 비춰지고 있을까?

☀ 세상에 나쁜 아이는 없다

준우는 어딜 가나 말썽을 일으키는 아이였다. 학교에선 선생님 말을 안 들었고, 친구들과 자주 싸웠다. 집에서는 동생과 다투었고, 엄마에게 매일 혼났다. 선생님, 친구들, 부모와 마찰을 빚으며 준우는 점점 '나쁜 아이'가 되었다. 준우 스스로도 "난 나쁜 아이에요", "맨날 혼나요", "제가 못되게 굴어서 병원에 온 거예요"라고 말할 정도였다. 그러면 준우는 언제부터 나쁜 아이가 되었을까? 분명 태어나자마자 나쁜 아이는 세상에 없는데 말이다.

준우 엄마는 둘째에 비해 첫째 준우가 늘 버거웠다. 혼전 임신으로 결혼과 출산이 급하게 이뤄졌고 출산 후유증으로 척추 디스크가 생겨 엄마는 한동안 누워 있어야 했다. 그래서 준우는 할머니 댁에서 오랜 시간을 보냈다. 준우 엄마가 건강을 회복한 후, 준우의 동생이 태어났다. 준우 엄마는 그때야 비로소 엄마가 되는 것이 얼마나 행복한 일인지 알게 되었다. 정신없고 서툴렀던 첫째와는 달리 둘째를 가졌을 때는 태교도 하고, 출산 과정도 차근차근 준비했다.

시간이 지나 준우가 유치원에 들어가면서부터 문제 행동이 시작되었다. 별것 아닌 일에 불같이 화를 내고, 친구들 물건이나 장난감을 부수기도 했다. 준우를 혼내기도 하고, 달래보기도 했으나 그때뿐이었다. 엄마는 준우의 행동이 이해되지 않았다. 유치원에 자주 불려 가고 매번 사과하게 되자 점점 죄인이 되는 듯해 기분이 좋지 않았다. '쟤는 도대체 왜 저러는 거지?' 하는 생각을 점점 자주 하게 되었다.

그러다 유치원을 다닌 지 2년 정도 되었을 때, 유치원에서 온 전화를 받았다. "어머니, 준우 때문에 다른 친구들이 힘들어해요." 그 전화에 준우 엄마는 아이가 유치원에서 미움받는 것이 당연하다고 생각했다. 준우는 정리도 잘 못하고 양치질도 제때 한 적이 없었다. 손이 많이 가고 문제투성이였다. 엄마는 준우가 집에 없을 때는 평온하고 편안하다가 준우가 하원 후 오기만 하면 두통을 느꼈다. 도저히 아이를 감당할 수 없을 것 같다는 생각에 지역 정신건강센터를 찾았다.

> "선생님, 저에겐 이 아이가 버거워요. 제가 어떻게 해야 할지 모르겠고, 이 아이가 무슨 생각을 하는지 모르겠어요."

상담실에는 준우와 엄마가 나란히 앉아 있었다. 원래 나는 부모와 아이의 상담을 따로 진행한다. 준우네는 센터의 방식에 따라 동시 상담을 했는데, 엄마의 말을 듣자마자 '아차' 싶었다. 그런데 정작 말을 하는 엄마와, 그 말을 듣는 준우는 덤덤했다. 엄마의 얼굴은 탈진한 사람처럼 지쳐 있었다. 엄마는 준우와는 한 발짝 정도 떨어져 있었고 둘 사이에는 한기가 느껴질 정도였다. 준우도 이런 상황이 익숙해 보였다. 아이는 자신이 버겁다는 엄마의 말을 놀라울 만큼

담담하게 듣고 있었다. 나는 준우를 얼른 대기실로 내보냈다.

사람은 입으로만 대화하지 않는다. 오히려 몸으로, 표정으로 뿜어내는 비언어적 신호가 대화보다 더 큰 파급력을 가지기도 한다. 준우 엄마는 온몸으로 말하고 있었다. '준우야, 너 때문에 내가 너무 힘들어. 너는 문제투성이인 아이야. 나는 너의 그런 모습이 못마땅하고 네가 탐탁지 않아. 넌 왜 동생과 다르니?'

진료실에서 준우와 엄마를 5분밖에 보지 않은 나도 준우 엄마의 보디랭귀지가 쉽게 읽혔을 정도다. 준우는 어땠을까? 아이는 부모가 자신을 바라보는 대로 스스로를 규정한다. 부정적인 신호를 받는 아이는 스스로를 부정적인 존재로 여기며 사랑받을 자격이 없는 아이라고 생각한다. 인생에서 가장 강력한 존재인 엄마의 평가는 그만큼 거대한 힘을 갖고 있다.

이럴 땐 자신을 꾸짖는 엄마에게 대들 수 있는 아이라면 차라리 다행이다. "엄마가 틀렸어. 내가 맞아!" 하고 엄마라는 절대자에게 대들 수 있는 것도 스스로 소리낼 힘이 있을 때나 가능한 일이다. 스스로 가치 있는 사람이라 믿는다는 증거이기 때문이다. 동시에 엄마가 지금은 나를 혼내지만 나를 계속 사랑한다고 믿는 아이만이 엄마에게 대들 수 있다.

하지만 준우는 엄마를 그대로 받아들이고 있었다. 거울세포를 통해 아이는 부모의 태도와 반응을 경험하고, 나아가 자신을 정의한다. 준우는 엄마가 자신을 바라보는 눈빛을 통해 스스로를 나쁜 아이로 인정했다.

준우와 준우의 동생은 한 가정에서 태어난 형제지만, 준우는 문제아로 동생은 모범생으로 여겨졌다. 물론 기질상 차이가 있었을 수도 있다. 일란성 쌍둥이더라도 기질이 달라 부모가 같은 방식으로 키우기란 쉽지 않다. 하지만 준우와 동생의 경우엔 주목해야 할 점이 또 하나 있다. 바로 출산 전후 그리고 초기의 육아 환경이다. 아이는 흰 도화지 같은 혹은 새하얀 스펀지 상태로 태어나 주변의 모든 것을 흡수하고 빨아들인다. 그중에서도 엄마의 반응은 절대적이다.

나는 진료실에서 종종 부모에게 묻는다. "아이 낳기 전 엄마, 아빠는 어떤 분이셨어요?", "임신할 때 상황이나 출산 후에는 어떠셨어요?" 심지어 초등학생이나 청소년이 진료를 보러 와도 10년도 더 된 이야기를 물어본다. 처음엔 당황하거나 잘 기억하지 못하는 부모도 있다. 그러나 이야기 끝에 그 시절을 떠올리며 완전히 잊고 있던 사건을 떠올리기도 한다.

정신과 진료 차트에서 빠지지 않고 들어가는 부분이 있다. '원하던 임신(Wanted Baby)/예상치 못한 임신(Unexpected Baby)/계획된 임신(Planned Baby).' 아이가 태어나자마자 혹은 임신한 그 순간부터 부모의 태도와 상황은 아이에게 영향을 주기 때문이다.

 준우 엄마는 준우를 임신했을 당시 자신의 상황이 마음에 들지 않았다. 갑작스러운 임신과 출산에 엄마가 되라고 명령을 받은 것처럼 갑갑했다. 마음을 다잡으려 했지만 쉽지 않았다. 남편도 갑작스러운 임신을 부담스러워하는 것 같았다. 게다가 출산 후에 디스크라니? 30년 동안 건강하게 살다가 출산으로 몇 개월을 누워서 지냈다. '도대체 이 아이는 왜 태어나면서부터 나를 괴롭힐까?' 준우 엄마는 자신을 이렇게 만든 것이 원치 않는 아이 때문이라는 사실을 지워내고 싶었지만 쉽사리 지워지지 않았다.

 몸이 아파서 준우를 돌볼 수 없었던 준우 엄마는 몇 년을 데면데면 지낸 친정엄마에게 아쉬운 부탁을 해야만 했다. 준우 엄마는 결혼해서 독립하면 친정엄마와 멀어지고 싶었다. 친정엄마는 오래 전부터 자신이 여자애들만 낳아서 쓸모없다고 입버릇처럼 말을 했다. 셋째 딸인 준우 엄마는 그런 말이 지긋지긋했다. 그래서 더욱 독립하고 싶었고, 친정엄마에게 의지하는 사람이 되고 싶지 않았다. 그런데 준우 때문에 지금껏 가장 하고 싶지 않았던, 친정엄마에게 부탁하는 일을 해야만 했다. 무엇이 즐겁겠는가? 준우의 임신과 출산 그 모든 과정이 준우 엄마에게는 불행처럼 느껴졌을 것이다.

 센터 상담 후, 준우는 병원으로 연계되어 전반적인 평가와 심층 면담을 거쳤다. 준우는 만성적 우울증과 함께 불안증으로 진단되었다. 사랑받지 못한다는 생각과 수용받지 못한 경험이 누적되어, 준우는 낮은 자존감, 열등감, 피해의식을 보였다. 준우는 긍정적인 상호작용 경험이 절대적으로 부족했기에 타인을 잘 믿지 못했다. 준우는 놀이치료를 시작했고, 동시에 엄마는 준우 엄마로서 자신의 모습을 되돌아보는 시간을 가졌다.

이처럼 부모의 존재는 아이에게 매우 중요한 영향을 끼친다. 엄마의 순탄하지 않은 임신과 출산이 준우를 나쁜 아이로 만든 건 아닐까? 만약 준우가 기질적으로 까다롭고 다루기 어려운 아이였다고 할지라도 일찍부터 크고 단단한 엄마라는 보호막이 있었다면 지금과는 달랐을 것이다. 엄마는 자신의 삶이 너무나 지치고 힘들어 아이에게 엄마가 필요할 때 그 자리에 있지 못했다.

세상에 태어난 아이는 무조건적으로 수용받는 시간이 필요하다. 아이는 뭐든 한 번에 하는 법이 없다. 넘어지고 깨지고, 실수하고 다치는 존재다. 세상과 부딪혀가며 자신에 대해서 알아가는 그 길에 부모의 믿음과 지지는 절대적이다. 비록 아이가 잘못을 저지르고 실수를 하더라도 아이가 스스로의 존재 자체를 의심하게 해선 안 된다. 부모가 아이를 단단하게 믿어주고, 변하지 않는 안식처가 되어 줄 때 아이는 스스로를 믿고 성장할 기회를 얻기 때문이다.

> 임신과 출산을 한 순간부터 아이는 본능적으로 알 수 있다. 부모가 나를 어떻게 생각하며, 얼마나 사랑하는지. 부모의 조건 없는 사랑과 신뢰야말로, 아이가 스스로를 믿고 나아갈 수 있게 하는 원동력이다.

☀ 나는 아이의 거울이 되길 거부한다

두 돌이 채 안 된 딸이 걱정된다며 병원을 찾은 엄마가 있다. 슬아 엄마는 조심스럽게 아이가 자폐 같기도 하고 아닌 것 같기도 해 걱정이라고 했다. 엄마와 초기 면담을 끝내고, 슬아와 놀이면담도 진행했다. 아이는 발달상에 큰 문제가 없어 보였고, 엄마도 슬아와 잘 놀아주는 편이었다.

그럼에도 엄마의 두려움과 불안은 상당했다. 엄마는 "아이가 뭔가 이상하다"고 표현했다. 하지만 슬아는 엄마와 눈도 잘 맞추고, 잘 웃는 아이였다. 그런데도 엄마는 그저 불안했다. 그 불안이 실체하는 두려움이 아니기 때문에 더욱 공포스러웠다. 결국 엄마는 슬아가 정상이 아닐 것 같아서 두렵다고 고백했다. "아이가 저를 닮았을까 봐 걱정돼요."

슬아 엄마는 태어났을 때부터 홀어머니 밑에서 자랐다. 다섯 살 때쯤 친척집에 맡겨졌는데, 슬아 엄마는 친척집에서 눈칫밥을 먹고 살다가 초등학교 1학년 때쯤에 다시 어머니와 함께 살게 되었다. 당시 어머니는 재혼한 상태였고, 슬아 엄마는 새아빠에게 자주 혼났다. 그럴 때마다 어머니는 그래도 새아빠가 너를 데리고 살아주는 것을 고마워해야 한다고 했다.

슬아 엄마는 자신의 어린 시절을 떠올리면서 덤덤하게 말했다. "그래도 새아빠에게 혼날 때 어머니가 저를 숨겨주고, 버리지 않아서 고맙죠." 나는 어머니를 원망한 적이 없는지 물었고, 슬아 엄마는 "어머니도 얼마나 힘들었겠어요. 어머니가 저를 보호해줬으니 제가 자란 거라고 생각해요. 어머니에게 고마워요"라고 답했다. 슬아 엄마는 학창 시절 큰 문제 없이 자랐으나 친구들 사이에서 눈치 없다는 소리를 가끔 들었다. 커서는 자신이 ADHD라고 생각했으며, 그래도 좋은 남편을 만나 결혼한 것이 다행이라고 여겼다.

슬아 엄마는 자신의 유년기와 지난 세월을 이야기할 때 지나치리만큼 덤덤해 초연해 보이기까지 했다. 정말 다 극복했을까? 슬아 엄마의 유년기는 슬쩍 듣기만 해도 방임과 유기가 반복되었던 것으로 보였다. 더 자세히 들어가면 정서적 학대 또한 의심할 수 있었다. 버려지고 또 버려질 수 있다는 불안감으로 슬아 엄마는 항상 불안했을 것이다. 하지만 지난 세월을 이야기하는 슬아 엄마는 아무렇지 않다고 했다. 누가 들어도 명백히 힘들었을 자신의 유년기와 수도 없이 원망했을 것 같은 자신의 어머니에 대해서는 미화했다. 지난 과거를 마치 드라마의 한 장면인 양 이야기했다.

슬아 엄마는 어린 시절 반복되는 거절과 결핍으로 '무력감'이 학습되었을 가능성이 높다. 학습된 무력감은 사람을 체념하게 만든다. 이러한 초기 애착 관계 경험이 바뀌지 못한 채 성인이 되면, 자녀와의 애착 관계에도 영향을 끼친다. 이러한 불안정 애착을 가진 사람은 정서적 가치와 애착에 대해서 관심이 없는 듯, 큰 문제 아니라는 듯 대수롭지 않게 이야기하는 경향이 있다.

지속적으로 애정이 결핍되고 무시되었기에 타인을 믿지 못하고 그 결과 타인과 친밀한 관계를 맺는 데 어려움을 겪는다. 자신의 감정을 잘 드러내지 않고 또 타인에게 도움을 청하지도 못한다. 불편한 감정이 느껴지면 이를 회피하거나 혹은 반대로 불같이 화를 내는 분노로 표현하게 된다. 감정을 억제하고 회피하며 살아왔기에, 감정을 다루거나 조절하는 것이 어렵다. 오히려 자신이 느끼는 감정들을 둔화하고 느끼지 않는 쪽을 선택해 자신을 보호하고 방어하게 된다. 그것이 슬아 엄마에게는 자신의 삶을 지탱하는 방법이었다.

슬아 엄마의 이 방법은 친구들이나 남편, 그러니까 성인과의 관계에서는 어느 정도 통했던 듯했다. 타인과 어느 정도만 거리를 두고, 크게 동요하지 않고 지낼 수 있었다. 그런데 아이는 달랐다. 슬아 엄마는 아이가 태어나고 엄마가 되면서, 나에게서 비롯된 이 존재가 자신처럼 사랑받지 못할 것이라고 믿은 것이다.

슬아 엄마는 개인정신치료를 시작했다. 의식적으로 억제하고 억압해온 자신의 숨은 감정들을 찾아내고, 해소되지 않은 유년기의 트라우마를 극복하기 위해 노력했다. 흔히 말하는 '내면 아이'를 돌봐주는 과정이었다. 슬아 엄마는 자신의 어린 시절을 되돌아보고, 어린 시절의 자신을 위로해주면서 점점 더 편안해졌다. 엄마의 불안이 투영되어 이상하게만 보이던 딸 슬아도, 있는 그대로 바라볼 수 있게 되었고 육아도 한결 수월해졌다. 2년이라는 짧지 않은 기간 동안 슬아 엄마가 치료를 지속할 수 있게 해준 원동력은 바로 슬아였다. 슬아 엄마는 슬아에게 좋은 엄마가 되어주고 싶었고, 그 첫걸음이 바로 엄마 자신을 돌보는 일이라는 것을 알았다.

영유아기 양육자의 초기 애착 경험은 한 사람의 심리적인 틀을 만들고, 대인 관계의 바탕이 된다. 부모의 애착 경험은 알게 모르게 아이에게 영향을 주고, 다시 그 자식에게 영향을 준다. 이 때문에 애착은 대물림된다는 말이 있는 것이다. 하지만 초기의 애착 경험이 그대로 재현된다는 뜻은 아니다. 자신의 경험을 바탕으로 다른 선택을 할 수도 있기 때문이다. 자신의 초기 애착 경험이 불안정했더라도 이후에 그것을 보완해서 더욱 성숙한 관계를 맺는 경우도 분명히 있다.

한 사람이 심리 발달 과업을 거치면서, 초기 영유아기의 애착 관계가 추후 아동기, 청소년기에 다른 사회적 관계를 통해서 더욱 성숙되거나 수정 보완되기도 한다. 아픈 과거가 있더라도 다양한 노력을 통해서 사회적으로 인정받고, 스스로도 유년기를 극복했다고 생각할 정도로 안정되는 경우도 많다. 문제는 부모가 되면 이 안정된 것 같던 상태에 균열이 생길 수 있다는 것이다. 의식적으로 가장 깊숙한 곳에 숨겨둔 어린 시절의 경험이 순간순간 수면 위로 나오고, 부모는 잊고 지내던 과거를 돌아보게 된다.

> 어린 시절 애착 경험은 인간이 자라 부모가 되면 슬며시 고개를 내민다. 아이를 낳고 기르는 일은 우리의 무의식을 자극한다. 어린 시절의 나는 어떤 아이였는가? 어린 시절 나의 부모님은 나에게 어떤 부모였나? 떠올릴 수 있는 가장 어린 시절을 한번 기억해보자.

☀️ 부모는 미성숙한 아이를 담아내는 그릇이다

지그문트 프로이트(Sigmund Freud)는 인간의 의식 구조를 의식, 전前의식, 무의식 상태로 나누어 설명했다. 의식은 깨어 있는 상태로 이성적으로 사고하고 판단한다. 의식의 반대편에 있는 무의식은 빙산으로 치면 수면 아래에 있는 부분으로 평소엔 인식되지 않는다. 이러한 무의식은 '나도 모르는 사이에' 말실수로 나오거나, 꿈속에서 변형되어 출연하거나, 나도 모르는 특정 행동으로 표출되기도 한다. 전의식은 그런 의식과 무의식의 중간쯤이라고 생각하면 된다. 하루 중 갑자기 멍하게 있을 때, 혹은 깊이 생각할 때 전의식에 닿을 수 있다.

성인은 보통 타인과 관계를 맺을 때는 '의식'의 영역이 커진다. 직장 동료나 상사가 내 마음에 들지 않더라도 의식적으로 행동을 조절하고 사회적 관계를 유지할 수 있다. 직장 동료보단 친구 사이에서, 친구 사이보다는 연인과 가족 관계에서 전의식과 무의식은 더 큰 힘을 발휘한다. 혹시 눈치챘는가? 관계와 마음이 가까워질수록 의식보다는 본능, 즉 무의식과 전의식으로 행동하는 가능성이 커진다. 연애만 해도 상대방의 어떤 부분에 끌렸는지 콕 집어내지 못할 때가 많다. 내가 그려오던 이상형은 키가 크고 마른 사람인데, 정작 사귀는 사람은 대부분 중간 정도의 키에 통통한 체형인 경우가 있다. 무의식과 전의식이 작용한 것이다. 이처럼 무의식과 전의식은 내가 의식하기도 전에 나의 선택과 행동에 영향을 준다.

부모가 되었을 때는 어떠한가? 부모-자녀 관계는 연인 관계나 부부 관계보다 훨씬 더 강렬한 감정을 경험하게 한다. 그리고 이 관계에서는 '무의식'의 영향력이 현저히 커진다. 내가 열 달을 품고 낳은 내 자식은 세상 그 어떤 미남미녀보다 예쁘다. 보고만 있어도 사랑스럽고 아이를 위해서라면 내 목숨을 기꺼이 내놓을 수 있을 것만 같다. 아이를 키우다 보면 '물고 빤다'는 옛말을 매일 되새기며 지내게 된다. 이렇게 무조건적이고 절대적인 사랑과 헌신이 어떻게 의식적인 것이겠는가?

아이를 낳고 기르는 것은 이성과 현실의 원칙만으로는 이뤄질 수 없다. 하루 3시간 이상 푹 자지 못하고, 몸은 만신창이가 되고, 밥도 제대로 못 먹는 육아를 하면서도 부모는 만족감을 얻고 심지어 둘째, 셋째까지 낳는다. 아이를 키우다 보면 비합리적인 걱정과 불안으로 날밤을 새우기도 하고, 속없는 사람처럼 아이의 별것 아닌 몸짓에 세상을 다 가진 듯 기쁘기도 하다. 남들 앞에서는 절대 하지 않을 일을 하거나 혹은 도저히 나라고 믿을 수 없을 정도로 화를 내는 순간과 마주하기도 한다.

육아는 본능의 힘이 크게 작용하는 부분이므로 언제 어디서 잠재의식과 무의식이 나타날지 모른다. 따라서 우리는 부모로서 스스로의 모습을 살펴볼 수 있어야 한다. 나아가 부모가 되기 전부터 자신의 마음을 들여다보는 연습을 해야 한다. 만약 내 마음속에 혹은 부부간에 풀지 못한 갈등이나 숙제가 있다면 미리 해결하는 것이 좋다. 실제로 임신 중이나 산후 우울증의 위험도에 산전 엄마와 아빠의 정신건강이 큰 영향을 준다. 의식적인 수준에서 억압하거나 억제해둔, 회피한 내 마음속에 숨겨둔 갈등이나 괴로움이 내가 부모가 되는 데, 건강한 부모로 성장하는 데 걸림돌이 되지 않도록 사전에 준비를 해야 한다.

부모의 역할 중 가장 기본 중의 기본은 아이를 담아내고(Containing), 아이의 미성숙함을 견디고 버텨내는(Holding) 것이다. 단단하고 흔들림 없는 부모는 아이를 안전하게 지켜주고, 외부 자극으로부터 보호해줄 수 있다. 부모 내부에서 뿌리 깊게 중심을 잡고 있기 때문이다. 아이는 자라면서 다양한 갈등에 부딪히고 발달을 하기 위해 과업을 완수해야 하고, 그러면서 좌절과 시련을 겪는다. 아이가 성장하는 과정에서 흔들리고 휘청댈 때, 단단한 테두리 안에서 아이를 다잡아줘야 하는 것이 바로 부모의 역할이다. 그러면서 부모도 점점 더 단단하게 성장하게 된다.

요동치는 아이를 오롯이 담아내기 위해서는 부모의 마음 그릇이 준비되어야 한다. 단단해서 외부 자극이나 시련에 깨지지 않아야 하고 속이 어느 정도 비어 있어 아이의 걱정과 시름, 고난과 역경까지 받아낼 수 있어야 한다. 아이를 위한 공간이 충분해야 미성숙한 아이를 받아내고, 담아내고, 견뎌낼 수 있는 것이다.

> 아이를 낳고 기르는 일은 나를 들여다보는 좋은 기회가 되기도 한다. 나도 모르는 혹은 내가 회피하고 싶은 기억들이 나도 모르게 나오기 때문이다. 부모이기 이전에 나 자신을 잘 들여다볼 수 있다면 더 좋은 부모로 성장할 기회를 얻는다.

☀️ 엄마가 되고 싶지 않았던 엄마

네 살 수호의 엄마 은정 씨는 정말 예뻤다. 진료실에 오는 엄마 중에서도 유독 눈에 띌 만큼 예쁘고 날씬했다. 겉모습만 매력적인 것이 아니라 성격이나 다른 사람을 대하는 태도 또한 상냥했다. 진료실을 찾을 땐 항상 날 위해 달콤한 마카롱을 하나씩 들고 왔다. 은정 씨의 따뜻한 에너지 때문에 나는 진료실에서 그녀를 만날 때마다 기분 좋았다.

은정 씨의 아들 수호는 네 살 즈음에 말이 느려서 진료를 처음 보러 왔다. 수호는 말이 느린 것 이외에 다른 문제는 없었다. 오히려 똘똘하고 애교도 많은 아이였다. 언어지연이 심각하지 않아 조금만 개입하면 빠르게 따라잡을 수 있을 정도였기에 진료를 보는 동안엔 내 마음도 가벼웠다.

하지만 은정 씨는 그렇지 않았다. 수호의 언어치료는 순조롭게 진행되었고, 수호도 잘 따라갔지만 은정 씨는 여전히 수호를 키우는 것이 힘들었다. 수호는 두 살 때부터 어린이집에 다녔는데, 어린이집 선생님이 은정 씨에게 자주 연락하는 편이었다. 처음에는 수호가 말이 느려서 말 대신 행동으로 표현해 문제가 된다고 생각했는데, 언어가 늘었는데도 문제 행동이 많다며 어린이집 선생님께 거의 매일 혼이 난다고 했다.

진료실에서 보는 수호의 모습은 사실 큰 문제가 없었다. 말이 느린 것치고는 눈치가 빨라 주변상황을 잘 파악했고, 놀이도 꽤 잘하는 편이었다. 가끔 손이 먼저 나가거나 마음대로 안 될 때 소리를 지르기도 했지만, 이 나이대 남자아이나 말이 다소 느린 아이에게서 흔하게 볼 수 있는 정도의 행동이었다.

그런데도 은정 씨는 아이가 매일 어린이집에서 혼이 난다고 했고, 그때마다 엄마도 함께 혼이 난다고 했다. 은정 씨는 어린이집에서 전화가 오는 순간부터 겁이 났다. 수호의 문제 행동으로 어린이집에 피해를 준다고 생각해 소풍이나 견학 등, 틈이 날 때마다 어린이집 친구들과 선생님께 간식과 선물을 준비해서 보냈다. 그러던 어느 날, 어린이집 원장님이 아무래도 아이가 지능이 낮은 것 같다며 검사를 권했다. 주치의인 내가 수호는 언어를 제외한 다른 발달에 문제가 없다고 말했지만 어린이집 원장님의 검사 권유는 여전히 확고했다. 수호 엄마에게 지능검사를 꼭 해 오라고 했다. 은정 씨는 어린이집 원장님의 말을 거스를 수가 없었다.

수호의 지능검사는 당연히 정상으로 나왔고, 심지어 언어를 제외한 동작성 지능 등은 평균치보다 높게 평가되었다. 나는 어린이집 선생님과 원장님을 수호 엄마와 함께 진료실에 오게 하여, 평가 결과를 설명했다. 그리고 원장님께 여쭈었다. 수호의 어떤 부분이 보육하기에 힘드냐고. 원장님의 설명은 이러했다.

"수호 엄마가 아이에 대해서 너무 모르니까. 우리가 도와주려고 한 거였어요."

다음 날 나는 수호 엄마 은정 씨와 따로 면담시간을 가졌다. 은정 씨는 결혼한 지 두 달 만에 수호를 가졌다. 여행 동호회에서 만난 남편과 세계 각지를 여행하고 술도 마시고 즐겁게 지내다가 결혼했는데, 결혼 후 바로 덜컥 임신이 되어버린 것이다. 은정 씨는 아직 엄마가 될 마음의 준비가 되어 있지 않았다. 아이를 키우면서도 계속 불편했다.

'내가 수호를 좋아하는 게 맞긴 한가?'
내가 수호 엄마인데… 수호를 잘 모르겠어.

은정 씨는 수호가 태어나고 너무 급격하게 변해버린 자신의 삶에 적응하기가 어려웠다. 술을 마시지 못하는 것, 더 이상 자유롭게 여행하지 못하는 것, 남편과 단둘이 데이트를 하지 못하는 것…. 어느 것 하나 자신이 원하던 삶이 아니었다. 수호를 사랑하는 것은 틀림이 없지만, 엄마로서의 자기 모습은 받아들이지 못했다.

은정 씨가 느낀 엄마로서의 부적절감은 수호 엄마 자신뿐 아니라 어린이집 담임선생님, 원장님에게까지 비쳤다. 자신감 없고 위축된 은정 씨는 수호를 잘 모르는 엄마, 아이를 제대로 못 키우는 엄마가 되어 있었고, 그에 걸맞게 수호도 '문제가 많은 아이'로 비쳐진 것이다.

☀ 아이를 낳는 순간 부모가 되는 것은 아니다

아이가 세상에 태어나는 순간 부부는 부모가 된다. 하지만 생물학적인 부모일 뿐, 진짜 '부모 역할을 할 줄 아는 부모'가 되는 건 아니다. 진짜 부모가 되기 위해서는 매일의 노력이 겹겹이 쌓여야 한다. 인생에서 부여받은 역할 중에 가장 중요한 역할이 바로 '부모'일 것이다. 그만큼 중요한 이 일을 잘 수행하기 위해선 진지하게 고민하고 연습하는 시간이 필요하다.

부모라는 존재가 아이에게 갖는 영향력이 절대적이기 때문이다. 어쩌면 예전에 비해서 부모가 아이에게 미치는 영향력은 점점 더 커지고 있다. 예전 아이는 수많은 종류의 어른을 만나왔다. 할아버지, 할머니뿐 아니라 삼촌, 이모, 고모 그리고 이웃집 아주머니, 아저씨까지, 한 아이가 성장하는 데 수많은 사람의 입김과 오지랖이 영향을 주었다. 아이는 자신의 부모와는 사뭇 다른 모습의 어른도 만나고, 그 안에서 갈등도 겪고 시련도 겪었다. 그렇게 부모와는 다른 삶의 방식을 가진 성인을 만나 다양한 경험을 통해 자신만의 가치관을 만들어냈다.

요즘의 아이는 어떠한가? 부모 두 명이 아이를 키운다. 조부모님의 도움을 받는다 하더라도, 조부모님도 부모의 육아 원칙을 따르는 경우가 많다. 어린이집에 가기 전까지 아이가 만나는 성인은 부모뿐이거나 많아 봐야 조부모님 정도다. 기관에 들어가서 선생님들을 만나지만, 이제는 선생님들도 자신만의 철학을 갖고 지도하기보다는 부모의 육아 스타일에 맞춰주는 시대가 되었다. 이러한 결과로 아이는 오롯이 부모의 책임이 되었다.

그렇다면 아이를 낳은 후 '진짜 부모'가 되기 위해, 부모 역할을 잘 수행하기 위해 어떤 노력을 해야 할까? 부모가 되기 위한 의식적 노력과 변화하는 과정이 우선적으로 필요하다. 부모라는 역할을 이해하고 받아들여 마음으로, 몸으로 먼저 익히는 것이다. 은정 씨처럼 마음과 몸으로는 엄마 역할을 거부한 채 눈앞의 일들만 처리하다 보면, 부모가 되는 것이 아니라 '부모 노릇'만 하는 반쪽짜리 부모가 될 수 있다.

> 아이를 낳는 순간 생물학적인 부모가 되지만 진짜 부모로 거듭나기 위해선 연습이 필요하다. 한 아이의 부모가 된 자신을 받아들이고, 몸과 마음으로 익히는 것, 그것이 진짜 부모로서 성장하는 길이다.

아이와 부모의 관계
: 세상에서 가장 특별한 인연

아이와 부모는 매우 특별한 관계다. 둘도 없는 운명 공동체였다가 서로 죽일 듯 미워하기도 하고 또다시 서로를 그리워한다. 결국 자녀는 부모에게서 독립하지만, 그 자녀가 아이를 낳으면 유년기 부모와의 관계가 다시 수면 위로 떠오른다. 긍정적이든 부정적이든 우리는 우리의 부모와 연결되어 있고 또 내가 낳은, 내가 낳을 아이들과도 연결된다. 그만큼 부모와 자녀가 서로에게 끼치는 영향은 강력하고 지속성이 높다.

 한 개인으로는 훌륭하고 모자랄 것 없는 사람도 자녀 혹은 부모와의 관계에서 괴로움을 토로하는 경우를 흔치 않게 본다. 이처럼 부모와 자식이라는 조합은 여타의 관계와 다른 모습을 끌어내기도 한다. 그렇다면 부모 자녀 간의 관계에서 우리가 반드시 배우고 넘어가야 할 부분은 무엇일까? 세 번째 육아의 다리인 '관계'를 알아볼 차례다.

☀️ 부모와 달랐기에 외로웠던 아이

하준이는 누구보다 애교가 많은 아이였다. 진료실에 들어설 때면 항상 방긋 웃으면서 인사를 건넸고, 책상 너머 앉아 있는 나에게 가까이 다가와 팔을 흔드는 등 귀여운 스킨십을 했다. 진료실에서 하준이와 종종 게임을 할 때면, 나를 어떻게든 이기려고 애쓰는 모습을 보였지만 동시에 내가 게임에서 져서 시무룩해하면 손을 쓰다듬으면서 위로해주기도 했다. 자신이 만든 종이 팽이를 보여주려고 가방에 넣어서 진료실에 가져오는가 하면, 진료 시간이 되면 주말에 있었던 일을 이야기해주고 싶은 마음에 뛰어오는 사랑스러운 아이였다. 진료가 끝나고 진료실을 나갈 때면 언제나 아쉬워하면서 "선생님, 우리 또 언제 만나요?"라고 물었다.

하준이가 초등학교에 막 입학할 무렵엔 코로나로 거의 재택수업이 이뤄졌고 2학년이 되면서부터 매일 등교해야 했다. 하준이는 학교생활에 쉽게 적응하지 못해 수업시간에 딴소리를 하거나 선생님의 지시를 따르지 않는 경우가 많았다. 그럴 때마다 선생님께 지적 받았으며 친구들도 점점 하준이를 '말썽쟁이'라 생각하게 되었다. 하준이는 친구들과 노는 것을 좋아했고, 함께 놀고 싶어 했다. 하지만 하준이의 급하고 욱하는 성격 때문에 친구들과 자주 갈등을 겪었다. 그럴 때마다 하준이는 속상했다. 친구들과 선생님 모두 자기만 미워하는 것처럼 느껴졌다.

하준이 엄마는 대학에서 수학을 가르쳤고, 아빠는 공무원이었다. 부모가 모두 자신의 일을 빈틈없이 하는 꼼꼼한 타입이라 하준이가 학교에서 소위 '문제아'가 된 것을 받아들이기 더욱 힘들어했다. 하지만 학교의 권유로 내원했고, 종합 심리평가를 진행했다.

하준이는 지능검사상 IQ가 120이 넘는 상위 수준이었으며, 특히 언어성 지능이 높았다. 하지만 그에 비해 주의 집중을 유지하는 힘이나 필요한 부분에 선택적으로 집중하는 능력치가 평균보다 낮게 측정되었다. 충동적이며, 자기 조절이 어려운 하준이는 ADHD로 진단되었다. 하준이 부모는 검사 결과를 듣고 "이제 뭘 하면 됩니까?" 하고 질문했다.

대개 자녀가 ADHD나 다른 정신과적 질병으로 진단을 받으면 부모의 반응은 크게 3가지로 나뉜다. 첫 번째는 '부정형'으로 결과를 믿을 수 없다거나 혹은 일시적일 것이라고 생각하는 유형이다. 아이가 특정 진단을 받은 것을 마치 종신형이라도 받은 듯 큰 충격으로 받아들이는 부모가 있다. 이런 경우 치료를 최대한 늦추거나 혹은 회피하는 방식으로 이어지는 경우가 많다. 두 번째는 '감정형'으로 아이의 질병이 부모 탓이라고 여겨 "아이에게 너무 미안하다", "내가 나쁜 부모 같다"라고 자책하거나 지나간 과거를 후회하는 데 오랜 시간을 보내는 유형이다. 부모가 문제의 원인과 과거의 기억을 회상하는 데 시간이 오래 걸려 정작 아이에게 필요한 개입이 늦어지는 경우다. 세 번째는 바로 '문제 해결형'이다. 객관적인 평가와 아이의 문제를 받아들이고, 다음 단계로 넘어가려는 부모다. 원인이나 감정보다는 현재의 문제를 해결하는 방식에 초점을 맞추기 때문에 다음 단계로의 이행이 빠르고 쉽다.

하준이 부모는 세 번째 유형에 속했다. 아이가 학교생활을 어려워하고 병원 검사 결과에서 문제점을 찾았으니 바로 약물치료를 시작하겠다고 했다. 소아정신과의 특성상 부모가 아이의 약물치료 여부를 결정하는데, 많은 부모가 약물치료에 부담감을 느낀다. 정신과 약물에 대한 편견과 자녀에게 약을 먹여야 한다는 생각에 쉽게 결정하지 못한다. 나도 아이에게 꼭 약물이 필요한 경우 부모에게 상황을 이해시키고 약물을 복용했을 때의 득실을 설명하느라 큰 에너지를 쓸 때가 많다.

하지만 하준이 부모는 상당히 협조적이었다. 의사 입장에서 매우 반가운 반응이었지만 이상하게 마음에 걸렸다. 너무나 차분하고 덤덤한 모습이 하준이와 상반되었기 때문이다.

약물치료를 시작하고 난 후 하준이의 부산스러운 모습이나 수업 시간에 딴소리하는 등의 과잉행동은 눈에 띄게 좋아졌다. 하지만 친구들, 선생님과의 갈등은 더욱 심해졌다. 하준이 엄마는 착실히 일주일간의 상황과 학교에서의 피드백을 알려줬다.

그런데 나는 진료실에서 면담할 때마다 미묘한 불편함이 느껴졌다. 하준이 엄마는 면담을 하면서 단 한 번도 하준이를 키우는 것이 힘들다거나 도대체 왜 하준이는 ADHD냐는, 거의 대부분의 부모가 할 법한 질문이나 투정을 하지 않았다. 항상 같은 표정으로 나를 바라보며 그저 있었던 사실을 나에게 전달해줄 뿐이었다. 그래서 하준이 엄마와 면담하는 시간이 되면 A4 용지에 잘 정리된 일주일간의 보고서를 받는 기분이었다.

'아…. 하준이가 나와 같은 기분이었을까?'

하준이는 학교에서 선생님에게 혼나고 친구들과 갈등을 겪고 오는 날이면, 엄마에게 스트레스와 억울함을 풀었다. 어린아이기 때문에 미성숙한 방법으로 감정을 표출했다. 하준이는 엄마에게 반항하거나 엄마 머리카락을 잡아당기거나 물건을 던지는 등 공격적인 모습을 보이곤 했다. 하준이의 공격적인 모습은 점점 늘었지만 하준이 엄마는 늘 차분하고 침착한 상태를 유지했다. 어떻게 보면 감정이 느껴지지 않는 듯한 모습이었다.

이후 하준이의 정서 상태를 알기 위해 추가적인 검사들을 진행했다. 그리고 하준이의 그림을 보고 나는 한동안 입을 다물 수 없었다. 하준이의 그림에는 주방에 화가 난 채 홀로 서 있는 하준이와 냉장고 하나가 크게 그려져 있었다.

'냉장고 엄마'라는 용어는 아주 예전에 정신과에서 사용하던 용어다. 따뜻하게 아이를 품어주어야 할 엄마의 역할을 하지 못하는 차갑고 냉정한 엄마를 냉장고에 비유한 것이다. 엄마를 냉장고로 그린 것은 하준이의 마음 상태일까? 아니면 하준이와 하준이 엄마를 바라보는 나의, 치료자의 역전이(Counter Transference, 치료자가 환자에게 느끼는 감정)일까?

감정이 풍부하고 섬세한 하준이는 자신의 감정을 공유하고, 애정을 확인받고 싶었을 것이다. 갖은 방법으로 엄마에게 자신의 마음을 표현했지만 그때마다 돌아오는 건 엄마의 한결같은 표정이었다. 하준이 엄마는 흥분한 아이를 위해 엄마가 차분해야겠다고 생각했다. 하지만 안타깝게도 엄마가 차분할수록 아이는 더욱 흥분했고, 아이가 격해질수록 엄마는 더욱 냉담해지는 굴레에 빠지게 되었다.

하준이가 원하는 것은 엄마의 공감과 동감이었다. 자신이 유일하게 믿을 수 있는 사람이자 세상 모든 사람이 나에게 손가락질할 때 내 곁에 있어줘야 마땅할 사람인 엄마. 자신이 얼마나 속상한지 얼마나 억울한지 엄마도 함께 알고 이해해주기를 바랄 뿐이었다.

성숙하고 좋은 부모란 감정을 억누르거나 표현하지 않는 사람이 아니다. 부모도 사람인데 어찌 감정을 느끼지 않겠는가. 다만 자신의 감정을 성숙하게 표현해야 한다. 따라서 자녀에게 자신의 감정을 억제하기보다 적절하게 표현하는 모습을 보여주어야 한다.

아이는 자라나며 여러 감정을 배우게 되는데 자신의 감정이 받아들여지고 공감되는 경험을 반드시 겪어야 한다. 부모의 가장 큰 역할은 이 아이의 감정을 받아들여주고 공감해주는 것이다. 아이는 처음엔 자신이 느끼는 복잡한 감정을 감당하지 못한다. 특히 미워하고, 화나고, 억울한 부정적인 감정은 더 힘들어한다. 이런 부정적인 감정을 자칫 잘못 소화하면 아이는 '나쁜 감정'을 느끼는 자신을 '나쁜 아이'로 생각하고 나아가 자신을 '부적절한 사람'으로 생각하게 될 수 있다. 부모는 아이에게 감정이 자연스러운 것임을 알려주어 소화할 수 있도록 도와야 한다.

엄격하고 근엄하고 진지한 엄마 아빠와 자신이 다르다는 걸 어렴풋이 알게 되었을 때부터 어쩌면 하준이는 자신에 대한 '부적절함'

을 가지지 않았을까. 하준이의 마음속에서 일어나는 다양한 감정의 소용돌이와 이를 지켜보는 부모의 차분함과 고요함은 너무나 대조적이기에 하준이는 부모가 자신의 감정을 받아들인다고 느끼지 못했다. 하준이는 단지 자신이 이상한 사람이 아니라는 사실을 부모가 믿어주고, 확실하게 알려주길 바랐다. 자신이 경험하는 다양한 감정과 생각들이 정상적이며 부적절하지 않다는 믿음을 얻고 싶었다. 하지만 결국 친구들, 선생님을 통해서 느낀 '문제아'라는 인식을 부모를 통해 한 번 더 확인하게 될 뿐이었다.

하준이 부모가 하준이를 덜 사랑해서 그랬을까? 결코 아니다. 하준이 부모는 그 누구보다 하준이를 생각하고, 치료에 적극적이었다. 하지만 그들은 겉으로 드러나는 문제만 해결하려고 했다. 사실 근본적인 문제는 정서 중심적이고 애정을 원하는 하준이와 문제 해결 중심의 부모 성향 차이로 나타난 것이었다.

하준이네처럼 부모와 자녀의 기질과 성향이 매우 다른 경우 부모는 자녀를 이해하기가 쉽지 않다. 따라서 자녀를 이해하기 위해 더 큰 노력이 필요할 수 있다. 아이의 정서와 기질에 맞는 반응을 하는 법을 배워야 했다. 엄마와 하준이는 '부모-아동 상호작용 치료(PCIT)'를 시작했다. 이 치료는 부모와 자녀의 상호작용의 긍정적인 선순환 고리를 만드는 방법 중 하나다. 예전 〈우리 아이가 달라졌어요 리턴즈)에서 적용한 적이 있는데 방송에서는 이 치료를 '아바타 코칭'이라고 불렀다. 아이와 엄마가 노는 모습을 치료자가 일방향 거울이나 모니터를 통해 지켜보면서 부모에게 적절한 반응을 직접적으로 코칭해주는 방식을 보고 따온 말이다.

처음 치료를 할 때 하준이는 엄마와 놀이를 하는 것 자체를 거부했다. 그러나 하준이 엄마는 치료에 적극적으로 임했고, 나의 코칭을 정말 열정적으로 따라와주었다. 평생 감정 표현을 절제하고 살아온 엄마는 하준이에게 다양한 칭찬을 하고, 리액션을 하는 법을 연습했다.

"우와! 하준이가 만든 로봇이 정말 멋지다."
"하준이가 엄마에게 웃어주는 모습이 너무 예뻐."
"오늘 하준이가 많이 속상했겠다."
"엄마라도 너무 억울했을 거 같아."
"그런 상황이라면 정말 화가 많이 났을 것 같아."

엄마는 다양한 표현을 연습하고 착실하게 숙제도 해나갔다. 스킨십도 더 많이 하고 일부러 뽀뽀도 많이 했다. 대략 40년 평생 침착하게 살아온 엄마가 갑자기 감정을 풍부하게 표현하기란 쉽지 않은 일이기에 초반엔 엄마도 어색해했다. 하지만 엄마는 꾸준히 노력했다. 하준이는 점점 엄마가 자신의 마음에 관심이 있다는 것을 알게 되었다. 하준이가 하는 행동과 마음, 몸짓에 귀 기울이고 자신과 비슷하게 표현하는 엄마를 보며, 엄마가 자신을 좋아한다고 느꼈다. 자신이 받아들여지고 사랑받는다는 것을 알게 되면서 폭력적인 행동은 점점 사라졌다. 하준이는 자신의 마음을 중요하게 여길 수 있고, 자신이 느끼는 부정적인 감정이 나쁜 게 아니라는 것을 깨달았다. 그리고 엄마와 함께 노는 시간을 제일 좋아하게 되었다.

POINT

아이를 사랑하는 마음만으로는 부족할 때가 있다. 미성숙한 아이를 잘 이끌어주고 도와주기 위해서 부모는 아이의 시선에 눈높이를 맞춰야 한다. 부모 방식대로의 최선이 아니라 아이에게 적절한 방법을 찾아내는 것이 부모의 역할이다.

☀️ 부모는 아이를 다듬는 '조율사'다

부모와 자녀 사이에도 궁합이 있다. 정신과에서는 이를 '적합도'라고 하는데, 내 자식이라 예쁘고 사랑스러운 것과 적합도는 다른 문제다. 부모와 아이의 기질이 비슷할수록 적합도가 높아진다. 서로 잘 이해할 수 있기 때문이다. 그리고 기질이 비슷할수록 부모는 아이를 더 수월하게 키울 수 있다. 물론 자녀와 적합도가 맞지 않는다고 해서 좋은 관계가 되지 못한다는 것은 아니다. 다만 육아의 난이도가 좀 더 높아질 뿐이다.

만약 기질적으로 어려움이 있는 아이라면 어떨까? 이때 중요한 것은 부모가 아이의 기질적 특성을 빨리 알아차리고 아이가 건강하게 자랄 수 있도록 '조율(Modulation)'하는 것이다. 마치 바이올린이나 기타의 줄을 맞춰서 청량한 소리를 내게 하는 것처럼, 아이의 마음이 자연스럽게 조절되도록 적절한 때 적절한 도움을 주는 것이다.

지아는 24개월이 채 안 되었을 때 병원에 왔다. 지아가 눈맞춤이 안 되고 부모와 놀지 않는다는 것이 이유였다. 부모의 우려는 빗나가지 않았다. 36개월이 되도록 말이 트이지 않고, 여전히 혼자서만 놀았다. 48개월에 지아는 자폐 스펙트럼 장애로 진단을 받았다.

약 2년간 지아의 엄마와 아빠는 지아의 치료에 정말 모든 것을 걸었다. 언어치료, ABA 치료(행동주의치료를 기반으로 한 발달장애 증상 교정요법), 감각통합치료(대소근육 운동을 통해 감각자극 입력과 통합을 향상시키도록 돕는 요법) 등 안 받아본 치료가 없었다. 특히 프리랜서 작곡자로 일하는 아빠는 거의 대부분의 시간을 지아의 스케줄에 맞췄다. 지아를 위해 부모 수업을 듣고, 책을 사서 공부했다. 나와 아빠는 아이의 기관이나 치료 방향성에 대해서 깊이 고민하고 다양한 가능성에 대해 머리를 맞대고 고민했다.

지아는 약 6세까지 우리 치료실의 거의 모든 치료를 받았다. 다행히 뒤늦게라도 말이 트였고, 한글을 가르쳐주지 않았는데도 혼자서 익혔다. 지아는 사회적 상호작용이 어려웠지만 시각적 능력이 뛰어났고, 그림 그리는 것을 좋아했다. 지아가 그린 그림은 또래 친구들의 것과는 매우 달랐다. 그래서 나도 지아가 진료를 올 때면 그동안 그린 지아의 그림이 항상 기다려졌다. 아빠는 지아의 그림들을 모아 파일로 만들어서 진료실에 올 때마다 가지고 왔다. 그리고 지아 앞에서 정말 신이 나서 나에게 설명해주었다. 책상 옆에서 혼자 놀고 있는 지아도 아빠의 그런 모습을 모두 지켜보았다.

지아가 초등학교에 입학하고 몇 달 뒤의 일이다. 지아는 다소 독특한 억양이지만 말도 잘하고, 얌전하고 조용한 편인 여자아이라 지금까지 단체생활에 큰 어려움이 없었다. 하지만 학교에 입학한 후에 친구들과의 관계나 학교생활에 너무 힘들어했다. 스트레스로 손톱을 뜯고, 밤에 자다가 소변 실수를 하기도 했다.

지아의 이런 모습이 걱정스러운 지아의 부모는 처음에는 다양한 사회그룹치료를 시도했다. 지아가 친구들과 잘 어울리길 바랐고, 지아의 세계를 지아의 그림을 친구들에게 소개해주고 싶어 했다. 집에서 파티를 열어 반 친구들을 초대하고, 아이의 그림을 걸어서 전시했다. 아빠와 엄마는 친구들이 자신들처럼 지아를 알아봐주길 바랐다. 부모의 이런 노력이 무색하게도 지아는 친구들이 놀러와 거실에서 함께 노는 동안 혼자 방안에서 손톱을 물어뜯었다.

지아 가족의 이러한 노력은 약 1년간 지속되었다. 그 사이 지아는 틱이 생겼고, 이에 대한 약물치료도 시작했다. 생기발랄하던 지아는 진료실에 올 때마다 녹초가 되어 있었다. 지아의 그림을 설명할 때 눈이 반짝반짝 빛나던 아빠의 눈빛도 지쳐 보였다.

지아가 초등학교 2학년이 되자 엄마, 아빠는 새로운 결심을 했다. 지아를 있는 모습 그대로 받아들이기로. 지아의 그림을 다른 친구들의 그림처럼 똑같이 만들려고 하지 않았듯이 지아를 그대로 받아들이기로 했다. 그 뒤로 지아의 스케줄은 많이 변했다. 부모가 만들어준 또래 그룹에서 긴장하고 초조해하던 시간 대신에 부모와 함께 그림을 그리고 여행을 떠났다. 작곡자인 아빠의 작업실에서 함께 음악을 듣고, 노래를 불렀다.

그렇다고 지아의 부모가 모든 치료나 학교생활에 대한 노력을 중단한 것은 아니었다. 다만 아이의 개성과 취향을 좀 더 존중하기로 결심한 것이다. 지아가 원하는 시간, 지아가 잘하고 좋아하는 시간을 좀 더 늘리니, 지아는 다시 생기 넘치기 시작했다. 그림도 더 많이 그리고 학교 가기 싫다는 말도 줄었다. 초등학교 4학년이 되자, 미술학원에서 좋은 친구도 한 명 사귀었다.

"선생님, 우리 지아 정말 예쁘죠?"

아빠와 지아는 항상 커플룩을 입고 병원에 왔다. 지아는 베레모를 쓰고 아빠는 베레모 색깔과 맞춘 티셔츠를 입었다. 초등학교 6학년 지아의 마지막 진료 때 아빠와 지아가 손을 잡고 가던 뒷모습이 아직도 생생히 떠오른다. 지아는 여전히 혼자 있는 시간이 많고, 친구 사귀는 게 어려웠지만, 행복한 아이였다. 자신이 좋아하는 취미가 있고, 그것을 공유할 부모가 있었다.

세상에 부모가 맞추지 못할 자식은 없다. 딸이 5~6학년이 되면 아빠와 손을 잡지 않는 경우가 더 많고, 사춘기에 접어든 딸은 아빠를 불편하게 여기기도 한다. 하지만 지아는 아빠와의 스킨십이 어색하지 않아 보였다. 물론 지아의 사회심리적 발달이 다소 느리기 때문일 수도 있다. 허나 나는 조금은 특별한 지아를 있는 그대로 받아들이고 사랑해준 지아 부모님의 공이 크다고 생각한다. 지아에게 맞게 환경과 육아 방식을 조율해나간 지아 부모님을 보며 소아정신과 의사로서, 한 아이의 부모로서 많은 것을 깨닫고 배웠다.

지아의 사례는 내가 진료실에서도 여러 부모에게 말하는 사례 중 하나다. 아이가 아무리 까다롭다고 해도, 자폐 스펙트럼 장애라는 진단을 받았어도 가장 중요한 것은 언제나 부모-자녀의 관계라고 말이다. 부모가 아이를 있는 그대로 받아들여주고 사랑해줄 때, 아이는 스스로를 가치 있는 사람이라 믿고 사랑할 수 있다.

아이는 자신만의 고유성을 갖고 태어나며 이는 아이의 잘못이나 책임이 아니다. 그냥 그렇게 태어난 것이다. 아이의 타고난 천성과 기질을 잘 이해하고 이를 바탕으로 아이에게 적합한 양육환경을 제공하고, 성숙하게 자랄 수 있도록 적절한 중재와 개입을 하는 것이 육아의 핵심이다. 타고난 고유성 기질을 바꾸는 것이 아니라 그것을 잘 조절할 수 있게 도와주는 것이 부모의 몫이다.

> 양육하기 쉽지 않은 기질의 아이라도 부모의 자세에 따라 행복한 육아가 가능하다. 아이의 특성을 이해하고 받아들이며, 그것을 적절하게 조율할 때 부모도 아이도 행복해질 수 있다.

나는
어떤 부모인가

타고난 기질에 후천적 경험이 더해져 한 개인의 행동 양식, 즉 성격이 결정된다고 했다. 타고난 기질이 한 사람의 최초 반응이라면, 성격은 그 사람의 최후 반응이다. 한 사람의 최후 반응, 즉 성격 형성에 가장 큰 영향을 끼치는 것은 '어떤 환경에서 자랐으며, 부모와의 관계는 어땠느냐'다. 따라서 부모의 양육태도가 매우 중요하다. 부모의 양육태도에 아이는 자신만의 적응 방법, 전략을 만들어가는데 이러한 행동 양식이 바로 성격 형성의 근본이 된다.

그렇다면 지금 나의 양육태도는 어떤 유형인지 알아보자. 다음은 부모의 양육태도를 가로 세로 축으로 나눈 것이다. 가로축은 정서적인 측면으로 아이에게 사랑과 애정을 표현하는 정도를 나타낸다. 세로축은 지시적인 측면으로 아이를 지도, 교육, 제한 설정 등의 정도를 나타낸다.

각 축의 높고 낮음에 따라 부모 양육태도를 크게 4가지로 나눌 수 있다. 가장 이상적인 부모의 양육태도는 무엇일지, 나의 지금 양육태도는 어디에 가까울지 생각해보자.

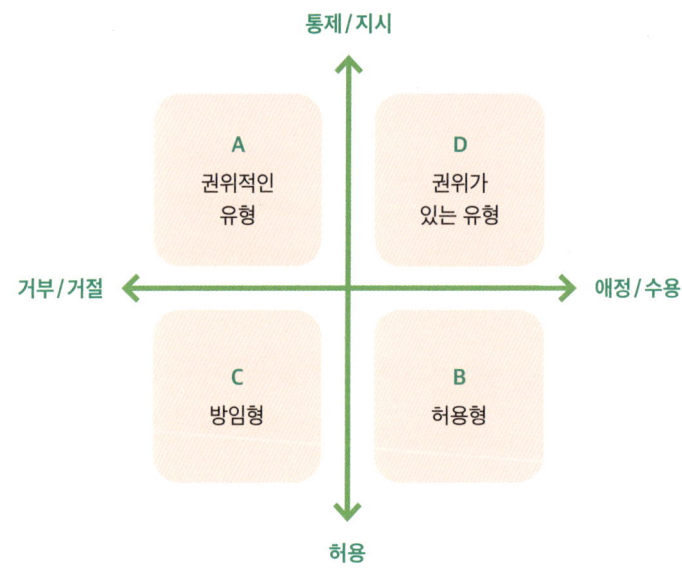

A형은 일명 '권위적인 유형'이다. 애정과 수용은 적은 반면에 아이를 통제하고 지시하는 태도가 높다. 다소 강압적일 수도 있으며,

아이를 사랑하고 아끼는 마음을 상대적으로 적게 표현하는 경향이 있다. 그렇다고 해서 이 유형의 부모가 아이를 덜 사랑하는 것이라 단정 지을 수는 없다. 일명 '츤데레'로 아이를 사랑하면서 표현할 줄 모르거나 애정 표현을 자주 해본 경험이 없는 부모가 해당한다. 부모 스스로도 칭찬을 많이 받아본 적이 없어서 방법을 모르거나 어색한 경우가 있다. 이런 경우 아이는 부모에게서 인정받고 수용받는 경험을 하기 어렵다. 그래서 부모가 자신을 사랑한다는 믿음이나 따뜻한 마음을 느끼기 어려울 수 있다. 사랑은 표현해야 알 수 있다. 아이도 마찬가지다.

아직은 미성숙한 아이를 가르치고 통제해야 할 존재로만 보는 부모는 아이에게 매사 지적을 하거나 실수투성이, 말썽쟁이 정도로 여긴다. 아이는 자신의 자율성이 무시된 채 부모가 하라는 대로 하며 자라기 때문에 동기가 결여되고, 자기 자신에 대한 신뢰도 부족할 수 있다. 즉 자존감이 낮은 아이로 성장할 가능성이 있다. 또한 아이의 기질에 따라 극단적으로 소심하거나 혹은 반대로 반항적이고 공격적인 성격으로 형성될 위험이 있다.

B형은 '허용형'으로 수용과 애정은 넘쳐나고, 지시와 통제는 부족한 부모의 양육태도를 말한다. 사랑과 애정은 넘칠 만큼 주되 아이에게 스트레스를 주고 싶지 않다며, 최소한의 통제와 지시를 하는

것이 좋은 부모라고 여기는 부모도 있다. 하지만 필요한 순간에도 지시나 통제가 극도로 적다면 아이는 어떻게 될까? 자신의 욕구를 참거나 좌절을 견뎌본 적이 없는 아이는 한계를 모르기 때문에 자기 조절력이 낮다. 거부당한 경험이 적기 때문에 자신감은 있지만, 사회적으로 미성숙한 모습으로 보일 수 있다. 자기중심적으로 사고하면서 인내할 줄 모르는 아이로 클 가능성이 높다.

'친구 같은 부모가 되고 싶다'는 마음에 아이와 스스럼없이 가까이 지내고, 아이의 자율성을 존중하려는 부모도 있다. 하지만 부모는 아이의 친구가 아니며, 친구가 되어서도 안 된다. 다소 강압적인 육아가 일반적인 시대에 자라난 지금의 부모는 그에 대한 반발심으로 오히려 그 반대의 길을 가려는 경향을 보이기도 한다. 아이의 자율성을 존중한다는 명목하에 아이가 책임질 수 없는 결정을 맡기거나 대부분의 생활에서 아이의 뜻대로 움직이고 생활한다. 아이가 원하는 것은 대부분 들어주려고 노력한다.

하지만 아이는 안전하고 흔들리지 않는 부모의 테두리가 필요하다. 아이를 무작정 풀어놓았을 때, 원하는 대로 무엇이든 하게 해주었을 때 진정한 자유를 느끼는 것이 아니다. 부모의 든든하고 안전한 틀을 만들어줄 때야 비로소 아이는 두려움 없이 도전하고 한계를 시험할 수 있다. 스스로 책임지거나 합리적인 판단을 하지 못하는 아이에게 결정권을 주는 것은 아이를 보호하고 옳은 길로 인도,

교육해야 할 부모의 역할을 포기하는 것과 마찬가지다. 아이의 마음을 존중하는 것과 적절히 통제하는 일은 서로 상충되는 것이 아니다. 이 점을 잊어선 안 된다.

C형은 아이에게 애정과 수용도, 통제와 지시도 하지 않고 내버려두는 '방임형'이다. 아이를 먹이고 입히는 정도로 최소한의 보호만 하고, 정서적으로는 아이에게 다소 무관심하거나 무덤덤해 보일 수도 있다. 꼭 필요한 것은 제공해주고 눈에 띄는 갈등은 없을 수 있지만, 아이와 정서적 관계를 맺는 것은 어려워 알맹이 없는 속 빈 강정 같다.

이러한 방임적인 태도가 극단으로 가게 되면 정서적 방임 혹은 정서적 학대가 될 가능성이 있다. 아이의 성장과 발달에 필요한 애정과 관심을 주지 않고, 아이에게 필요한 지시나 통제도 없는 경우, 아이는 부모 나아가 세상이 자신에게 무관심하다고 느낀다. 그 결과 스스로 가치가 없다고 느끼며, 자신의 행동에 어떠한 긍정도 부정도 하지 않는 부모 때문에 무력감을 학습한다.

마지막은 바로 D의 '권위가 있는 유형'으로 민주적이고 협조적인 부모의 모습이다. 이러한 태도를 가진 부모는 아이에게 애정 표현도 많이 하지만 필요한 부분에서 부모의 권위를 가지고 지시, 통제를 한다. 권위적이기만 하여 항상 수직적인 관계를 유지하는 것이 아니라 부모의 권위는 유지하면서 사랑을 주는 역할을 충실히 하는 가장 이상적인 유형이라 할 수 있다. 이런 유형의 부모는 지시와 통제 과정에서는 아이가 이해할 수 있는 언어로 미리 알려주고 따르게 한다. '내가 부모니까 넌 무조건 따라야 해!'가 아니라 부모가 결정한 행동의 이유를 아이에게 교육하고 알려준다.

자신의 생각과 의견을 존중받고 자란 아이는 부모의 의견도 존중하고 따를 수 있는 능력을 갖는다. 또한 부모로부터 존중과 충분한 애정을 받아왔기에 스스로에 대해서도 가치 있다고 여기며, 자신감을 갖는다. 즉 타인과 자신을 존중하고 배려하는 태도를 갖게 되며 이를 통해 갈등이나 좌절을 해결해나갈 힘을 기르게 된다.

부모의 양육태도를 이해하기 쉽게 크게 4가지 유형으로 나누어 설명했는데, 찰스 E. 셰퍼(Charles E. Schaefer)의 연구를 바탕으로 하면 8가지 유형으로도 나눌 수 있다. 사실 실생활에서는 4개나 8개 유형으로 단순하게 나눌 수 없으며 부모에 따라 다양하게 나타난다. 혹은 한 명의 부모 안에서도 여러 유형이 섞여 있을 수도 있고 아이의 나이나 발달 수준, 기질에 따라서도 조금씩 달라진다.

나는 어떤 유형의 부모에 가까우며, 지금의 나와 내 아이의 관계에서 더 필요한 것은 무엇일까? 나는 아이의 감정을 충분히 인정해주는지 아이가 느끼도록 나의 애정을 충분히 표현하는지 생각해보자. 동시에 지나치게 강압적이진 않은지 혹은 아이가 나를 너무 편하게 생각해 친구처럼 대하진 않는지 점검해보자. 현명한 부모는 지금 내 상태를 돌아볼 줄 알며, 상황에 맞게 적절하고 유연하게 양육태도를 설정한다. 지금 나와 내 아이의 모습을 떠올리며 앞으로 양육태도를 어떻게 할지 그려본다면 내 아이에 맞게 양육태도를 더 잘 조율할 수 있을 것이다.

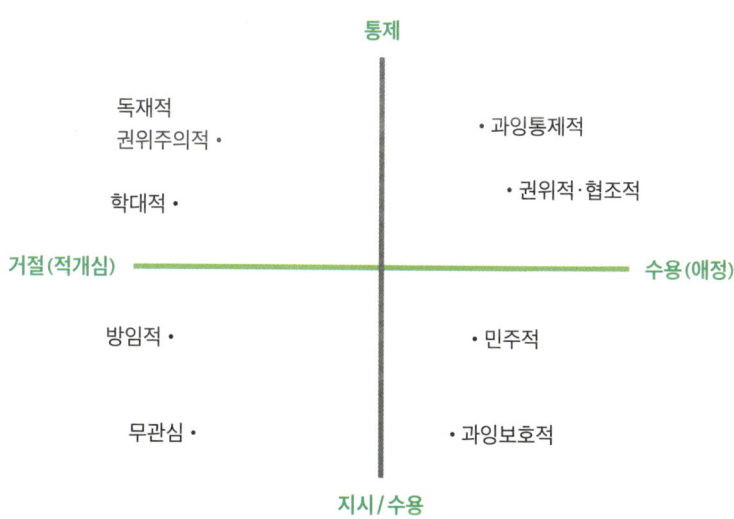

> 아이에게 끊임없이 영향을 주는 부모. 이 부모의 양육태도에 따라 아이의 성격과 미래가 달라진다. 지금 나는 내 아이에게 맞게 양육하고 있는가?

☀ 20년 후 나와 내 아이는 어떤 모습일까

잠시 책을 읽는 것을 멈추고, 눈을 감아보자. 내 자녀가 스무 살이 되었을 때, 나와 내 자녀는 어떤 모습일까? 함께 팔짱을 끼며 걷고 있는가, 아니면 서로 데면데면한 사이일까?

　아이가 막 태어나 걷고, 말하며, 학교에 들어갈 때만 해도 함께 웃고 떠들며 스킨십하는 시간도 많을 것이다. 하지만 부모와 자녀는 필연적으로 어느 정도는 멀어질 수밖에 없다. 아이가 건강한 성인으로 자라 정신적, 육체적으로 독립하기 위해서라도 필요한 일이다. 하지만 자녀가 독립한다고 해서 관계가 끊기는 것은 아니다. 아이와 관계의 끈이 단단했다면 독립한 후에도 계속해서 정서적으로 친밀한 관계를 유지할 수 있다. 20년 동안 부모가 천천히 쌓아온 탑의 결과물이 10~20년 후 나와 아이의 모습인 것이다. 그렇다면 내가 지금처럼 아이를 계속 키운다면 우리는 10~20년 후에도 끈끈한 관계를 유지할 수 있을까?

육아는 '부모'와 '아이'가 '관계'를 맺으며 함께 이뤄낸 과업이다. 이 셋 중 그 어느 것도 중요하지 않은 것은 없다. 그리고 이 셋은 독자적으로 존재하지 않으며 서로 연결돼 있다. 따라서 아이, 부모, 그리고 관계 중 어느 하나라도 건강하지 않으면 관계가 단단할 수 없다. 부모가 행복하지 않으면 아이도 행복할 수 없다. 부모가 성숙하지 않은데 아이가 성숙할 수도 없다. 이 상호주관적인 관계를 잘 조율한다면, 육아가 즐거워진다. 부모도 아이도 즐거워지고, 아이는 성숙한 어른으로, 부모는 더 성숙한 인간으로 성장해나간다. 육아는 어렵고 힘든 과정만 있는 것이 아니다. 아이를 낳고 부모가 되는 과정은 아이뿐 아니라 부모에게도 소중한 기회가 된다. 지금까지 누려보지 못한 충만함과 행복감을 누릴 수 있는 기회 말이다.

4장

'좋은 부모'는 기술이 아니라 태도로 결정된다

부모는 저절로 되는 걸까?
노력으로 만들어지는 걸까?

30년 전, 아니 100년 전에도 아이 키우는 일은 힘들었겠지만, 요즘 시대에 아이 키우는 일은 다른 맥락에서 어렵다. 지금 부모는 아이를 더 잘 키우기 위해, 실수하지 않기 위해 육아를 공부한다. 엄마, 아빠뿐 아니라 할아버지, 할머니까지 육아를 공부하고, 강연을 듣고, 육아서를 읽는다. 나도 종종 강연을 나가는데 그때마다 많은 엄마, 아빠, 할아버지, 할머니를 만난다. 이렇게 양육자들이 공부하며 노력하는데도 육아가 쉬워지지 않는 이유는 바로 이론만으로는 좋은 부모(양육자)가 되기 어렵기 때문이다. 머리로 배우는 육아는 한계가 있다. 책이나 인터넷으로 연애를 배울 수 없는 이유와 마찬가지다.

육아는 본능에서 비롯된다. 본능이 우선하기 때문에 그 어떤 일보다 '자연스럽게' 이루어진다. 이것은 인간뿐 아니라 모든 자연 생물에 해당한다. 동물은 새끼를 낳으면 새끼가 스스로 먹이를 찾아 먹고 포식자로부터 도망치는 능력을 갖출 때까지 새끼를 보호한다. 그때까지는 외부 위험으로부터 새끼를 보호하고 먹이를 구해준다. 이 외에도 생존에 따라, 비행연습을 시키거나 수영을 가르치기도 한다.

약한 새끼를 보호하고 양육하는 일은 배워서 아는 것이 아니라 본능에 따르는 것이다. 물론 인간은 더욱 고차원적인 동물이기 때문에 먹고 자는 문제뿐 아니라 타인과 관계를 맺고 유지하는 것, 스스로의 가치를 찾고 인정하는 것 등 심리적 (애착) 본능 또한 매우 중요하다.

앞서 육아를 하고 부모가 되는 과정은 마치 수영을 배우는 것과 같다고 했다. 처음 수영을 배울 땐 우선 물에 익숙해져야 한다. 물이 두렵거나 물속에 있어본 경험이 적은 사람일수록 초기 진입 장벽이 높을 수 있다. 일단 그 두려움을 극복해야 하는데, 이것만으로도 이미 많은 것을 이루어낸 것이다.

그다음에는 한 단계씩 배워나간다. 물속에 몸을 띄우기, 물 안에 얼굴을 넣어보기, 물속에서 걸어보기 등 점점 물에 익숙해지는 과정을 거친다. 이 과정을 통해 일단 물에 익숙해지면, 그다음부터는 내가 물 안에 있다는 사실을 굳이 떠올리지 않고, 단지 내 몸의 움직임에만 집중할 수 있다. 좀 더 자연스럽고 효과적으로 몸을 움직이는 연습을 할 수 있게 된다.

시간이 더 지나면 수영 강사가 알려주는 설명과 이론이 머릿속에 들어온다. 내 몸이 어떻게 물에 뜨고 언제 가라앉는지 등 원리를 알게 된다. 이론을 알게 될수록 불안은 줄어들 수도, 오히려 늘어날 수도 있다. 물속에서 숨을 참아야 하는 신체적 괴로움 혹은 파도치는 바다에서 수영하는 것을 상상하며 지레 포기하고 싶은 생각이 들 수도 있다. 그런 내적 갈등과 물리적인 고통을 견뎌가면서 훈련을 지속하게 된다. 그렇게 이론과 훈련을 통해 수영을 익힌다.

그렇게 한번 수영을 몸에 익히고 나면 물에 들어갔을 때 자연스럽게 손발을 움직일 수 있게 된다. 한번 몸에 익힌 수영은 일부러 잊으려고 노력해도, 시간이 지나도 쉽게 지워지지 않는다. 머릿속의 기억은 유한하지만 내 몸이 익힌 것은 훨씬 오래도록 남기 때문이다.

수영 초보자일 때, '고개를 언제 들어야 하지? 숨을 몇 초에 한 번 쉬어야 하지? 팔은 90도로 꺾고 다리는 쭉 뻗어야지!' 하는 등 생각이 많아질 수 있다. 하지만 생각이 너무 많을수록, 오히려 팔다리는 어색해지고 몸이 가라앉는 것을 경험해보았을 것이다. 물속에서는 그저 자연스럽게, 내 몸을 움직이고 몸을 맡겨야 오히려 물에 잘 뜰 수 있다.

'물에 빠지면 어쩌지' 하는 불안한 생각이 불쑥 들 때도 마찬가지다. 초조한 마음이 커지면 원래의 실력을 제대로 발휘하지 못한다. 반대로 아직 물에서 뜨는 것도 익숙하지 않은데, 멋있는 접영을 하려고 하거나 폼에만 신경 쓴다면 아무리 몸을 움직여도 앞으로 나아가지 못하거나 오히려 물속에 빠져버리기 십상이다.

육아도 이와 같다. 아이를 낳고 키우려면 우선 기본기가 있어야 한다. 나라는 한 인간이 부모가 되기 위한 기본 바탕이 잘 만들어져 있어야 한다. 아이와 가까워지기 위한 마음의 준비, 부모가 된다는 두려움의 극복, 어느 정도의 다짐과 결심을 기반으로 시작된다. 부모로서 알아야 하는 최소한의 이론과 아이에 대한 발달 지식, 양육에 필요한 이론은 배워야 한다. 그래야 아이가 왜 우는지, 이 울음이 정상인지, 아니면 위험한 사인인지 판단할 수 있다.

부모가 어떤 역할을 해주어야 하는지 큰 가이드라인이 있어야 그것에 맞춰서 역할 연습을 할 수 있다. 부모로서 기본 이론을 익히면, 이제는 훈련이다. 머리로 안 것을 몸에 익혀야 한다. 그래야 내가 온전한 한 인간인 부모로서 아이를 대할 수 있다.

☀ 아이를 안는 것은
머리가 아닌 따듯한 손이다

아무리 열심히, 꼼꼼히 육아서를 읽는다고 해도 책에 쓰인 대로 아이를 기르는 것은 애초에 불가능하다. 존경하는 소아정신과 전문의 선생님이나 아동전문가, 이 책을 쓰는 나도 육아서에 나오는 대로 '교과서적으로' 아이를 키우는 것은 불가능하다. 이론은 이론이고 실전은 실전이다. 책의 내용을 내 것으로 만들어서, 삶을 건강하게 살아나가는 것이 핵심이다. 전체적인 그림을 그릴 수 있는 정도의 이론 학습이면 충분하다. 부모는 부모이지 전문가나 치료사가 아니기 때문이다.

나 또한 내 아들에게 소아정신과 의사가 아니라 엄마로서 존재한다. 내 아들에게 필요한 것은 전문지식이 아니라 살아 있는 엄마다. 육아서를 읽고 육아 공부를 하는 이유는 A부터 Z까지 이론을 섭렵하고 외워서 그것을 그대로 적용하기 위해서가 아니다. 부모는 육아서를 통해 '감'을 잡아야 한다. '좋은 부모'란 어떤 것인지, 내가 되고 싶은 부모는 어떤 모습인지, 그리고 내 아이는 어떻게 생각하고 자라는지 어렴풋하게나마 익숙해져야 하는데, 책은 그 과정 중 하나다.

책 한 권에서 나에게 와닿는 문구를 하나만 건져도 좋다. 육아 관련 강연을 들을 때도 마찬가지다. 하나의 글귀를 써두고 되새기면 된다. 그때 내가 느낀 그 '감'을 잊지 않기 위해서다. 아이를 키우고 함께 놀고, 혼내고 훈육하는 과정은 자연적으로 발생한다. 부모의 스케줄대로, 부모의 예상대로 혹은 정해진 틀 안에서 일어나는 것이 아니라 각기 다른 방식으로 색다른 형태로 나타난다. 옆집에서 들은 일이, 혹은 TV에서 본 일이 내 가정에서 일어날 때도 있다. 하지만 나와 내 아이에게 일어난 일은 고유하다. 그렇기 때문에 부모는 생각하지 않아도 반응할 수 있도록, 혹은 큰 실수를 범하지 않기 위해서 노력하고 익혀야 한다.

좋은 부모란, 매번 완벽한 답안을 제시하고 실수를 하지 않는 부모를 뜻하는 게 아니다. 부모 또한 아이와 함께 성장하며 커가는 존재다. 다만 아이와 함께 성장할 때, 아이에게 회복할 수 있을 정도의 실수를 하고, 실수했을 때 그것을 알아차리고 고칠 수 있는 부모가 좋은 부모다. 일반적으로 많은 부모가 실수를 하고, 그 실수를 고쳐나간다. 그렇게 더 좋은 부모로 성장한다. 아이의 성장도 마찬가지다. 아이는 실수투성이에 제멋대로다. 하지만 성장해나간다. 부모의 도움으로, 부모와 함께.

수영을 할 때, 큰 파도가 몰아쳐도, 팔다리에 힘이 잠깐 빠졌더라도, 물속에서 잠깐 떠 있을 정도로만 유지할 수 있다면, 물에 빠지지 않고 다시 시작할 수 있다. 육아도 마찬가지다. 아이와 안정된 관계를 유지할 수만 있다면, 갈등이나 시련이 와도 잠시 쉬어갈 정도의 여유만 있다면 된다. 당장에 책에서처럼 100점짜리 모범 답안을 내놓지 않아도 된다. 부모가 잠시 숨을 돌리고 생각해볼 수 있을 정도의 여유를 가질 수 있다. 이성적인 판단이 안 되는 순간, 심지어 아이가 미워 보이는 순간이 오더라도, 몸으로 익힌 부모의 역할은 없어지지 않는다.

즉 부모의 기본기는 이론만으로 익히는 게 아니다. 직접 부모가 되어보고 부모로서 경험하면서 몸과 마음으로 익힌 것이어야 한다. 부모가 되는 일은 나 자신보다 아이를 사랑하고 아끼는 마음이나, 아이를 혼내고 자책하며 흘리는 눈물처럼 합리적으로 설명하기 어려운 부분이 많다. 육아는 수학이나 과학처럼 정확하게 딱 맞아떨어지는 영역이 아니다. 육아는 과목으로 따지만 종합 예술에 가깝다. 예술을 글로만 배울 수 있을까?

앞 장에서는 부모와 자녀, 그리고 부모와 자녀가 함께 만들어내는 상호주관적 관계의 중요성에 대해 다루었다. 그리고 관계의 밀도에 따라 육아의 질이 결정되기 때문에 우리는 부모, 아이, 관계에 더욱 몰입해야 한다고 강조했다. 상호주관성은 인식, 의도, 정서가 공유되는 순간이다. 머리가 너무 번잡하고 해야 할 일들로 가득할 때, 불안이나 두려움으로 초조해질 때는 관계의 몰입을 더욱 어렵게 만든다.

무엇인가에 제대로 몰입하기 위해서는 우선 몰입할 준비가 되어야 한다. 바로 '부모로서의 태도'를 몸으로 익혀야 한다. 온몸으로 아이와 함께 존재하는 부모가 될 때, 우리는 비로소 풍부하고 충만한 상호주관성을 경험하게 된다.

> 육아는 종합 예술이다. 이론만으로 예술을 행할 수 없듯, 육아는 이론만으로는 부족하다. 몸과 마음으로 부모 역할을 배워나가자. 그 시작은 바로 '부모로서의 태도'를 익히는 것이다.

좋은 부모의
4가지 공통점

부모와 자녀 사이의 긍정적인 상호주관적 경험이 쌓이면, 아이와 안정된 애착을 형성할 가능성이 높아진다. 아이는 안정된 애착을 기반으로 자신에 대한 자아상과 타인에 대한 타인상을 긍정적으로 형성한다. 따라서 자신과 타인에 대한 신뢰가 있는 아이는 갈등이나 시련을 겪어도 쉽게 무너지지 않는다. 갈등과 시련을 회복할 수 있는 내면의 힘을 가지고 있는, 즉 '마음이 부자'인 아이이기 때문이다. 이 아이는 가족을 넘어서 다른 사람을 상대할 때도 관계를 잘 맺고 풀어갈 가능성이 높다.

그렇다면 마음이 부자인 아이는 어떻게 성장할까? 부모는 어떻게 실생활에서 질 높은 상호주관적 경험을 만들어줄 수 있을까? 앞서 상호주관성이 무엇인지 이론을 설명했다면, 이번 장에서는 마치 수영을 몸으로 익히듯 상호주관성을 몸으로 익힐 수 있는 방법을 소개한다. 즉 좋은 부모가 되기 위한 '태도'에 대한 이야기다.

아이와 긍정적인 상호주관성을 쌓는 부모에게는 4가지 공통점이 있다. 유쾌함(Playfulness), 수용(Acceptance), 호기심(Curiosity), 공감능력(Empathy)인데, 각각의 앞 글자를 따 'PACE'로 부르기도 한다. PACE는 애착 중심 양육과 가족 치료 교육자인 대니얼 휴즈(Daniel A. Huges)가 주장한 이론으로 가족이 서로를 대하는 기본 태도이자 대인 관계를 맺는 방식을 일컫는다.

휴즈는 "가정이야말로 한 사람이 성장하고 살아가는 데 중심점이 된다"고 믿고, 가정이 회복과 안식처, 신뢰와 따뜻함의 기능을 온전히 제공할 때야말로, 한 사람이 더욱 세상을 잘 탐험하고 갈등을 극복하는 힘을 얻는다고 주장한다. 애착 중심 양육은 안정된 가정환경과 가족 구성원의 개별성과 정서적 친밀감을 핵심으로 한다. 동시에 부모에게 반드시 필요한 태도로 'PACE' 모델을 제시한다. 이것을 통해 부모와 자녀는 진정한 의미의 상호주관적인 경험을 하게 되고, 안정된 애착을 다지게 된다고 보았다. 이제 'PACE'의 각 요소에 대해 알아보자.

☀ Playfulness,
일상을 더 행복하게 하는 '유쾌함'의 힘

이제 막 돌이 지난 아이를 키우는 오래된 친구를 보러 갔다. 친구는 검사라는 직업에 어울리는 겉모습과 성격을 지녔다는 평을 많이 들었다. 매사에 차분하고 이성적이며 어떨 땐 무뚝뚝해 보일 정도로 감정 표현도 자제하는 편이라 MBTI 성격유형으로 치면 'T형' 인간에 속했다. 친구는 엄마로서도 차분하고 편안한 모습을 하고 있었다.

그때 이제 막 걸음마를 뗀 돌쟁이가 뒤뚱뒤뚱 걸어왔다. 아직 제대로 걷지 못하는 아기는 엄마의 바짓가랑이를 잡고 일어서려고 버둥댔다. 그때 친구의 반응이 아직도 생생하게 떠오른다. "어이쿠 우리 아기 일어나려구 해쩌여? 잘 안 돼쩌요~~~." 얼음 공주 같던 친구의 얼굴은 생글생글 웃음으로 가득해졌고, 아이가 별것도 하지 않았는데 누가 봐도 귀여워 죽겠다는 표정을 짓고 아이에게 쪽쪽 소리 나게 뽀뽀를 해댔다. 나와의 대화에서는 들려주지 않는 목소리와 톤으로 아이와 상호작용하는 그녀의 모습은 정말 사랑스러워 보였다.

'내 친구가 정말 엄마가 되었구나' 하는 생각이 들었다. 서로에게 온전히 몰입하여 상호작용하는 친구와 아이의 모습이 너무나도 행복해 보여 나도 모르게 흐뭇하게 웃음 짓는 순간이었다.

내 친구의 행동은 의식적으로 이뤄진 것이었을까? 아니다. 대부분의 부모는 영아와 상호작용을 할 때 나도 모르게 '낯간지러운 표정과 행동'을 한다. 평소 무뚝뚝하던 아빠가 아이와 놀이하면서 간드러진 목소리를 낸다든지, 사랑 표현에 인색하던 엄마가 아이에게는 뽀뽀 세례를 퍼붓거나 옥구슬 굴러가는 웃음소리를 내는 모습을 보면, '원래 저런 사람이었나?' 하고 놀라게 된다. 우리가 TV 프로그램에서 진지한 역할을 하던 배우나, 카리스마 넘치는 가수, 혹은 냉철하고 지적인 이미지의 아나운서가 육아하는 모습을 보면 나도 모르게 웃음 짓게 되는 이유도 바로 이 때문일 것이다.

영아를 키우는 부모가 되면 본능적으로 아이와 어떻게 놀아야 하는지 알게 된다. 눈을 억지로 크게 뜨거나 목소리가 하이톤이 되는 것은 물론 감탄사가 많아진다. 이러한 변화는 단순히 아이를 출산하는 것만으로 되지는 않는다. 영아와 상호작용하기 위해, 영아의 정서와 인지 수준에 맞추기 위해 관심과 노력을 기울일 때 실제 변화가 일어나기 시작한다. 아이와 소통하기 위해, 어떻게 행동해야 하는지 조금이라도 고민할 때 내 안에 잠재된 흥과 애교가 깨어난다.

혹시 유아가 좋아하는 미디어 콘텐츠의 진행자를 본 적이 있는가? 그들은 음절 하나하나를 강조하고, 중요한 단어를 말할 때 눈을 동그랗게 뜨기도 하고, 순간의 정서를 온몸으로 표현하며 아이의 관심을 끈다. 마치 만화영화에 나올 법한 행동과 제스처로 아이와 상호작용한다. 그들의 정서는 살아 있다. 활력이 있고 에너지가 넘친다. 이를 바로 생생한 정서, 활력 정서(Vitality Affect)라 한다.

나는 아이와 하는 놀이에 자신이 있다. 나에게 아이와 함께하는 시간이 5분만 주어지면 어떤 아이든 나를 좋아하게 만들 수 있다. 나는 아이에게 맞는 흥과 리듬을 찾아낼 수 있고 아이가 편안하게 느낄 정도의 유쾌함을 표현할 수 있기 때문이다. 많은 아이를 만난 경험과 수련으로 아이에게 맞는 리듬과 강도를 찾아내고, 표현하는 방식도 수없이 연습했다. 특히 내 특유의 유쾌함과 생생한 에너지는 아이가 나를 한 번 더 쳐다보고 내게 손을 뻗을 수밖에 없게 만드는 힘이 있다고 자부한다.

그렇게 유쾌함이라면 자신 있는 나도 자신감이 떨어지는 순간이 있다. 가정에서 내 아이에게 뭔가를 가르칠 때, 진지한 말로 해야만 아이도 진지하게 여길 것이라는 생각에 목소리를 내리깔게 되는 순간이다. 혹은 내가 화가 나서 나 스스로를 가라앉히기 위해서도 낮은 목소리 톤을 일부러 사용하기도 한다. 그런데 우습게도 내가 진지하게 말하려고 하면 할수록 아이는 더 안 들리는 척을 한다. 아마 아이가 있는 집이라면 한 번쯤 경험해봤을 것이다.

내가 뭐라고 하든 간에 아이는 그저 하던 놀이를 계속 한다. 만약 내가 거기서 화를 내거나, 더 큰 소리로 "너 지금 당장 양치질하지 않으면 이가 썩을 거야!" 하고 경고한다면 아이는 계속 안 들리는 척을 하지는 않을 것이다. 울면서 양치질을 하거나 역으로 화를 내면서 나에게 반항적인 모습을 보일 것이다. 하지만 그건 내가 원하는 방식이 아니다. 겁을 주거나 부정적인 메시지로 아이의 행동을 당장 바꾸는 것은 임기응변일 뿐, 지속적인 효과는 떨어진다. 내가 진지하고 낮은 톤으로 말하고 있을 때 갑자기 뒤에서 장난기 가득한 웃음소리가 들린다.

"킬킬킬킬, 그래 하지 마~. 너는 양치질을 하지 마. 난 너의 친구 세균이야. 우리 함께 놀자구! 그렇다면 내가 너의 입안에서 치아를 썩게 할 수 있거든. 킬킬킬."

세균으로 둔갑한 남편의 목소리다. 유쾌함이라면 남편은 언제나 나보다 한 수 위다. 자칫 냉랭해질 뻔한 분위기에서 아이는 슬며시 웃기 시작한다. 분명 아이는 알고 있다. 아빠는 세균이 아니고, 양치를 시키려고 세균 연기를 한다는 것을. 하지만 아이는 연기에 빠져든다. 기분이 좋아지고, 세균인 척 혼신의 힘을 다해 연기하는 아빠의 모습에 호응한다. "아니야! 나쁜 세균! 너 저리 가!" 어느새 아들은 세면대에서 스스로 치약을 짜고 있다.

세균 놀이와 함께 남편이 아들과 지금도 하는 가장 오래된 놀이 중 하나는 바로 '옷 입기' 놀이다. 남편은 일부러 아이 바지를 아이 머리에 씌우고, 옷을 잘 입었다고 칭찬해준다. 아이는 스스로 옷을 제대로 입을 수 있고, 그 사실을 아빠가 안다는 것을 인지하고 있다. 따라서 아빠가 자신을 놀리는 것이 아니라 장난을 걸고 있다고 생각한다. 아이는 깔깔깔 웃으며 아빠에게 "바보 바보~ 바지는 다리에 끼우는 거야" 하면서 스스로 옷을 입는다. 그 어느 순간보다 능동적이면서도 훨씬 재밌고 쉽게 스스로 옷을 입는 아이의 모습을 볼 수 있다. 심지어 옷을 입는 시간도 단축된다.

아빠와 아이의 옷 입기 놀이 상황에서 둘은 공동의 인지 '① 아이가 옷을 입으려 한다', '② 아이는 옷을 어떻게 입는 줄 안다'를 하고 있다. 공동의 의도 '① 즐겁게', '② 옷을 입는다'는 전제하에, 공동의 정서 '유쾌함'을 함께 나누고 있다.

내가 아이에게 "너 옷 입을 줄 알잖아. 스스로 입어. 엄마가 입혀주지 않을 거야" 하고 너와 나의 일, 각자의 일로 규정지을 때보다 훨씬 더 빠르게, 그리고 더 즐겁게 옷 입기가 진행된다. 일상의 모든 순간에서 이러한 유쾌함은 빛을 낼 수 있다. 아이는 매 순간을 부모와 나누고 싶어 하고 함께하고 싶어 한다. 아이에게는 '감기에 걸리지 않기 위해 옷을 빨리 입는다'는 목적 지향적인 행동보다 옷을 입으면서도 부모와 함께 '논다'는 행위와 즐거움이 더 큰 의미를 갖는다.

영아와 유아, 아동, 청소년을 대하는 태도에는 차이는 있지만 유쾌함은 언제나 존재한다. 부부끼리도 마찬가지다. 하지만 아이가 자랄수록 부모는 이 유쾌함의 중요성을 간과하거나 잊어버린다. 이는 우리나라 부모의 두드러진 특징 중 하나인데, 아이가 초등학교에 입학하는 순간을 기점으로 아이를 바라보는 시선이 확연히 바뀐다. 그전에는 '아이'로 대했다면, 입학 후부터는 '학생'으로 자녀를 바라보기 시작한다.

7세 전까지만 해도 '에이 아직 어리니까~' 하는 마음으로 대부분 받아주고, 최소한의 훈육만 하면서 허용하는 편이라면, 초등학교에 입학하는 순간 달라진다. "이제 초등학교 1학년인데 아직 이러면 어쩌니?!" 하면서 '더 이상 어린애가 아님'을 강조한다. 초등학교 1학년이 된 순간부터 아이에게 틈을 내어주지 않는 것이다. 유쾌함은 사라지고, 통제하고 지시하는 순간이 늘어난다.

물론, 아이가 성장하면서 점점 스스로 할 수 있는 것이 많아지고, 자신만의 욕구를 표현하고 주장하기 때문에 부모와 양육자로서 아이를 통제하고 가르쳐야 할 순간은 늘어난다. 위험한 행동을 하거나 해야 할 일을 하지 않거나 부모를 곤란하게 하는 경우가 늘어나면서 아이와 그저 즐기기만 하는 시간이 상대적으로 줄어드는 것은 사실이다. 그렇게 아이에게 해줘야 하는 일, 즉 부모가 해야만 하는 리스트가 늘어나면서 아이와 함께 유쾌함을 유지하는 시간과 에너지가 줄어든다. 해야 할 일을 하는 데에 부모의 에너지를 다 써버리니, 즐겁게 노는 데 쓸 에너지가 부족한 것이다.

워킹맘인 나는 그렇기에 오히려 더 아이와 함께하는 시간 중 가장 우선적으로 놀이 시간을 챙기려고 한다. 하루 중 가장 컨디션이 좋을 때는 아이와 먼저 놀이를 한다. 둘이서 즐겁게 놀고 마음껏 행복해한다. 아들이 만 5세인 지금 나와 내 아들이 가장 유쾌한 놀이를 할 때는 옷 벗기는 척하면서 간지럼 태울 때다. 아들은 내가 슬쩍 장난스럽게 웃으면서 두 손을 뻗으려고 할 때, 나의 의도를 눈치챈다. 그래서 내 손이 아들의 몸에 닿기도 전에 까르르하고 웃음을 터뜨리며 간지럼을 느낀다. 우리는 함께 우리의 의도와 인지를 공유한 것이다.

간지럼과 함께 서로에 대한 사랑과 신뢰를, 생생한 정서를 함께 느끼는 순간으로 내가 하루의 스트레스를 모두 날려버리는 선물 같은 시간이다. 이 유쾌한 순간은 아이에게뿐 아니라 나에게도 보물 같은 시간이다.

진료실에 아이 문제로 상담하러 오는 부모 중 특히 청소년 부모는 아이와의 유쾌한 시간을 잃어버린 경우가 많다.

"어머니, 우리 서준이랑 가장 즐겁게 함께 웃었던 게

언제인가요?"

이렇게 질문하면 부모는 대부분 당황한 표정으로 "언제였더라…" 한다. 떠오르지 않을 정도로 오래되었거나 흔하지 않은 순간이었을 것이다. 아마 아이가 사춘기에 접어들면서 함께하는 시간은 줄어들고 눈만 마주치면 으르렁거리거나 혹은 부딪히지 않기 위해 서로를 피하고 어려워하는 순간들로 머릿속에 가득 차 있을 것이다. 이런 부모는 아이가 어렸을 적 사진을 보며 위안을 얻곤 한다.

이렇게 사이가 멀어진 부모와 사춘기 자녀의 진료를 시작할 때 나의 첫 처방은 바로 '아이와의 데이트'다.

"다음 주에 오실 때까지 한 번이라도 우리 서준이랑 데이트 하세요. 거창한 게 아니어도 좋습니다. 그냥 둘이서 즐거운 시간을 보내세요."

금쪽같은 내 새끼, 다 내어주어도 아깝지 않을 만큼 사랑하는 내 자식을 떠올릴 때마다 걱정과 한숨만 가득하다면 이 얼마나 슬프고 불행한 일일까? 하지만 이런 마음은 부모와 함께 병원에 찾아온 아이도 마찬가지다. 자신의 문제이든 친구와의 갈등이든 혹은 부모와의 갈등이든 아이에겐 여전히 기댈 곳이 필요하다. 그리고 그 안식

처는 바로 부모다. 부모와 편하게 보낼 수 있는 시간이 있을 때, 아이는 '나에겐 언제나 돌아갈 곳이 있구나' 생각하며 믿음을 갖는다.

웃는다고 무엇이 해결되냐고 물을 수도 있다. 물론 유쾌함이 문제를 해결해주지는 않는다. 하지만 문제를 똑바로 보고, 해결해나갈 수 있는 힘과 에너지를 쌓아주는 것만은 분명하다. 유쾌함은 우리 뇌에서 행복 호르몬인 '세로토닌(Serotonin)'을 분비하게 한다. 이 순간적인 효과만으로도 유쾌함이 주는 힘은 강력하다. 세로토닌은 기분을 안정시키고 스트레스를 줄여준다. 유쾌함과 긍정성은 스트레스를 줄이고, 견딜 수 있는 힘을 기르게 하는데, 바로 이것을 '회복탄력성'이라고 한다. 회복탄력성(Resilience)이란 시련이나 고난이 왔을 때 이를 잘 극복하고 털고 일어날 수 있게 하는 내면의 회복 능력을 말한다.

아주 대단한 일을 해야만 세로토닌과 회복탄력성이 생기는 게 아니다. 그저 아이와 함께 아이스크림 먹을 때, 그냥 집 앞 마트에 가서 장을 볼 때, 아이가 좋아하는 가게에 가서 함께 쇼핑할 때 우리는 세로토닌과 회복탄력성을 얻을 수 있다. 이런 소소한 것이 주는 행복을 잃지 말아야 한다. 그리고 어떤 역경과 고난이 생겨도 그런 순간은 분명히 있다. 〈곰돌이 푸〉의 명대사처럼.

"매일 행복하진 않지만, 행복한 순간은 매일 있어."

유쾌함은 상태가 아니다. 찰나의 순간이다. 혹시 아이와 함께한 유쾌한 순간이 떠오르지 않는가? 그렇다면 지금 당장 이 책을 덮어두고 아이에게 달려가야 할 것이다.

> 천진난만한 아이의 표정, 까르르 하는 아이의 웃음소리는 부모의 고된 삶에 단비와 같다. 아이와 함께 유쾌함을 나눌 수 있는 순간을 찾아라. 유쾌함은 나와 아이의 회복탄력성을 길러주는 마법과도 같은 순간이다.

☀ Acceptance, 부모는 아이를 '수용'하는 커다란 그릇이 되어야 한다

> 하고 싶은 대로 마음껏 생각을 드러내고 나서도 부모의 사랑과 인정을 잃을 위험이 없다는 것을 마음으로 알고 있는 아이는 거기서 커다란 위안을 얻는다.
> – 하임 기너트, 《부모와 아이 사이》

갓 태어난 아이는 무조건적으로 수용된다. 신생아에게 "왜 오줌을 못 가리니? 왜 제시간에 잠을 안 자니?" 하고 비판하거나 비난하는 사람은 없다. 신생아를 무조건적으로 수용하고 받아주는 일은 오히려 쉽다. 아직 완벽한 사람이 아니라고 생각하니까. 겉으로 봐도 아무것도 하지 못할 존재로 보이기에 우리는 신생아에게 무엇인가를 기대하고 요구하지 않는다.

오히려 아이가 불편해하면 아이의 욕구를 맞춰주지 못한 자기 자신을 탓한다. "엄마가 미안해. 무슨 말인지 모르겠어", "아빠가 아직 서툴러서 우리 아기가 불편하겠다. 조금만 기다려줘~"라고 말한다. 아마 초기 몇 개월이 부모에게는 아이 양육자로서 무조건적이고 무한대적인 수용도가 가장 높은 시기가 아닐까. '무조건적인 수용'은 이 시기 아이의 생존이나 안정된 애착을 위해 필수적인 요소이기도 하다.

아이를 낳은 후 100일까지의 시간을 돌이켜보면 당시 나의 온 세상은 아이를 중심으로 돌아갔다. 아이가 그저 숨만 쉬어도 좋았다. 곤히 자고 있는 아이를 바라볼 때, 나를 보고 눈을 끔뻑일 때, 나는 온 세상이 완벽하게 느껴졌다. 심지어 아이가 내 얼굴에 소변을 발사해도 그 냄새가 고소하게 느껴졌다. "내 새끼는 똥냄새도 향기롭다"라는 옛말은 틀린 말이 아니었다.

수용은 아이 자체를 '있는 그대로 받아들여주는 것'을 뜻한다. 아이의 생각과 의도, 아이가 느끼는 감정을 무시하거나 축소하지 않고, 있는 그 자체로 받아들여주는 것을 말한다. '거울 역할'을 하는 것이다. 거울은 있는 그대로의 모습을 비춰낸다. 왜곡하거나 변형하지 않는다. 아이에게 우선적으로 필요한 것은 자신의 존재 자체를 인정받고, 자신이 느끼는 감정이 수용되는 경험이다.

내가 진료를 본 아이 중에 채아라는 여섯 살 여자아이가 있다. 채아는 6개월 이상 지속되는 유아 자위 문제로 병원에 왔는데, 집이나 유치원에서 가끔 몰래 자위하는 모습을 보였다. 어려서부터 예민하고 까다로운 편이던 채아는 또래 친구들보다 발달이 빠른 편으로, 말도 빨리 트였다고 했다. 또래들과도 잘 지내는 편이고, 기관 생활에서는 오히려 "모범생 같다, 언니 같다"는 말을 들으면서 컸다. 그런데 어느 순간부터 책상 모서리에 성기를 비비거나 바닥에 드러누워서 성기 부분을 압박하는 모습을 보이기 시작했다.

채아의 엄마는 처음에는 너무 놀라서, 아이에게 하지 말라고 나무라기도 하고, 행동을 제지했다. 인터넷을 검색해보고 '유아 자위'에 대해 알게 되었고, 여러 가지 대처방법도 배웠다. 아이를 혼내면 수치심을 느낄 수 있으니 오히려 모른 척하라는 말에 따라 채아의 자위 행동이 나올 때 자리를 피하기도 했다. 평소에 불안이 높거나 스트레스가 있을 경우 자위 행동이 나올 수도 있다는 글을 보고, 아이가 무엇 때문에 힘든지 알아보려 노력했다. 성기는 소중하고 다칠 수 있으니 자위 행동을 하지 말라고 타일러보기도 했다. 채아도 엄마의 말에 동의하고, 행동이 사라지는 듯했다. 하지만 어느 날 채아가 엄마 몰래 숨어서 자위 행동을 하는 것을 보고 엄마는 채아를 병원에 데리고 가기로 결심했다.

진료실에서 채아와 엄마가 놀이를 하고, 나는 그 모습을 관찰하기로 했다. 채아는 나와 엄마의 눈치를 보며 어떤 장난감을 고를지 고민 중이었다. 살짝 긴장되어 보이는 채아는 선뜻 장난감을 고르지 못했다. "채아야, 뭐 하는 거야. 너 좋아하는 거 여기 있잖아. ○○ 인형~, 이거 갖고 싶어 했잖아?" 머뭇거리는 아이를 보며 채아 엄마가 재촉했다. 채아는 엄마가 내미는 장난감을 갖고 놀이를 시작했다. 시간이 지나 "선생님, 저 이거 갖고 놀아도 돼요?" 채아가 우물쭈물해하며 나에게 물었다. 그때 채아 엄마가 못마땅한 말투로 말했다.

"채아야, 선생님이 아무거나 갖고 놀아도 된다고 했잖아. 그냥 갖고 놀아~. 왜 그래 채아야, 너 이거 좋아하잖아? 갖고 싶다고 했잖아. 이상하네."

인형을 갖고 있는 채아의 시선을 따라가 보니, 내 진료실 책상 위의 클레이와 슬라임에 꽂혀 있었다. "채아가 이 슬라임이 궁금했구나." 내가 클레이와 슬라임을 건네자, 채아는 살짝 웃으며 받아 들고는 즐겁게 놀이를 이어나갔다. 엄마는 무안한 표정으로 "뭐야, 슬라임이 하고 싶었던 거야? 그럼 말을 하지 그랬어"라고 했다.

채아는 똑똑하고 눈치도 빠른 아이였다. 또래보다 빠른 발달로 주변 사람들에게 칭찬도 많이 받았고, 또 그런 칭찬을 좋아했다. 그래서 다른 사람의 시선이나 인정을 더욱 중요하게 여겼다. 선생님이나 어른들이 무엇을 원하는지 생각해서 일부러 더 성숙한 모습을 흉내 내기도 했다. 하지만 채아도 제멋대로 하고 싶은 순간이 있었을 것이다. 호기심도 많고 궁금한 것도 많은 채아는 다른 사람의 기대를 충족해주고 싶은 마음과 자신의 욕구대로 행동하고 싶은 마음이 충돌하는 순간이 많았던 것으로 보였다.

채아는 심리평가에서도 자신의 두 가지 상반된 마음으로 괴로워하는 징후가 많이 관찰되었다. 혼자서 장난감을 독차지하고 싶은 마음과, 친구에게 장난감을 양보해서 칭찬받고 싶은 마음이 동시에 들어 괴로웠다. 또 다른 친구들처럼 뛰어나가서 소리 지르고 싶지만, 선생님에게 혼날까 봐 걱정되었다. 엄마의 말대로 인형놀이를 해야 하지만, 사실은 클레이가 가지고 놀고 싶었다. 이러한 두 가지 마음이 동시에 드는 것은 당연하고 자연스러운 일이다. 하지만 채아는 이 두 가지 마음이 드는 자신에 대해서 부적절감을 느끼고 있었다.

채아 엄마는 자신이 무엇을 원하는지 분명히 알고 판단하는 사람이었다. 그런 엄마는 우물쭈물하는 채아가 답답했다. 채아가 좋아한다고 생각하는 인형을 생일 선물로 사줬더니 하루만 가지고 놀고는 치워두거나, 키즈 카페에 가자고 해서 갔더니 막상 키즈 카페 앞에서 들어가지 않는 아이의 모습을 보고 도대체 왜 이러는지 이해할 수 없는 순간이 많았다. "도대체 네가 원하는 게 뭐야? 이랬다가 저랬다가 어쩌자는 거니?"라고 아이에게 짜증을 냈고, 나중에는 '얘가 나를 괴롭히려고 일부러 이러나' 하는 생각까지 들었다.

채아도 모르고, 엄마도 모르는 채아의 복잡한 마음은 결국 해결할 수 없었다. 채아는 할 수 있는 것이 없었고 어떻게 해야 할지도 몰랐다. 하고 싶지만 하기 싫고, 하기 싫지만 해야 하는 자신의 마음을, 엄마가 못마땅해하는 것을 알면서도 어찌하지 못했다. 채아는 자신의 복잡한 마음과 긴장, 불안을 자위 행동이라는 신체 이완을 통해 해소하고 있었던 것이다.

사실 자신이 진짜 원하는 게 뭔지 아는 사람은 많지 않다. 심지어 성인조차 정확히 아는 사람보다 모르는 사람이 더 많을 것이다. 양가감정은 상호 모순적인 감정이 공존하는 상태로, 마음의 불편함을 불러온다. 누가 100% 밉기만 하거나 혹은 무엇인가가 좋기만 하면 감정이 명확해져 나의 행동도 명확하게 정해진다. 하지만 감정은 칼로 두부 자르듯 명확하게 구분할 수 없고, 이 때문에 우리는 고민하게 된다.

아이가 자라면서 느끼는 양가감정은 상당히 자연스럽다. 아이는 초콜릿을 먹고 싶지만, 이가 썩을까 봐 겁이 난다. 친구들 앞에서 노래를 부르고 싶지만 동시에 잘 부르지 못할까 봐 부끄럽고 걱정된다. 심지어 엄마, 아빠에게도 양가감정을 느낀다. 세상에서 제일 사랑하고 의지하는 엄마지만, 나를 혼내는 엄마가 너무나 밉고 싫을 때가 있다. 아이는 자신의 이러한 다양한 감정을 느끼며 성장한다. 그러한 감정이 잘못되고 나쁜 것이 아니라 자연스러운 것이라고 배우면서, 자신의 마음속 다양한 감정에 대해 죄책감이나 수치심을 느끼지 않고 인정하는 법을 배우게 된다. 바로 '부모의 수용'을 통해 배운다.

"엄마, 나 저 사탕 갖고 싶어. 내가 뺏을 거야"라는 아이의 말에 당신은 어떻게 말해주는 부모인가?

"아무리 사탕이 먹고 싶어도 그렇지, 친구 것을 뺏으면 안 돼!" "친구 거 뺏기만 해봐. 경찰 아저씨가 나쁜 아이라고 잡아간다."

"우리 현우가 사탕이 먹고 싶구나. 친구가 갖고 있는 사탕이 너무 맛있어 보여서 갖고 싶은 거구나."

첫 번째 부모는 '나쁜 생각'을 한 아이를 '나쁜 아이'로 규정지었다. 두 번째 부모는 어떤가? 두 번째 부모는 자연스럽게 발생한 '사탕이 갖고 싶다'는 아이의 마음 자체를 수용해주었다. 덕분에 아이는 사탕을 뺏고 싶은 마음이 생겼다는 것만으로 자신이 나쁜 사람이 된 건 아니라는 안도감을 얻는다. 감정을 느끼는 것이 죄가 아니라는 것을 배우는 것이다. 나쁜 생각이나 기분이 든 것만으로 벌을 받거나 나쁜 사람이 되는 것이 아니라고 안심하게 된다. 그러면 아이는 자신이 느끼는 감정을 자연스럽게 받아들일 수 있다. 감정은 자연적으로 발생한다. 내가 그렇게 하고자 마음먹어서 생기는 것이 아니라 나도 모르게 내 마음속에서 감정이라는 것이 생겨난다. 그것은 나의 잘못이 아니다. 감정에는 나쁜 감정과 좋은 감정이 없다. 감정은 그저 감정일 뿐이다.

20세기 체코의 육상 영웅이자 민주화 인사인 에밀 자토펙(Emil Zátopek)은 "새는 날고 물고기는 헤엄치고 인간은 달린다"고 했다. 하지만 뉴욕대학교 심리학과 교수를 지낸 하임 G. 기너트(Haim G. Ginott)는 이렇게 말했다.

"새는 날고, 물고기는 헤엄치고, 인간은 느낀다."

부모의 중요한 역할 중 하나는 거울처럼 아이를 반영(Reflection)해주는 것이다. 아이는 이 반영을 통해 부모가 자신을 받아들인다고 느낀다. 그렇다면 이 반영을 어떻게 일상에서 할 수 있을까? 아주 쉽다. 아이의 마음을 그대로 읽어주는 것이다. 다만 간단하게 '~구나'만 붙여서 시작해볼 수 있다. 이 방법은 생각보다 상당히 효과적이라 실제로 나도 아들에게 많이 쓴다.

"우리 선우가 초콜릿이 더 먹고 싶었구나."
"친구랑 더 놀고 싶었구나."
"친구가 밀어서 속상했구나."
"아빠 얼굴이 무서워 보여서 깜짝 놀랐구나."
"놀고 싶은데 졸려서 짜증났구나."

대단한 말이나 판단, 해석은 필요 없다. 아이가 보이는 모습을 있는 그대로 말해주는 것만으로도 충분하다. 그렇다면 채아는 어떻게 이야기해줄 수 있을까?

"채아가 인형도 좋지만, 새로운 슬라임이 궁금했구나."
"선생님 책상에 있어서 만져도 되는지 잘 몰랐구나."
"친구에게 양보하는 착한 아이가 되고 싶은 마음도 있지만, 채아가 가지고 놀고 싶은 마음도 있구나. 두 가지 마음이 다 있어서 힘들었겠다."

"책상에 몸을 비비는 행동을 안 하고 싶은데, 계속 하게 되어서 채아도 속상했겠다."

"엄마에게 혼날까 걱정돼 몰래 했구나. 채아가 그 마음을 참느라 힘들었구나."

다양한 방식으로 채아가 느꼈을 마음을 추측하고 읽어볼 수 있다. 그런데 이 방법은 아주 쉽지만 막상 부모가 잘 적용하지 못한다. 왜 그럴까? 바로 부모의 초조함과 두려움 때문이다. 부모는 아이의 행동을 아이 자체나 아이의 인격으로 오해하곤 한다. 하나의 행동에 너무 큰 의미를 부여하는 것이다. 이 때문에 아이의 모습을 그대로 수용하지 못하는 것이다. 하지만 아이는 미성숙한 존재다. 다양한 실수를 하며 자라는 것이 아이다. 부모는 간혹 '혹여 이 행동이 계속되면 어쩌지' 하는 초조함과 두려움으로 아이의 마음을 읽기보다는 현재 눈에 보이는 문제를 해결하는 데에만 집중한다.

아이의 미성숙한 행동과 동요하는 감정을 받아내기 위해서는 부모의 마음 그릇이 비어 있어야 한다. 정신분석학자 윌프레드 비온(Wilfred Bion)은 부모의 가장 큰 역할을 '담아내기(Containing)'라고 했다. 아이의 미성숙하고 충동적이며, 때로는 파괴적일 수도 있는 감정을 안전하게 담아내주는 역할, 그것을 아이 대신 소화시켜주는 그릇이 바로 부모의 역할이다.

　아무리 이리 튀고 저리 튀는 공이라도 안정된 큰 그릇에 담겨 있으면 언젠가는 차분해진다. 부모는 아이의 행동과 감정, 그리고 아이의 행동과 내면을 분리해서 생각해야 한다. 그럴 수 있을 때, 아이를 있는 그대로 받아낼 수 있다. 아이를 교정하거나 수정하려 하지 않고 있는 그대로의 모습을 받아들이는 것이 먼저다. 1차적인 수용이 되었을 때, 안전함 속에서 변화를 시작할 수 있다.

> **POINT**
> 아이는 자신의 다양한 감정을 표현하고 분출한다. 이를 부모라는 크고 단단한 그릇이 담아줄 때, 아이는 안전함을 느낀다. 자신의 감정과 내면이 수용되는 경험을 한 아이는 부모만큼이나 단단한 내면을 갖게 된다.

☀ Curiosity, 아이에 대한 '호기심'이 없는 부모는 내 아이를 모두 안다고 착각한다

신생아를 키우는 부모들은 아이에 대한 모든 것이 궁금하고 알고 싶다. 조금 더 자라면 오늘은 무슨 말을 했는지, 무슨 소리를 내었는지, 어떤 새로운 음식을 먹었는지 궁금해한다.

　나는 아이가 첫 짜장면을 먹었을 때가 아직도 기억이 나는데, 남편이 나 없이 아이와 둘이서만 있을 때 먹었기 때문이다. 아이가 첫 짜장면을 먹는 순간을 놓쳐서 얼마나 속상했던지. 아마 '그게 뭐라고' 생각하는 분도 있을 것이다. 하지만 부모는 내 아이의 모든 것이 궁금하다. 아이가 어떤 목소리로 말하게 될지 어떤 취향을 가질지 설레고 알고 싶다. 이런 호기심이나 기대감은 정도의 차이는 있지만 거의 모든 부모에게 존재한다. 하지만 진짜 좋은 부모는 내 아이에 대한 호기심을 잃지 않는 사람이다. 부모가 아이에 대해서 진심으로 궁금해할 때, 부모는 언제나 아이의 새로운 모습과 진짜 마음을 발견해낼 수 있다.

"우리 아들은 친구들과 나눠 먹는 것을 좋아하는구나."
"우리 딸은 춤을 연습해서 사람들에게 보여주는 것을 좋아하는구나."
"친구가 널 미워할까 봐 걱정되는 거구나."
"사실은 시험을 망쳐버릴까 봐 긴장돼서 그런 거구나. 우리 딸이 시험을 잘 치고 싶구나."

아이의 행동에 대한 단순한 호기심부터 아이 행동 이면의 감정과 의도에 대해서도 궁금해하는 부모의 태도는 매우 중요하다. 정신과 의사가 되기 위해 첫 수련을 시작할 때, 가장 먼저 배우는 면담 방법은 바로 '적극적 경청(Active Listening)'이다. 상담을 하고, 말로 한 사람을 치유하고 도움을 주는 의사가 되기 위해 화려한 언변이나 내담자의 마음을 완벽하게 분석하여 말해주는 기술을 배우는 것이 아니라, 듣는 법을 배우는 것이다.

모든 관계의 시작은 듣기에서 나온다. 한 사람을 받아들이고 이해하려면 그 사람을 들어야 한다. 그냥 수동적으로 듣는 것이 아니다. 적극적으로 그 사람이 말하고자 하는 것과 의도를 읽어내야 한다. 그렇기 때문에 적극적 경청은 상당히 에너지를 쓰는 일이다. 진료실에서 환자를 볼 때, 정신과 의사는 그 사람이 입으로 하는 말만 듣지 않는다. 면담이나 깊은 상담이 전화로 이루어질 수 없는 이유다.

나의 경우 진료실에 들어오기 전부터 적극적 경청을 시작한다. 어떻게 예약했는지, 어떤 방식으로 전화 예약을 잡았는지, 누구와 함께 왔는지, 진료시간 몇 분 전에 도착했는지 등을 미리 파악한다. 그리고 대기실에서 기다리는 모습도 관찰한다. 아이는 부모 중 누구와 함께 왔는지, 함께 기다리는 모습은 어떤지, 허겁지겁 시간에 딱 맞게 들어오는지, 미리 와서 기다리는지 등 가능한 많은 상황들을 살핀다. 아이와 가족이 진료실 문을 들어서는 순간부터 나의 눈과 귀, 그리고 타이핑을 치는 손가락은 바빠진다. 나는 가족의 모습을 적극적이고 구체적으로 관찰하고 최대한 많은 것을 보려고 노력한다. 문을 열고 들어서는 모습, 순서, 나와 눈인사를 하는 모습, 그날 입은 옷, 머리 모양까지 그 사람의 모든 것을 적극적으로 읽으려 노력한다.

"아이 발달이 느려서 왔어요" 혹은 "잠을 못 자서 왔어요" 등 사전에 작성한 내용이 이미 차트에 적혀 있지만, 나는 다시 한번 물어본다. 언어로 전달되는 내용과 그 이면의 의미가 궁금하기 때문이다. '이 가족이 지금 진짜 고민하는 것은 무엇일까?', '이 가족이, 이 아이가, 이 어머니가 나에게 진짜 전달하고 싶어 하고 궁금해하는 것은 무엇일까?' 생각하면서 여러 가지 이야기를 하게 된다. 그래서 초진 진료는 대부분 예상 시간보다 오래 걸리는 편이다.

한 사람이 단지 입으로 언어로 전달하는 것뿐 아니라 그 사람의 마음의 소리를 들으려고 적극적으로 노력하는 이 모습을 바로 적극적 경청이라고 한다. 그 사람이 말하고자 하는 동기, 의도, 인식, 정서 등을 귀 기울여 듣고, 그 사람의 입장에서 이해하려고 하는 것이다.

'듣는다'라는 행위는 보통 수동적으로 타인의 이야기를 귀로 듣는 것을 말하는데, 이 적극적 경청은 말 그대로 이야기를 듣는 사람이 능동적인 역할을 하는 것을 뜻한다. 경청(傾聽)은 주의를 기울여 열심히 듣는다는 뜻으로, 기울 경(傾) 들을 청(聽) 자를 쓴다. '청'이라는 한자를 자세히 살펴보면, 귀를 뜻하는 글자인 '이(耳)'와 눈을 뜻하는 글자 '목(目)'과 마음을 뜻하는 글자 '심(心)'으로 이뤄져 있다. 즉 귀와 눈으로 마음을 듣는다고 해석할 수도 있다. 그만큼 상대방의 언어적, 비언어적인 모든 행위를 들으려고 하는 것이 경청이다.

이렇게 말하니 정말 대단한 기법이고 어렵게 느껴질 수 있다. 하지만 생각해보면 모든 부모는 이미 경험이 있다. 아이가 갓 태어났을 때, 말도 못 하는 이 아이의 의중을 파악하기 위해 부모는 본능적으로 적극적 경청을 한다. 아이의 얼굴 표정, 몸의 변화, 발 구름, 울음소리의 미세한 차이 등 아이의 세밀한 변화를 알아차리려 노력한다. 그래서 아이의 울음소리만 듣고도 아이가 배고픈지, 심심한지 구별할 수 있게 되기도 한다.

그런데 점점 아이가 말을 할 수 있게 되고 어느 정도 자기표현이 된다고 생각하면서 어느새 부모의 눈이 아이에게 멀어지는 경향이 있다. 그저 한쪽 귀로 아이가 말하는 것만 듣게 되는 것이다. 해야 할 일이 많아지고, 어느 정도 말이 통한다고 느껴지기 시작하면 우리는 적극적 경청을 놓아버린다. 그저 귀로 들리는 소리 혹은 눈앞에 벌어진 행동에만 초점을 맞추어 대화하고 평가를 내린다. 평소 숙제하기를 싫어하던 아이에게 엄마가 마음먹고 숙제를 시키려고 하는데, 아이가 몸을 꼼지락거린다면?

"너 공부하려고 하니까 그러지? 똑바로 앉아!"라는 말이 먼저 튀어나올 것이다. 하지만 사실 아이는 배가 아파서 화장실에 가고 싶었을 수도 있다. 1초만 고개를 돌려 아이를 살피기만 했어도, 아이가 배를 쥐고 있는 모습을 발견했을 텐데, 참 아쉬운 순간이다. 사실 이러한 사소한 실수는 일상에서 흔히 일어난다. 한두 번쯤은 "어머나, 엄마가 몰랐어" 하고 사과할 수 있는 정도의 실수다. 그런데 이러한 일이 반복되어 쌓이면 아이는 부모가 자신에게 관심이 없다고, 자신의 마음을 알아주지 않는다고 느낀다. 부모가 아이의 행동에 대해 다 알고 있다고 생각하며 색안경을 끼고 아이를 규정짓게 되고, 결국 아이는 정말 부모의 선입견대로 자라나게 된다.

평소에 자주 다투는 형제가 있었다. 이날도 별반 다르지 않았다. 잠시 눈을 돌린 사이 동생은 넘어져서 울고 있고, 첫째는 씩씩거리고 있었다. "너 일부러 동생 때렸지?!" 하고 아이 마음속에 어떤 갈등이 있었는지는 무시하고 넘겨짚는다면 아이는 정말 일부러 동생을 때린 나쁜 아이가 되어버린다. "엄마는 나한테 관심도 없어! 엄마는 공부에만 관심 있고! 내 마음은 알지도 못해!" TV 속 하이틴 드라마에서 자주 들은 대사다. 하지만 이러한 일은 현실에서도 일어난다. 부모가 아이의 내면을 궁금해할 때, 이러한 진짜 호기심은 아이에게 전달된다.

어느 날 병원 대기실에서 한 아이가 정수기에서 위태롭게 물을 떠서 엄마에게 가져다주려고 하다가 그만 옆에 있는 친구에게 물을 쏟고 자신도 넘어졌다. 이를 본 엄마는 아이를 일으키고, 옆 친구에게 사과했다. 그러고는 아이와 함께 자리로 돌아와서 이렇게 말했다. "우리 연호, 엄마한테 물 떠다주고 싶었구나." 친구에게 물을 쏟아 혼날 거라 생각한 아이는 자신의 의도를 이미 알고 있는 엄마의 말을 듣고 안심했다. '아, 역시 엄마는 내 마음을 잘 알아.' 아이는 왠지 모를 뿌듯함과 충만함을 느낀다.

"우리 연호, 엄마한테 물 떠다주고 싶었는데 쏟아서 속상했겠다. 엄마 생각해주는 착한 마음이 엄마는 너무 기특해." 마치 교과서에 실릴 법한 말을 하는 엄마의 모습은 그 누구보다 자연스러워 보였다. 사실 일상에서 이렇게 부모와 아이가 상호주관적인 경험을 할 수 있는 좋은 기회는 많이 있다. 대단한 상황이 아니어도 좋다. 좋은 경험이건 나쁜 경험이건 일상에서 함께 나누다 보면, 그렇게 누적된 경험이 나와 내 아이, 우리 관계의 질을 결정짓게 된다.

"네 기분은 나에게 중요해. 네가 느끼는 것이 궁금해. 나는 네 기분을 이해하고 싶어." 자신이 느끼는 감정이 그 어떤 것이든 중요하다고 여겨지는 경험이 많을수록, 누군가가 그것을 그냥 넘기지 않고 인정해주는 경험이 많을수록 아이 자신도 자기감정과 마음을 더 소중히 여기고 들여다볼 수 있다. 이 순간이 바로 아이의 마음이 풍요롭게 성장하는 시간이다.

물을 떠주는 아이를 관찰하고 있던 엄마는 아이의 행동 이면의 마음에 대해서 진짜로 궁금해했기에 아이의 의도를 공유할 수 있었다. 아이의 의도가 공유되면, 자연스럽게 아이의 감정(정서)도 공유된다. 부모가 자녀에 대한 호기심과 진정한 궁금증으로 아이를 발견해나갈 때, 아이의 좋은 점들을 알아차려줄 때, 아이는 부모가 발견한 그 아이가 된다. 정신과 의사이자 심리학자인 알프레드 아들러(Alfred Adler)는 "그를 좋게 생각할수록, 그는 더 좋은 사람이 된다"고 했다. 아이는 부모의 관심을 먹고 자란다. 부모가 아이를 궁금해하고 그 마음을 알아줄수록 아이는 더 좋은 방향으로 자랄 수 있다.

적극적 경청은 가장 강력한 부모의 무기이자 오늘 당장 실천할 수 있는 손쉬운 방법이다. 아이가 돌쟁이든, 말 안 듣는 미운 네 살이든, 떼쓰는 초딩이든, 무서운 청소년이든 누구에게나 적용할 수 있다. 부모가 아이의 말을, 아이의 마음의 소리를 귀중히 여기고 이를 진심으로 궁금해할 때, 진심으로 아이의 마음의 소리를 들으려고 노력할 때, 아이와의 관계는 훨씬 깊어진다. 부모의 이러한 적극적 경청을 통해 부모의 진짜 호기심이 아이에게 전달된다. 그러면 아이는 부모를 신뢰하게 되고 안전한 부모의 품 안에서 자유롭게 자신의 마음을 표현할 수 있게 된다.

> 오늘 나는 내 아이를 얼마나 자세히 들여다보았는가? 아이가 입으로 하는 말뿐 아니라 아이의 표정이나 말투, 분위기를 읽기 위해 적극적으로 노력했는가? 아이의 하루를, 아이 마음의 흐름을 궁금해하자.

☀ Empathy, 내 아이의 자존감 '공감'으로 높인다

동훈이는 귀여운 외모의 초등학교 2학년 남자아이다. 학교에서 선생님 말씀을 잘 안 듣고, 집에서도 반항적인 행동을 자주 보여 병원에 오게 되었다. 아이는 엄마의 손에 억지로 끌려온 듯 화가 나 보였고, 나에게도 적대적인 모습을 보였다. "왜요?! 몰라요." 내가 별 말을 하지도 않았는데, 이미 화가 나 있던 동훈이는 진료 시작부터 툴툴거렸다.

"병원에 오기 싫었는데 억지로 왔구나? 엄마가 뭐라고 하면서 병원에 오자고 했어?"
"몰라요. 엄마가 말 안 해줬어요."
"와, 엄마가 이유도 말 안 해줬는데 병원에 왔구나. 너 엄마 말 잘 듣나 보다."

동훈이가 툴툴거릴 수밖에 없지 않았겠는가? 학교 끝나고 신나게 놀 수 있는 시간에 엄마 손에 끌려 병원에 와서 모르는 사람을 만나 이야기를 하라니, 아이 입장에서 싫겠다 싶었다. 내가 동훈이의 마음을 알아주자, 동훈이는 멋쩍은 듯이 딴청을 피웠다.

동훈이 엄마 아빠는 대학병원 의사였다. 동훈이의 누나는 초등학교 5학년인데, 누구보다도 모범생으로 학교에서도 칭찬이 자자했다. 엄마는 첫째 딸은 자기와 거의 비슷해 키우기가 너무 편했는데 아들은 너무 어려웠다. 도무지 아들의 마음이 이해되지 않았다. 첫째 때처럼 공부를 시키고 숙제도 봐주면, 공부하기 싫다며 화를 냈다. 그래서 동훈이가 공부하기 힘들어하는 듯해 공부하지 말라고 하면, 그때도 화를 냈다. 도대체 어쩌자는 건지 엄마는 동훈이를 종잡을 수 없었다.

아빠는 "그냥 포기했다"고 표현했다. 아빠나 엄마처럼 동훈이가 성실한 스타일은 아닌 듯해서 그냥 알아서 크겠지 하고 마음을 접은 것이다. 첫째는 공부를 좋아하고 잘하니 적극적으로 도와주었고, 둘째는 공부가 적성이 아닌 듯하니 자기가 좋아하는 것을 찾아서 하면 될 거라 생각해 공부하라고 압박하지 않았다. 그런데 이 녀석이 이제는 학교에서 문제를 일으킨다니 가지가지 한다는 생각이 들었다.

동훈이의 마음 상태를 알아보기 위해 심층 종합심리평가를 진행했다. 심리검사 중에 동훈이가 그린 가족화 그림은 내가 지금까지 본 여러 가족 그림 중에서도 아주 선명하게 내 기억에 남아 있다. 동훈이의 가족 그림은 이러했다. 그림 속에서 동훈이의 아빠와 엄마 그리고 누나가 밭에서 열심히 일을 하고 있었다. 그림의 오른쪽 위에는 햇빛이 쨍쨍 빛나고, 엄마와 아빠 누나는 각자의 자리에서 모자를 쓰거나 목에 수건을 두른 채 한 사람은 열매를 따고, 한 사람은 밭을 일구고, 한 사람은 무엇인가를 심는 모습이었다. 그 그림 속에서 동훈이는 종이의 왼쪽 귀퉁이 아래에서 한쪽 다리를 꼬고 누워 있었다. 가족들은 땡볕에서 열심히 일하고 있는데, 동훈이는 홀로 떨어져서 눈을 감은 채 쉬고 있었다.

동적 가족화 검사(KFD, Kinetic Family Drawing)는 아동이 자유롭게 가족에 대해 그림을 그리게 하고, 아동의 가족 내 상호작용이나 가족 구성원들에 대해 아이가 갖고 있는 생각 등을 살펴볼 수 있는 검사 중 하나다. 글이나 말로는 표현하기 힘든 내면 무의식의 마음이 그림으로 표현되고 이를 해석하는 것으로, 내가 자주 사용하는 방법이다.

동훈이는 말로는 내색하지 않았지만, 다른 가족들과 자신은 다르다는 것을 인지하고 있었다. 엄마와 아빠 그리고 누나는 서로 닮아 있었다. 열심히 일하고 생산적인 일에 몰두하며, 자신이 맡은 일을 묵묵히 해내는 사람들이었다. 동훈이의 그림은 사실 투사적 검사치고는 동훈이의 마음을 아주 생생하고 선명하게 보여주었다. 밭을 갈고, 씨앗을 심고, 열매를 거두는 일, 즉 생산적인 일을 하는 가족들과 그와 대조되는 동훈이. 동훈이는 아마도 자신을 게으르고 생산적이지 못한, 베짱이 정도로 여기는 듯했다.

동훈이의 아빠와 엄마는 주어진 일을 묵묵히 하고, 인내하는 편이며, 노는 것이나 휴식을 크게 중요시하지 않았다. 불평 불만보다는 노력하는 편이었다. 그렇기에 더욱 자신의 분야에서 성공했을 것이다. 누나는 그런 면에서 아빠, 엄마와 비슷했다. 부모님이 하라는 대로 혹은 학교에서 정해진 자신의 역할을 묵묵히 해내는 것에서 보람을 얻는 스타일이었다.

하지만 동훈이는 달랐다. 적극적으로 사랑을 표현하며, 그만큼 사랑과 애정을 확인받고 싶어 했다. 엄마랑 손잡고 산책을 하거나 지나가다가 엄마가 사 준 아이스크림만 먹어도 세상을 다 가진 것처럼 행복했다. 동훈이는 공부를 잘하고 싶었지만, 공부가 하기 싫어서 빈둥거리거나 게으름을 피울 때도 있는 그저 평범한 아이였다. 하지만 동훈이의 가정 내에서 동훈이는 평범하지 않았다. 혼자만 게으름을 피우고 비생산적인 행동을 하는 외톨이자 이방인이었다. 동훈이의 느긋한 성격은 게으른 단점이 되었고, 생생한 감정 표현은 미숙하고 유치한 행동이 되었다.

그런 동훈이를 부모는 자신들 방식대로 이해해보려 하고 노력도 해보고, 심지어는 그냥 '포기'하는 마음으로 아이에게 맞춰야겠다는 생각까지도 했다. 하지만 동훈이는 자신과는 다른 가족들 속에서 부적절감을 키워나갔다. '나는 왜 이렇지?', '공부하기 싫은 내 마음이 이상해', '누나는 왜 공부가 좋지?' '공부를 좋아하지 않는 내가 이상한가?'라는 생각이 자리 잡은 것이다.

가족들과는 다른 자신의 모습이, 받아들여지지 않는 자신의 감정을 스스로도 인정할 수가 없었던 동훈이는 항상 화가 나 있었다. 자신을 바꿀 수가 없으니까. 어떻게 해야 부모처럼 될 수 있는지 알지 못해서, 부모와는 다른 내 모습을 인정할 수가 없었다. 선생님과 부모님, 누나에게 화를 내고 분노를 표현했지만, 사실 동훈이는 아마도 마음속 깊은 곳에서부터 자신에게 화가 난 것으로 보였다. 동훈이의 핵심 감정은 이것이었다.

'나는 왜 이렇지?'

심리검사 결과를 부모에게 설명하자, 동훈이 엄마는 눈물을 흘렸다. 사실 숨기고 있었는데, 엄마 마음속으로 아이를 이해하지 못하고, 받아들이지 못했다고 고백했다. 동훈이 엄마는 자신과는 다른 마음의 구조를 가진 아이를 이해하는 것이 어려웠고 그럴수록 아이가 못마땅했다. "티를 내지 않으려고 했지만 동훈이가 다 알고 있었군요"라고 하며 눈물을 흘렸다. 동훈이를 포기했다던 아빠는 아무 말이 없었다.

공감은 나와 비슷한 사람을 이해하는 능력이 아니다. 그것이 바로 공감과 동감의 차이다. 동감(Sympathy)은 감정을 함께 느끼는 것을 말한다. 이는 만 2~3세인 아이에게서도 관찰되는 정서적 영역이다. 타인의 감정 상태에 전염되어 비슷한 감정을 느끼는 것, 혹은 나와 비슷한 처지의 사람을 보고 마음이 동하는 것을 뜻한다.

반면에 공감(Empathy)은 나와 다른 타인의 입장에서 생각하고 그 사람의 감정과 정서를 이해하는 능력이다. 나와는 전혀 다른 상황과 경험을 가진 사람이더라도 그 사람의 마음 경로를 따라가보는 것이다. '너의 상황이라면 그런 생각이 들었을 수 있겠다' 하고, 그 사람의 입장과 상황 속으로 들어가는 것을 말한다.

동훈이 부모가 동훈이의 입장을 이해하고 공감했다면 어땠을까? 아이를 포기하는 것이 아니라 다른 점을 있는 그래도 봐주고 받아들여주었다면, 동훈이는 지금처럼 화가 났을까?

공감을 주고받는 것은 한 사람에게 나의 존재 자체가 인정받고 수용된다는 느낌을 얻게 한다. 가족들과는 다른 방식으로 세상을 느끼고 경험하는 동훈이가 잘못된 것이 아니라 다르다는 것을 알아차리고 이를 받아들여주었다면, 동훈이는 자신을 부적절하게 느끼지 않았을 것이다. 가족 중 한 명이라도 동훈이를 공감해주는 누군가가 있었다면, 동훈이는 엇나가지 않았으리라 판단했다.

나는 동훈이와 일주일에 한 번씩 면담을 하며 놀이치료 방식으로 관계를 맺어나갔다. 나는 동훈이 특유의 쾌활함과 유쾌함, 감정을 숨기지 않고 표현하는 개방성을 좋아했다. 나는 동훈이의 진짜 모습을 알아가기 시작했고 그렇게 발견한 여러 가지 장점을 동훈이에게 되돌려주었다. "우와, 동훈아. 네가 블록 쌓는 방식 정말 창의적이다. 선생님은 생각도 못한 방법으로 조립하네?", "동훈이가 웃어주니까 선생님까지 기분이 좋아진다~" 동훈이는 나의 칭찬에 그런 말은 처음 듣는다는 듯 겸연쩍어하고 머쓱해하는 표정을 자주 지었지만, 점점 나를 만나러 오는 것을 좋아하게 되었다. 동훈이가 엄마, 아빠보다 나를 더 좋아한 걸까? 당연히 아니다. 동훈이는 자신의 모습을 있는 그대로 드러내고 표현해도 되는, 그런 동훈이의 진짜 모습을 그대로 사랑하고 수용해주는 병원이라는 특별한 공간이 좋았던 것이다.

물론 엄마 아빠와도 지속적으로 면담했다. 내가 동훈이에 대해 발견한 점을 부모에게 알려주고, 아이에게 공감을 전달하는 구체적인 방법을 알려주며 함께 연습했다. 나는 소아정신과 전문의로, 마음을 들여다보고 전달하는 전문가이지만, 동훈이를 가장 잘 알고 아끼는 사람은 바로 부모다. 그렇기에 부모에게 필요한 것은 조금의 변화였다. 부모와는 조금 다르게 세상을 바라보는 동훈이의 생각의 과정과 감정의 흐름을 알아챌 수 있는 힌트가 조금만 있으면, 관계를 재구성하기는 아주 쉽다.

동훈이에게, 모든 아이에게 부모의 존재는 어마어마하다. 그렇기에 부모가 조금씩 변화하고 자신의 마음에 관심을 기울여주는 조금의 변화만 눈치 채도, 아이는 강력한 만족감을 얻는다. 서로에 대한 애정과 관심은 이미 충만했던 동훈이네 가족의 치료 경과는 아주 좋았다. 부모는 동훈이를 이해하고 받아들이기 시작했다. 부모가 사고하는 방식으로 세상을 보는 것이 아니라 동훈이의 시각에서 바라보고 이해할 수 있도록 노력했다. 이러한 부모의 노력을 동훈이도 알아차렸다. 부모가 동훈이를 있는 그대로 받아들이면서, 동훈이도 더 이상 자신을 이상한 아이, 낙오자로 여기지 않았다. 동훈이네 가족은 6개월 만에 치료를 종결했고 동훈이의 문제 행동은 사라졌다.

공감은 상호주관성에서 가장 큰 힘을 가지고 있다. 공감을 통해 각기 다른 개인이 만나 서로의 다름을 인정하고, 각자의 인식과 의도, 정서를 받아들인다. 그러한 서로에 대한 존중과 인정을 바탕으로 진정한 공유가 시작된다. 아이는 부모로부터의 공감을 통해서 자신의 있는 모습 그대로, 가치 있는 존재라는 것을 믿게 된다.

때로는 부적절하고 옳지 않은 생각이나 감정이 들더라도 그 이면의 자신을 이해해주는 사람이 있다는 확신이 들 때, 아이는 자신의 가치에 위협을 받지 않는다. 아이는 자신의 마음이 괴롭고 복잡하다는 것을 부모가 충분히 알고 이해하고 있음을 아는 것만으로도 대단한 위안과 위로를 얻는다. 이러한 부모의 공감은 쌓이고 쌓여 아이 내면의 힘이 된다. 즉 아이가 시련을 겪거나 갈등이 생길 때 이를 이겨낼 힘의 바탕이 된다. 공감받으며 자란 아이는 부모가 언제나 의지할 수 있는 존재라고 믿으며, 도움이 필요할 때 언제든 어떤 방식으로든 도움을 줄 것이라는 믿음을 갖게 된다. 그것이 바로 아이의 자존감의 근원이 된다.

PACE는 우리 일상에서 매일 표현하고 경험할 수 있다. 부모와 자녀 사이, 부부끼리, 모든 대인 관계에 적용할 수 있는 한 사람의 태도와 분위기는 관계를 정의하고 관계의 밀도를 결정짓는 데 핵심적인 요소가 된다. PACE는 특정 기술이나 응용법이 아니기 때문에 한번 내 몸에 익히면 어떤 상황에서든 자연스럽게 표현할 수 있다.

마치 자전거를 타는 것이나 수영을 배운 것처럼 우리는 자녀와의 관계에서 유쾌하고, 공감하는 태도를 유지하고, 아이의 진짜 마음에 대해서 열린 마음으로 궁금해하고, 아이를 있는 그대로 수용한다는 믿음을 전달할 수 있다. 그러한 태도를 통해서 나와 내 아이, 부모와 자녀는 서로의 인식과 의도, 정서를 공유할 수 있게 된다. 서로가 연결되어 있다고 느낄 때, 우리는 어떤 난관이나 갈등이 와도 이를 함께 이겨낼 수 있다는 자신감을 갖게 된다.

> 공감 받으며 자란 아이의 마음은 이미 부자다. 언제든 어떤 상황이든 자신을 이해하고 믿어주는 부모가 있다면 아이는 자신을 가치 있는 존재로 여긴다. 마음이 부자인 아이는 역경과 고난이 와도 이겨낼 내면의 힘이 있다.

놀이
: 아이의 세상으로 들어가는 문

앞서 자연스럽게 좋은 부모가 되기 위해 PACE를 소개했다. 이제 이 유쾌함과 수용성, 궁금증과 공감이 일상에서 어떻게 적용되는지 좀 더 구체적으로 살펴보려고 한다. 부모와 자녀가 소통하고 관계를 맺는 방식은 다양하다. 그중에서도 가장 일상적이면서도 동시에 가장 중요한 '놀이'와 '대화'를 통해 알아보자.

☀ 놀이는 아이의 마음을 풀어내는 비밀의 방

프로이트는 인간의 무의식이 인간의 삶과 행동에 거대한 영향을 준다고 했다. 이러한 무의식을 탐구하고 이해하면 현재의 행동과 사고방식을 더 이해할 수 있다는 게 그의 주장이었다. 의식적인 레벨에서 숨기고 감춰둔 무의식을 이해하기 위해서는 상당한 노력과 에너지가 필요하다. 정신분석과 같은 면담 기법 혹은 꿈을 살피고 해석하거나 최면 등을 활용하기도 한다. 하지만 이에 비해 아이의 무의식은 상대적으로 쉽게 관찰할 수 있다.

바로 놀이를 통해서다. 그저 재미를 위해 놀이를 하는 것처럼 보일 수도 있지만, 사실 놀이를 잘 살펴보면 아이들의 생각과 정서, 무의식까지 살펴볼 수 있다. 소아정신분석학자 도널드 위니코트는 "놀이를 얼마나 잘 즐기느냐가 자라나는 아이의 정신건강의 지표"라고 할 정도였다. 그만큼 놀이는 아이에게 매우 중요하다.

그렇다면 인간의 놀이는 언제부터 시작될까? 놀랍게도 아이는 태어나기 전부터 놀이를 시작한다. 엄마 뱃속에서 탯줄을 가지고 장난을 치거나 손가락을 빨기도 하며, 태어난 이후에는 모빌을 살펴보고 손발을 이리저리 움직이기도 한다. 인간에게 놀이는 그만큼 자연발생적이며 본능적인 활동이다. 누군가가 "너 이제부터 놀아야 해"라고 알려줘서 하는 것이 아니라 인간이라면 누구나 자연스럽게 놀이를 한다.

놀이는 본능인 동시에 아이의 성장에 필수적인 요소이기도 하다.

놀이는 아이에게 재미와 즐거움을 제공할 뿐 아니라, 아이가 일상에서 겪는 긴장이나 불안을 해소할 수 있게 해준다. 또한 평소 느끼는 다양한 감정, 욕구, 공격성 등도 놀이로 표출하고 해소한다. 예를 들어 부모에게 의존하고 싶은 욕구, 부모를 공격하고 싶은 욕구, 부모에게서 멀어지거나 버려질 수도 있다는 불안과 긴장 같은 복잡한 감정을 놀이라는 가상의 공간에서 표현하고 재연하며, 해소해나간다.

성인의 꿈을 살펴보자. 사소한 실수로 직장 상사에게 심하게 혼난 날, 스스로 자책하며 잠이 들었다. 그런데 꿈속에서 나는 상사에게 욕을 퍼붓고 심지어 상사를 때리기까지 했다. 놀라서 잠이 깬 나는 '내가 이 정도로 스트레스 받았나?' 혹은 '꿈에서라도 속 시원했다' 등의 생각을 한다. 이처럼 현실에서는 인정하지 않은 나의 욕구나 욕망을 꿈을 통해 발현하고 해소한다. 꿈을 '무의식의 창'이라고 표현하는 것도 꿈을 통해 우리가 의식 저편에 꽁꽁 숨겨두었던 다양한 감정이 표현되기 때문이다.

아이의 놀이는 성인의 꿈과 같다. 아이는 놀이를 통해 현실이 아닌 상상의 세계 혹은 현실과 상상의 중간 그 어디쯤 자리 잡는다. 이행적 공간(Transitional Space) 혹은 중간세계라고도 부르는 이 놀이라는 공간은 아이에게 매우 중요하다.

쉬운 예를 들어보자. 네 살 우주는 콧물감기로 병원에 다녀왔다.

코가 막혀 컨디션이 좋지 않고 몸도 내 맘대로 움직이지 않는다. 그런데 엄마와 아빠가 나를 도와준다는 명목하에 억지로 병원에 데리고 갔다. 병원에 갔더니 처음 보는 하얀 가운을 입은 의사와 여러 명의 간호사가 있었다. 의사는 큰 손으로 내 허락도 없이 입안을 벌려 들여다보고, 뾰족하고 차갑고 긴 막대기를 내 코와 귀에 쑤셔 넣기도 했다. 우주는 엄마 아빠의 손에 몸이 붙들려 움직일 수도 도망칠 수도 없었다. 무기력하고도 공포스러운 경험이었을 것이다. 짧지만 긴 그 시간이 지나고, 우주는 시원해진 콧속을 경험하고 숨쉬기가 편해졌다. 의사 선생님과 간호사 선생님이 나를 도와줬고 멋있어 보였다. 하지만 여전히 나는 힘없이 그들에게 공격당한 존재고, 그들은 나를 공격한 존재다.

우주는 집에 와서 병원 놀이를 하기 시작했다. 이제는 우주 자신이 의사가 되었다. 엄마에게 주사도 놓고, 움직이지 말라고 근엄하게 말하기도 했다. 수동적인 환자 입장에서 능동적이고 주체적인 의사가 되어 자신이 현실에서 경험한 다양한 감정을 되풀이하고 해소하는 과정이다. 우주는 환자가 되어보기도 했다. 아이는 이것이 단순한 놀이라는 사실을 알고 있다. 그러면서도 주사를 맞을 때는 왠지 모르게 긴장이 된다. 주사를 다 맞고 이것이 아무것도 아니라는 안도감을 맛본다. 이러한 긴장과 이완을 반복한다. 그렇게 병원 놀이를 반복하며 우주는 자신의 감정을 다루고 이해하게 된다.

진료 시간, 나는 아이의 놀이를 주의 깊게 관찰한다. 성인은 자신의 감정이나 생각을 말로 할 수 있지만 영아나 어린아이는 말로 자신의 상태를 표현하는 게 제한적이기 때문에 놀이 관찰은 꼭 필요하다. 나는 아이가 혼자 어떻게 노는지, 부모와 함께일 땐 어떻게 노는지, 치료자인 나와 함께 놀 때는 어떻게 노는지 각각 관찰한다. 그렇게 아이의 놀이 속 이야기를 따라가다 보면 아이의 내면이 슬며시 보이기 시작한다.

하지만 모든 아이가 '잘' 노는 것은 아니다. 아이들 중에서도 지나친 경계와 긴장으로 놀이를 즐기지 못하거나, 자신의 세계에 타인이 오는 것을 꺼리는 경우가 있다. 또 어떤 아이는 놀이가 제대로 나오지 못한다. 놀이가 나오지 못한다는 말은 놀이에서조차 자신의 진짜 마음을 표현하지 못한다는 뜻이다. 그런 아이는 타인을 위한 놀이를 하거나 부모가 시키는 대로 놀거나 순서가 정해진 놀이만 한다. 그런 놀이는 '진짜 놀이'가 아니다. 놀이란 능동적이면서 자발적이고, 정답이 없는 것이어야 하기 때문이다.

> 놀이는 아이의 소우주다. 아이의 놀이에는 아이의 생각과 감정, 욕구와 좌절이 담겨 있다. 아이는 놀이를 통해 현실을 배우고, 놀이를 통해 꿈과 자아를 확장한다.

☀️ 아이를 아이답지 못하게 한 가짜 놀이

다섯 살 서아는 몇 달 전부터 유치원에서 갑자기 소리를 지르거나, 친구 물건을 가져왔다. 또래에 비해 말이 빠르고, 눈치도 있는 편이라 어린이집에 다닐 때부터 모범생이라는 이야기를 듣고 자란 아이다. 서아 부모는 갑자기 나타난 서아의 행동에 당황스럽고 이해가 되지 않았다.

진료실에 온 서아와 엄마는 비슷한 차림새를 하고, 예쁜 가방을 하나씩 메고 진료실에 들어왔다. 누가 봐도 예쁜 모녀지간처럼 보였다. 나는 여느 때처럼 놀이를 권했다. 서아와 엄마는 인형을 골라 소꿉놀이를 했다. 소꿉놀이가 끝난 후, 서아와 엄마는 무슨 놀이를 해야 할까 머뭇거렸다. 엄마가 두리번거리는 동안 서아는 빤히 엄마를 쳐다보았다.

엄마는 옆에 놓여 있던 스케치북을 하나 꺼내 들고는, 크레파스로 스케치북 한 면을 반으로 갈랐다. "이쪽은 서아 그림, 이쪽은 엄마 그림~." 엄마의 제안에 따라, 서아는 한쪽에 그림을 그리고 엄마도 자신만의 그림을 그렸다. 그림은 당연히 둘 다 예쁘고 반듯했다. 서아는 엄마와 자신의 모습을 그렸다. 그림 속의 서아와 엄마는 똑같은 옷을 입고 머리에 똑같은 머리핀을 하고 있었다. 서아 엄마는 서아와 엄마 아빠가 함께 웃고 있는 행복한 가족의 모습을 그렸다.

그림 그리기가 끝나고 서아의 손에 검댕이가 묻어 있었다. 이를 본 서아 엄마가 "서아야, 손수건 있지?" 하고 말하니 서아가 메고 있던 조그만 가방에서 스스로 손수건을 꺼내 손을 닦고는 네모반듯하게 접어 가방에 넣었다. 그렇게 서아와 엄마의 놀이는 끝났다. 얼핏 보면 완벽해 보이는 이 모녀의 놀이에서 나는 왠지 모를 쓸쓸함과 허전함을 느꼈다. 왜 그럴까? 말도 잘 듣고 착한 서아는 왜 유치원에서 갑자기 소리를 지르고 친구 물건을 가져왔을까?

아이에게 놀이는 무의식을 표현하는 중요한 수단이기도 하지만, 외부와 연결 짓는 하나의 소통수단이기도 하다. 아이는 놀이를 통해 외부 세상이나 타인과 소통하고 그 안에서 다양한 상호작용을 한다. 놀이는 본능적으로 시작되고 발현되지만, 놀이도 아이의 심리 발달에 따라 진화하고 변화한다. 영아기에 신체놀이와 감각놀이 위주의 놀이를 하면서 자신의 신체에 대해 알아가고, 신체 감각을 느낌으로써 아이는 발달한다.

이후 유아기로 넘어가면서는 기능적 놀이로 진화한다. 기능적 놀이란 아이가 주변 사물이나 환경, 놀잇감을 의도된 대로 갖고 놀거나 조작하면서 숙달하는 것을 말한다. 아이는 장난감 자동차를 굴리고, 블록을 쌓고, 비행기를 날리면서 특정 활동을 반복해 숙련하는 과정을 거치고 이내 자신의 것으로 만든다.

　이후 아이의 심리, 언어, 인지가 발달하면서 무의식이 반영된 진짜 놀이가 시작된다. 이때부터는 아이의 모든 것이 놀이화된다. 즉 아이가 상징화를 이용할 수 있게 되면서 아이의 놀이가 풍부해지고 깊어진다. 상상이나 꿈을 확장하고, 두려움이나 공포, 욕망, 좌절, 분노 등 눈에 보이지 않는 감정을 표현한다. 앞서 예로 든 병원 놀이처럼 자신이 실제 경험한 것을 재연하는 놀이를 시작으로, 아이는 자신만의 놀이를 창조하기 시작한다. 현실을 따라가는 놀이를 넘어서 자신의 상상과 마음을 따라가는 놀이가 시작되는 것이다.

　더불어 놀이가 현실이 아니고 자신의 상상일 뿐이라는 사실도 조금씩 인지하게 되면서 놀이는 더욱 과감해지고 극단적이 될 수도 있다. 가끔 부모가 아이가 놀이하면서 누군가를 죽인다든가 때리는 모습을 보고 걱정하는 경우가 있다. 하지만 사실은 아이가 크고 강력한 자신의 욕구와 욕망을 현실이 아닌 놀이에서 안전하고 건강하게 표현하는 것으로, 오히려 건강한 심리 발달이라고 볼 수 있다.

　그런 면에서 볼 때 서아의 놀이에서 빠진 것은 무엇일까? 서아와 엄마의 놀이 장면은 마치 잘 쓰인 단막극의 모녀 모습 같았다. 예쁘게 차려입은 옷만큼이나 놀이 또한 예쁘게 포장되어 있는 듯했다. 그 놀이에서 나는 서아의 마음을 엿보기 어려웠다. 놀이를 통해 내가 발견한 것은 '서아는 놀이를 잘 하고 있지 못하다'는 것과 서아 엄마가 '서아는 잘 노는 아이'라고 착각한다는 사실이었다.

놀이를 할 수 있는 능력은 중요하다. 현실에서 벗어나 자신의 욕구를 인정하는 능력과도 맞닿아 있기 때문이다. 놀이에서라도 자신이 느끼는 감정을 여과 없이 표현할 수 있어야 한다. 적어도 어린아이의 놀이라면 놀이가 정제되지 않고 날 것 그대로여야 한다. 아이의 놀이는 비논리적이고 충동적인 것이 특징이다. 그렇기에 아이는 놀이를 통해 자신의 세계를 확장할 수 있다. 성인의 '자유연상'과 같은 과정이다. 의식적으로 제한하고 거르는 것이 아니라, 머릿속에 떠오르는 대로 따라갈 수 있는 능력이 바로 잘 노는 아이의 핵심 능력이다.

의식이 행동과 충동을 조절한다면 무의식은 그렇지 않다. 따라서 아이의 놀이는 자유로워야 한다. 놀이에서조차 자신의 욕구와 충동이 제한된다면, 아이의 마음은 건강하게 표현되지 못하고 해소되지 못할 가능성이 있다. 해소되지 못한 갈등과 욕구는 예기치 못한 순간에 엉뚱한 곳에서 뜬금없이 표현된다. 서아가 갑자기 소리를 지르거나, 특별히 원하지도 않는 물건을 가져오는 것처럼 말이다.

서아와의 놀이가 끝나고, 엄마와 면담을 했다. 서아 엄마는 평소에도 오늘과 비슷하게 논다고 했다. "어머니, 서아와 놀 때 재밌으세요?" 나의 질문에 서아 엄마는 대답했다. "아이랑 노는 게 다 그렇죠. 그냥 놀아줘야 하니까 놀아주는 거죠." 서아 엄마는 아이의 마음을 잘 모르겠다고 했다. 엄마는 유치원에서 연락을 받기 전까지는 육아를 아주 잘한다고 생각했다. 서아와 자신의 모습을 보며 부러워하는 사람도 많았고, 자신과 닮은 서아를 예쁘게 꾸며주면, 엄마도 기분이 좋아진다고 했다. 또래보다 성숙해 보이는 서아는 말을 잘 듣고 크게 손이 가지 않는 아이라 육아가 어렵다는 사람들의 말을 솔직히 잘 이해하지 못했다고도 말했다.

> "서아는 자기가 원하는 놀이를 하는 게 아니라 엄마에게 맞춰주는, 엄마를 위한 '예쁜 딸 역할'을 하는 것으로 보입니다."

아이는 아이다워야 한다. 아이는 생떼를 쓰기도 하고, 무작정 화를 내기도 한다. 그러다가 속상하거나 슬플 때는 믿을 만한 어른에게 기대고 의지한다. 아이는 자신의 마음을 있는 그대로 표현하는 법을 배워야 한다. 물론 사회적으로 성숙하기 위해 조금씩 변화한다. 내가 좋아하는 부모님이 원하는 행동을 하고, 선생님에게 예쁨을 받기 위해 하기 싫은 일을 꾹꾹 참기도 해야 한다. 하지만 아이에게 놀이의 영역은 오롯이 자신의 것으로 남아 있어야만 한다. 적어도 서아의 놀이에서는 어떤 모습의 서아이건 간에, 허용되고 인정받을 수 있는 안전한 공간으로 남아 있어야 한다. 그러한 안전한 놀이 공간이 있을 때, 진짜 서아를 만날 수 있다.

  서아는 현실에서 그리고 놀이에서도 자신의 진짜 마음을 절제하고 억눌러왔다. 그러한 감정은 해소되지 않은 채 마음속 어딘가에 쌓여 있다가 문제 행동으로 튀어나왔다. 친구를 때리고 나서, 친구의 물건을 가지고 오고 나서, 서아도 자신이 왜 그랬는지 알지 못했다. 다만 잘못된 행동을 한 스스로에 대한 자책감과, 엄마나 선생님이 자신에게 실망하면 어쩌나 하는 두려움만 있었다.

☀ 상호주관적 경험을 쌓는 놀이의 순간들

서아 엄마는 알고 보니 SNS에서 유명한 육아 인플루언서였다. 서아 엄마는 딸과 함께 예쁘게 차려입고 놀이하는 모습을 계정에 올리다 보니 어느새 유명인이 되었다. 서아 엄마는 친한 친구들 앞에서도 화장하지 않은 모습을 보인 적이 없다고 할 정도로 자기 관리와 외부에 보이는 것을 중요시하는 편이었다. 남편 앞에서도 단정한 모습을 보였고, 결혼 1년 후까지는 남편이 잠이 들고 나서야 화장을 지웠다.

자기 관리가 철저하고 정리 정돈을 잘하는 성격 덕에 집안 살림이나 육아도 적성에 잘 맞는다고 느꼈다. 서아를 낳기 전부터 집안 인테리어나 소품도 하나하나 새로 준비했다. 출산 후에는 육아용품과 놀잇감도 제대로 공부해서 가장 좋고 예쁜 것들로 마련했다. 이유식 공부는 따로 해서 영양소가 잘 들어가게 하고, 모양도 예쁘게 만들었다. 보기 좋은 떡이 먹기도 좋다는 말에 적극 공감하면서 서아 엄마는 자신의 일상과 육아를 SNS에 담기 시작했다. 서아 엄마는 자신이 올린 사진들이 좋아요를 받을 때마다 육아를 잘한다는 자부심이 들어 더욱 기분이 좋았고 신이 나서 더 열심히 육아를 했다.

서아가 조금씩 커가자 엄마와 옷을 맞춰서 입고 외출하는 것도 하나의 즐거움이 되었다. 일명 '모녀룩'으로 옷을 입고 나가면, 정말 완벽한 엄마와 딸이라는 기분이 들었다고 했다. 다행히 서아는 엄마와 비슷한 기질 같았고, 엄마가 이끄는 대로 잘 따라와줬다. 서아 엄마는 서아도 자신과 같은 마음일 것이라고 철썩같이 믿었다.

겉으로 보기에 서아 엄마와 서아는 서로 연결된 것처럼 보였다. 하지만 모녀가 함께하고 있는 인식, 의도, 정서는 사실은 함께 만들어낸 두 사람의 것이 아니라, 서아 엄마의 의도와 인식에서 비롯된 것이었다. 서아 엄마의 세상 속에 서아가 존재했다. 서아는 자신이 가장 사랑하는 엄마와 닮고 싶었다. 엄마와 비슷한 옷을 입고 비슷하게 행동하는 자신의 모습이 좋았다. 또 엄마를 흉내 내는 자신의 모습을 바라보는 엄마가 행복해하는 것을 알아차렸다. 그때부터 서아의 내면은 자신의 것이 아니라 엄마로 채워졌다.

엄마가 원하고 바라는 모습대로 예쁜 딸 역할을 함으로써 엄마를 만족시키려고 했다. 서아에게 엄마는 절대적인 존재였다. 그렇기에 자신이 엄마를 기쁘게 해줄 수 있다는 것 자체로도 만족스러웠을 것이다. 그러나 엄마의 예쁜 딸 역할을 해야 했던 서아에겐 자신만의 세계를 창조해낼 공간도, 에너지도 남아 있지 않았다.

부모와 자녀, 아이와 어른은 힘의 우위가 확실하다. 어른을 당해낼 수 있는 아이는 별로 없다. 특히 자녀는 부모를 이기기 어렵다. 아이에게 부모란 절대적인 존재이기 때문이다. 세상에서 가장 소중하고 의지할 수 있는 대상이면서 동시에 세상에서 가장 강력한 영향력을 끼치는 존재다. 그런 부모와 아이가 함께 공유하는 세상인 '상호주관적인 관계'를 형성하기 위해 부모는 아이의 눈높이에 맞추어야 한다. 아이의 의도와 인식을 우선시하여, 그에 맞게 조율해야 한다. 그렇지 않으면 아이가 부모에게 맞추게 된다.

서아 엄마의 면담은 거기서부터 시작되었다. 서아 엄마가 서아의 세상에 들어간 것이 아니라, 엄마가 만들고 의도한 서아의 모습에 서아가 맞춰온 시간을 되돌리기 위해 함께 작업했다. 서아의 놀이

치료시간에는 엄마도 함께했는데, 그 시간 동안만은 서아가 원하는 대로 모든 것이 진행되었다. 놀잇감을 선택하는 것, 그 놀이를 하는 방식이나 이야기를 만드는 것도 모두 서아가 주도하도록 했다. 물론 처음에는 서아도 엄마도 어색했다. 서아는 엄마가 원하는 것이 아닌, 자신이 원하는 것이 무엇인지 알아차리고 표현하는 법을 연습했다. 서아 엄마는 아이가 스스로 주도하려는 모습 그대로를 지켜봐주고 따라가는 연습기간이 필요했다. 우리는 서아가 진짜 자신의 마음을 표현할 수 있도록 하는 것을 치료의 첫 번째 목표로 잡았다.

나는 서아와 엄마와 함께하며, 때로는 서아를 대신해 아이의 마음을 표현해주기도 했고, 무슨 말을 해야 할지 모를 때 서아 엄마에게 직접적 지시를 주기도 했다. 이때 나의 역할, 치료자의 역할은 두 사람 모두의 보조 자아(Auxiliary Ego)가 되는 것이다. 즉 서아를 대신해 서아의 마음의 소리를 내주고, 엄마에게는 서아에게 필요한 엄마 역할을 보여주는 모델링을 해주었다. 두 사람이 더 가까이 서로를 경험할 수 있도록, 서아의 세상을 더 넓히고 그 안에서 엄마와 함께 존재할 수 있도록 도왔다.

약 9개월의 과정 동안 서아는 점점 변했다. 서아의 감정이나 생각이 비록 엄마가 원하는 모습이 아니라도, 스스로 느끼는 감정을 있는 그대로 표현해도 여전히 엄마가 자신을 사랑한다는 믿음을 쌓아나갔다. 그렇게 서아는 다섯 살 아이다운 모습으로 차츰 놀이를 즐기게 되었고, 문제 행동은 점점 줄어들었다. 놀이에서 안전하게 자신의 감정과 욕구를 표현했기 때문이다.

놀이의 감독과 극본, 연출가는 오직 아이다. 아이의 놀이는 아이의 것으로 남겨두자. 놀이라는 아이만의 특별한 세계에 초대받은 우리는 아이가 온전히 자신의 놀이를 즐길 수 있도록 존재해야 한다.

☀️ 아이를 성장시키는 5가지 방법

> "놀이란 아동의 정신세계의 일부분이며, 아동의 대화 방법이다. 아이는 놀이를 통하여 세상을 이해하고 외적 현실을 검토하고 받아들인다"

아동 심리학자이자, 놀이 이론가인 아돌프 울트만(Adolf G. Woltmann)의 말이다. 그는 다양한 연구를 통해 아이의 놀이가 중요하다는 점을 강조했는데, 그중에서도 놀이를 위한 환경 조성이 중요하다고 강조했다. 곧 아이의 진정한 놀이를 위해 아이가 스스로 능동적으로 놀이하면서 학습하고 성장할 수 있도록 부모와 주변 사람들이 이를 어떻게 지원해야 하는지 강조했다.

대부분의 부모는 자연스럽게 아이의 놀이에 참여하며 놀이 기술을 익혀나간다. 아이를 사랑하고 궁금해하는 자세를 유지하면서 아이의 반응을 관찰하다 보면, 어떤 순간이 우리 아이가 진짜 잘 놀고 있는 순간인지 알게 된다. 자연스럽게 아이의 인식과 의도를 알아차리게 되고, 아이가 기뻐하는 것을 함께 기뻐하고 아이가 두려워하는 것을 함께 두려워하면서 정서를 공유한다. 놀이치료사나 놀이전문가보다도 사실은 부모가 가장 좋은 놀이 대상이 되는 것이 바로 아이의 일상을 매일 함께할 수 있기 때문이다.

하지만 다양한 이유로 아이와의 놀이가 어려워지기도 한다. 서아 엄마처럼 자신의 세계관이나 가치관이 너무 강한 경우, 아이의 세상을 받아들일 여유가 없거나 틈이 없는 경우도 있다. 혹은 어떻게 놀아줘야 할지 몰라서 그저 제 3자처럼 바라보기만 하거나 반대로 나도 모르게 아이에게 지시하고 통제하는 경우가 있다. 아이와 잘 놀아주고 싶은 마음은 굴뚝같은데, 어떻게 해야 하는지 모르는 부모들이 의외로 많다. 부모를 탓하려는 것은 아니다. 단지 그들은 어른이 되며 놀이 방법을 잃어버렸을 뿐이다.

놀이가 힘든 부모가 가장 먼저 쉽게 시도해볼 수 있는 기술이 있다. PCIT라는 부모 아동 상호작용 치료 이론에서 나온 놀이 기술이다. PCIT는 내가 선호하는 치료적 중재법 중 하나인데, 치료자가 아동이 아니라 부모에게 직접적으로 코칭함으로써, 부모와 아동 관계를 좀 더 효과적으로 중재할 수 있다는 장점이 있다.

PCIT에서 부모 아동 상호작용 관계 증진을 위한 첫 번째 단계가 바로 아동 주도 놀이단계다. 이 단계에서 부모는 아동의 놀이에서, 아동이 스스로의 욕구를 잘 표현하고 놀이를 주도하도록 지원하는 역할을 연습하게 된다. '특별한 놀이'라 부르는 특별한 시공간 속에서 부모는 온전하게 아이의 의도와 인지, 정서를 따라가준다. 그 특별한 시간 동안 부모는 특별한 기술 5가지를 배우게 된다. 바로 'PRIDE(Praise, Reflection, Imitation, Description, Enjoyment)' 즉 칭찬, 반영, 모방, 묘사, 즐기기 기술이다.

PCIT에서는 'PRIDE'라는 5가지 놀이의 기술을 부모에게 알려준다. 처음에는 어색할 수 있다. 무엇을 칭찬해야 할지 무슨 말을 해야 할지 입이 잘 안 떼어지기도 한다. 그럴 때 치료자가 부모에게 이어폰으로 직접적 코칭을 해준다.

"우리 주환이가 지금 어떤 블록 갖고 있나요?" 치료자의 말을 들은 엄마는 주환이의 행동에 주목하고, 주환이가 움직이는 모습을 묘사해준다. "우리 주환이가 노란색 블록을 쌓고 있구나." 대부분

기술	방법	효과
칭찬 (Praise)	• 아동이 하는 행동, 활동, 아이가 해낸 결과물에 대해 긍정적인 면을 찾아 칭찬해준다. • 칭찬은 구체적일수록 좋다. "우와! 멋지다! 이야 대단한데~" 같은 감탄사는 비구체적인 칭찬에 속한다.	• 부모가 집중하는 특정 행동을 증가시킨다. • 부모가 아동의 행동을 존중함으로써, 아동의 자존감을 높여준다. • 부모-자녀 사이의 긍정적 선순환의 고리를 만든다.
반영 (Reflection)	• 아동이 하는 말을 있는 그대로 돌려준다. 아동의 언어 그대로 사용하는 것이 좋다. • 판단이나 평가는 제외한다.	• 아동이 대화를 주도한다. • 부모가 아동에게 집중한다는 것을 알려준다. • 부모가 아동의 말을 잘 이해한다는 것을 알려준다.
모방 (Imitation)	• 아동의 행동을 따라서 모방한다. 아이가 하는 것과 같은 행동을 한다. • 특히 놀이가 어색하고 자신이 없는 부모가 쉽게 도전할 수 있다.	• 부모가 아동에게 집중한다는 것을 알려준다. • 아이가 놀이를 주도하게 된다. • 아동의 행동이 부모가 따라할 만큼 적절하고 좋은 행동이라는 증거가 된다.
묘사 (Description)	• 아동이 하는 행동을 구체적으로 묘사해준다. • "우리 ○○가 파란색 블록을 높이 쌓고 있네" 등의 표현이 있다.	• 부모가 아동에게 집중한다는 것을 알려준다. • 아이가 주도적으로 행동을 이끌어나가게 된다. • 아이는 스스로의 활동에 더욱 집중하게 된다.
즐기기 (Enjoyment)	• 놀이에 즐겁게 참여하며, 부모 또한 놀이를 즐긴다. • 미소짓기, 스킨십 등 아이와의 놀이가 즐겁다는 것을 다양한 방식으로 표현한다.	• 부모가 아동과 함께하는 것을 즐긴다는 것을 알게 된다. • 상호작용의 밀도가 높아진다. • 긍정적인 정서가 공유되어 놀이가 더 따뜻하고 애정적이 된다.

부모가 가장 쉽게 먼저 익숙해지는 기술이 바로 묘사 기술이다. 아동의 행동을 있는 그대로 읽어주는 것으로, 비교적 단순한 작업이지만 생각보다 효과가 크다. 아이는 부모가 자신의 행동에 집중하고 자신의 의도와 인지를 알고 있음을 아는 것, 즉 상호주관성이 획득되었음을 인지하는 것만으로도 큰 안심과 기쁨을 얻는다. 아이는 부모가 주목하는 자신의 행동에 더욱 집중하게 된다.

묘사하기나 반영하기 같은 기본 기술이 어느 정도 익숙해지면, 이제는 칭찬의 기술을 연습해야 할 때다. 유독 우리나라 부모가 어려워하는 기술 중 하나다. 무엇을 칭찬해야 하는지 어떻게 칭찬해야 하는지 익숙하지 않은 부모가 많다. 칭찬과 감탄보다는 겸양과 겸손이 미덕이라고 배워왔기 때문일까, 부모 자신이 그렇게 칭찬을 많이 받아본 경험이 없어서일까?

"우와, 너 오늘 정말 귀엽다~", "우리 딸이 오늘 정말 예쁘구나~". 칭찬이 어색한 부모는 처음엔 이런 칭찬부터 시작한다. 외모에 대한 칭찬 혹은 아이의 성품이나 인품에 대한 칭찬이다. 하지만 PCIT에서는 이러한 칭찬을 경계하라고 말한다. 이러한 칭찬은 아이에게 오히려 압박이 될 수 있기 때문이다. '넌 예뻐야 해. 넌 착해야 해'하고 아이에 대한 판단이나 평가가 포함될 수 있기 때문이다. 대신 행동에 초점을 맞춘 칭찬을 하라고 교육한다.

"블록을 엄마가 생각하지도 못한 방식으로 만들었네? 너 정말 창의적이다!"

"우와, 우리 예리가 여러 가지 색깔을 잘 활용해서 그림을 그렸구나. 그림의 색깔들이 눈에 정말 잘 들어와. 멋진 그림이야."

구체적인 칭찬은 아이에게 특정 행동에 집중하게 만드는 힘이 있고, 부모의 인정과 칭찬을 먹고 사는 아이에게는 이 칭찬이 특정 행동을 더욱 강화하는 효과를 준다. 즉 긍정적 강화를 통해 아이에게 기쁨을 주는 것은 물론이고, 자존감을 높이는 효과도 있다. 부모와 아이 간의 긍정적인 선순환 고리를 만듦으로써 서로 함께하는 시간을 더욱 즐기게 만든다. 즉 부모와 자녀 모두에게 재미있고 즐거운 순간을 선사한다.

PRIDE는 아주 단순하지만 언제든지 활용할 수 있으며, 아이가 청소년기에 접어들어도 활용할 수 있다. 나 역시 아들에게 가장 많이 쓰는 놀이 방법이다. PRIDE 기술이 들어간 순간 아들은 꼼짝없이 놀이에 몰입하게 된다. 그전까지 떼를 썼건 컨디션이 별로였건 간에 이 방법은 거부할 수 없는 강력한 힘을 갖고 있다. 이 특별한 놀이는 아이뿐 아니라 부모에게도 에너지를 주는데, 아이가 나와 함께하는 그 순간을 정말 좋아하고 즐긴다는 것을 확연히 느낄 수 있기 때문이다.

  그래서 나는 많은 부모가 이 단순한 5가지 기술을 익히길 바란다. 장담컨대 아이와 부모 모두 만족할 것이다. 나와 내 아이의 특별한 순간, 아이와 부모가 함께하는 '상호주관적인 경험'을 만끽하길 바란다.

> 아이와의 놀이를 보조하면서 아이를 성장시킬 수 있는 5가지 방법은 '칭찬, 반영, 모방, 묘사, 즐기기'다. 이 방법을 통해 아이와 부모는 상호주관적 경험이 늘어나 더욱 단단하고 끈끈한 관계를 맺게 된다.

대화
: 부모와 아이의 마음을 잇는 강력한 통로

부모와 아이가 소통하고 관계를 맺는 방식 중 두 번째는 바로 '대화'다. 우리는 보통 정보를 전달하거나 의견을 교환하기 위해, 친목을 쌓거나 안부를 묻기 위해 상대방과 대화한다. 대화는 2명 이상이 서로 상호작용을 하며 이뤄진다.

대화에는 말로 직접 표현하는 언어적 방식도 있지만 제스처, 표정, 태도 등으로 표현하는 비언어적인 방식도 있다. 비언어적인 표현은 특히 상호 관계에 강력한 힘을 발휘한다. 그중에서도 부모가 자녀와 대화를 나눌 때 끼치는 영향력은 어마어마하다.

어린아이의 하루를 떠올려보자. 아침에 대개는 부모의 부름으로 눈을 뜬다. 부모가 자신을 부르는 말투나 어조, 높낮이에 그날의 첫 기분이 결정된다. 아침밥을 먹을 때, 등원이나 등교 준비를 할 때, 하원이나 하교 후에 부모와 함께 나누는 대화는 아이의 하루를 풍요롭게 만들거나 혹은 반대로 화가 나게 만들 수도 있다.

우리 가족은 어떤 말, 어떤 대화를 나누는가? 부모와 나눈 대화와 분위기는 아이에게 그날의 시작이자 바탕이 된다. 부모에게서 흔들리지 않는 애정과 신뢰와 격려를 받은 아이라면, 친구와 싸우거나 컨디션이 저조하거나 시험을 망치더라도 부모의 따뜻한 말과 애정이 마음속에 남아 다시 힘을 내게 한다.

한참 분리불안이 심한 두세 살의 아이가 비록 부모와 헤어질 때 눈물을 쏟더라도, 부모가 자신에게 속삭여준 사랑한다는 말, 그리고 자신을 안아주던 부모의 따뜻한 품을 마음속에서 기억하고 부모를 믿고 있기에 헤어져 있는 시간 동안에도 견딜 수 있다. 이것이 바로 아이의 마음속에 자리 잡게 되는 '내적 표상'이며, 심리적 틀로서 자신과 타인의 관계에 대한 내적 믿음이다.

아이는 부모와 나눈 대화를 씨앗으로 자라난다. 부모의 말을 자신의 행동과 사고의 방식을 결정하는 기준과 바탕으로 삼는다. 걸음마를 하는 아기가 주변의 물체를 잡고 서려고 노력할 때, 힘겹게 한 발을 떼고 다른 발로 무게중심을 옮기려 할 때, 부모가 말한다.

"어이쿠, 우리 아기 한 발 움직였어요! 잘했어요~ 정말 장해요~" 아이는 그저 자신의 몸을 움직였을 뿐인데, 절대자인 부모에게서 애정 가득한 칭찬을 받는다. 그러면서 배운다. '아, 걷는다는 건 칭찬받을 만한 일이구나. 내가 한 걸음을 걸었구나. 계속 해봐야지' 하고 만족감을 얻는 동시에 행동의 방향성을 찾는다.

그런데 그 아기가 이번에는 걸어가다가 뜨거운 주전자에 손을 대보려고 팔을 뻗는다. 이를 본 부모는 깜짝 놀라서 아마도 소리칠 것이다. "안 돼! 하지 마!" 안 된다는 말의 뜻을 아직은 잘 모르더라도, 부모가 하는 말의 어조나 톤, 긴박한 분위기를 읽은 아기는 뻗던 손을 멈춘다. 뭔가 잘못되었음을 깨닫는다. 깜짝 놀라 행동을 멈춘 후 부모를 돌아보니, 부모의 표정이 좋지 않다. "아기야, 이건 너무 뜨거우니까 만지면 안 돼. 아뜨" 하고 아기를 안아서 다른 곳으로 옮긴다. 순간적으로 부모의 큰 외침에 놀란 아기는 이내 안도를 되찾는다. '아, 엄마가 내가 싫은 게 아니라 나를 구해줬구나. 뜨거운 주전자는 위험하구나' 하고 상황을 인지하며 배운다.

또한 아이는 대개 자신의 생각보다 부모의 말을 더 믿는다. 영유아기, 아동기까지는 부모가 아이에게 절대적인 선과 악의 기준이 되는 시기다. 이 시기를 지나 청소년이 되면 부모의 가치관에서 조금씩 독립하여 자신만의 가치관을 확립하는데, 그것이 바로 '자아정체성'이다. 부모에게서 심리적으로 잘 독립한 아이는 자신만의 정체성과 가치관을 가진 건강한 성인으로 성장한다.

이렇게 한 개인이 성장하는 데 그 사람의 일생에 가장 절대적인 영향을 주는 사람은 부모이며, 이에 대해선 누구도 부정하지 않을 것이다. 그만큼 부모의 말 한마디 한마디는 천금의 값어치가 있다. 아이는 부모를 통해 자신을 정의한다. "우리 건우는 정말 창의적이구나?" 하고 말하는 부모의 말에 아이는 스스로가 정말 창의적이라고 믿게 된다. "지우는 맨날 울기만 하고 울보네?" 하고 놀리는 말에도 '난 정말 울보인가?' 하고 스스로를 의심하기도 한다.

심지어 아동기를 거쳐 청소년 시기에도 부모의 말은 여전히 강력한 힘을 갖고 있다. 부모가 청소년 자녀에게 '게으르다' 혹은 '빈둥댄다'고 평가하는 말을 했을 때, 몇몇 아이는 부모의 말을 부정하고 친구들이 평가하는 '느긋하다' 혹은 '힙하다'는 말을 더 믿는 것처럼 보일 수도 있다. 하지만 여전히 마음 한구석에는 '정말 엄마 말처럼 나는 게으른 걸까?' 하고 스스로의 행동에 의구심을 품는다. 그리고 어느 우연한 찰나에 자신이 한순간이라도 게으른 행동을 했을 때 아이는 부모의 말을 떠올린다. '아, 역시 엄마 말이 맞았어. 난 게으르구나' 하고 부모의 말을 되새긴다.

내가 그의 이름을 불러주기 전에는

그는 다만
하나의 몸짓에 지나지 않았다.

내가 그의 이름을 불러주었을 때
그는 나에게로 와서
꽃이 되었다.

-김춘수, 〈꽃〉 중에서

아이가 어떤 존재가 되느냐가 부모의 말에 달려 있다고 하니 엄청난 부담감을 느낄 수도 있다. 하지만 반대로 생각하면, 내가 부여하는 의미 하나하나에 아이가 성장하고 자란다는 것은 비교할 수 없을 정도로 가치 있는 일이다. 우리가 부모가 되기로 선택한 순간, 아이에게 끼치는 그 거대한 영향력의 무게를 만끽하고, 또 동시에 견뎌내야 한다.

오늘 나는 사랑하는 내 아이에게 어떤 말을 했는가? 아침에 아이에게 처음으로 한 말과 아이가 등교하기 전 마지막으로 한 말은 무엇인가? 오고간 대화 중 사랑이 담긴 따뜻한 말은 얼마나 되었는가? 대부분의 부모는 아이가 돌 전까지는 사랑이 가득 담긴 언어를 속삭인다. 아이가 내 말을 알아듣지 못하더라도 괜찮다. 매 순간 사랑스러운 내 아이에게 그들이 얼마나 사랑스럽고 소중한 존재인지 설명하고 또 알려준다.

"예쁜 우리 아기가 엄마에게 와줘서 너무 행복해", "아빠에게 웃어줘서 정말 고마워"라는 말을 매일 하며 아이와 얼굴을 비비고, 통통한 손발에 뽀뽀를 하며 제스처, 스킨십, 표정 등 비언어적인 표현으로도 나의 마음을 한껏 표현한다.

그런데 그렇게 다양한 방식으로 아이와 대화하고 자신의 사랑을 전하던 부모는 아이가 말을 하게 되면서 점점 사랑 표현을 잃어간다. 한 손에 핸드폰을 들고 대화하는 부모, TV를 켜놓고 아이에게 씻으라고 잔소리하는 부모, 숙제 시킬 때 말고는 혼자 놀라고 말하는 부모. 아이에게 시켜야 할 일이 많아지고, 아이를 통제해야 하는 상황이 늘어나면서, 아이에게 애정을 표현하거나 부모의 마음을 전달하는 대화는 줄어든다. 결국 사랑한다는 말은 잠자기 전이나 가끔 미안할 때만 하게 되는 것이다.

☀ 아이의 감정 조절 능력을 만드는 오늘의 대화

오랜만에 친구를 만났는데 몇 시간 내내 상대방의 이야기만 듣고 헤어지고 나니 힘이 빠졌다거나, 많은 사람을 만나서 즐겁게 웃고 떠들기는 했는데 헤어지고 나면 무슨 이야기를 했는지 기억이 나지 않는 경우가 종종 있다. 좋은 대화란 서로 생각과 의견, 감정과 정서, 의도와 인식을 나누는 것이다. 그렇기에 질 좋은 대화를 통해 우리는 상호주관적 경험을 하기도 한다.

다른 생각과 의견을 가진 두 사람이 각자의 입장을 이야기할 수 있는 기회를 갖고, 서로의 입장을 조망하여 공감대를 형성한다면 두 사람의 인식, 의도, 정서가 공유되었다고 할 수 있다. 설사 끝끝내 공통된 의견의 합치를 보지 못하더라도 서로의 인식과 의도 그리고 조율하려는 정서를 함께 공유했기 때문에, 대화와 시도가 헛되지 않았다고 느낀다.

일방적인 대화는 에너지만 소비해버릴 가능성이 높다. 반면에 수동적으로 받아들이기만 하는 대화는 얻는 게 없다. 마치 SNS의 쇼츠나 짧은 영상물을 볼 때와 같다. 제작자의 의도나 인식, 제작자의 정서를 공유할 시간은 없다. 그저 짧은 몇 초간의 시간 동안에 수면 위에 드러난 자극적인 영상에 매료된다. 딱 그 정도의 표현된 감정, 겉으로 드러난 명백한 정서만을 수동적으로 받아들이게 된다.

서사가 있고 기승전결이 있는 드라마나 영화, 몇 권에 걸쳐 주인공의 감정과 역사를 따라가는 소설은 어떠한가? 우리는 에너지를 써서 드라마, 영화, 책의 이야기에 몰입해야 한다. 작가나 주인공의 생각을 따라가고, 나름대로 유추해보고 추측도 해본다. 스토리를 따라가면서 주인공의 입장에 공감하게 되면서 점점 그 사람의 이야기 속으로 빠져들게 된다. 바로 내가 그 사람인 것처럼 느끼고, 그 사람의 인식과 의도, 정서를 공유한다. 바로 영화나 드라마, 책을 통해 상호주관적인 경험을 하게 되는 것이다.

그러한 과정은 우리가 일상에서 질 좋은 대화를 나눌 때도 일어난다. 우리가 원하는 대화는 쇼츠 같은 짧고 자극적인 대화인가, 아니면 한 사람의 서사를 이해하게 되는 대화인가? 우리가 매일 자녀와 나눠야 하는 대화는 어떤 종류의 대화인지 생각해봐야 한다.

다음의 상황을 살펴보자. 금요일 오후 아이와 함께 집으로 돌아오는 길이다. 퇴근 시간에 걸려 길은 꽉 막혔고, 아이는 차 안에 오래 앉아 있는 것이 힘들어 보챈다.

문제 해결 중심의 대화

아이 : 왜 이렇게 차가 많은 거야? 나 집에 가고 싶다고.
아빠 : 아빠도 집에 빨리 가고 싶어. 그런데 어떻게 하겠어. 차가 이렇게 많은데.
아이 : 나 힘들어. 사탕 줘. 나 힘들고 배고파.
아빠 : 배고파? 어쩌지 먹을 게 없는데. 좀 참아야겠다.

아이: 아 왜 없어어어어! 너무 짜증 나! 나 배고프다고!

아이: 아빠 운전하는데 울면 된다고 했어, 안 했어? 사고 나면 좋겠어?

아이: 으아아아아!

아빠: 뚝! 그만 울어. 운다고 먹을 게 나오지 않잖아? 어쩌라는 거야 아빠한테.

아이: (계속 운다)

아빠: 차 세울까? 응? 뚝 그쳐. 울지 마.

아이: (더 크게 운다)

아빠: 미안, 미안. 아빠도 답답해서 그랬어. 여기 사탕 줄게. 조금만 참자.

대화를 끝낸 아이와 아빠는 어떤 감정을 느꼈을까? 아빠는 '아 퇴근길에는 아이와 함께 차를 타고 이동하면 안 되겠다' 혹은 '차를 오래 탈 때는 꼭 먹을 것을 가지고 타야겠다'라고 생각했을 것이다. 상황에 대한 판단을 하고, 다음 상황을 미리 대비하거나 예측하는 것은 부모로서 필요한 부분이다. 만약 아이의 울음이 사탕으로 끝나지 않았거나 혹은 아빠가 비상용 사탕이 없었다면 상황은 어떻게 되었을까? 우는 아이에게 더 크게 소리 지르거나 아이의 울음을 무시했을 수도 있을 것이다. 나라면 어떻게 해주었을지 한번 떠올려보자.

한편 울다가 결국 사탕을 받은 아이는 아빠와 나눈 대화를 통해 무엇을 얻었을까? '차를 오래 타는 건 힘들어. 짜증 나서 울면, 더 크게 울면 아빠가 사탕을 줄 거야. 다음에도 짜증 날 때는 더 크게 울어야지.' 만약 아이가 이것보다 더 나갔다면 이렇게 느낄 것이다. '사탕을 받긴 했지만, 여전히 화가 나고 짜증 나. 아빠는 내가 힘든 것에는 관심 없어.'

결국 아이는 울음을 그쳤고 겉으로 보이는 문제는 해결된 것 같다. 운전 때문에 힘들어도 그 안에서 아이를 위해 노력했다고 생각하는 아빠, 힘든 상황에서도 사탕으로 스스로를 달래려 한 아이, 각자의 입장에서 노력했다. 하지만 둘 중 자신의 마음과 노력에 대해 공감받았다고 느끼는 사람이 있을까? 둘 다 자신이 이해받았다고 느끼지 못할 가능성이 크다. 이제 PACE를 적용해 어떻게 상호주관적인 대화가 이뤄지는지 살펴보자.

정서 중심의 대화

아이 : 왜 이렇게 차가 많은 거야? 나 집에 가고 싶다고.

아빠 : 우리 채원이가 집에 빨리 가고 싶은데, 차 안에만 있으니 지루하구나.

아이 : 어. 나 너무 지루하고 힘들어.

아빠: 우리 딸이 할 게 없어서 지루하구나. 그래, 차 안에만 있으니 지루하겠다. 아빠도 채원이처럼 집에 빨리 가고 싶은데, 차가 너무 많아서 길이 막히네.

아이: 왜 이렇게 차가 많은 거야?

아빠: 지금 시간이 저녁 6시잖아? 보통 아빠같이 회사에 다니는 사람은 퇴근 시간이 6~7시야. 그러면 사람들이 다들 집에 가고 싶어 하겠지?

아이: 그렇지! 저녁 먹어야 하니까.

아빠: 다들 집에 빨리 가고 싶어서 차들이 이렇게 많이 줄 서 있는 거야. 옆에 있는 저 아저씨도 지금 아마 집에 가고 있을 거야.

아이: ······.

아빠: 저 아저씨 딸은 집에서 기다리고 있을까? 아마 아저씨를 엄청 기다리고 있겠지?

아이: 그렇겠네. 딸도 아빠가 보고 싶겠다. 그래도 나는 아빠랑 같이 있네, 다행이다.

아빠: 나도 우리 딸이랑 같이 있어서 좋아. 다행이라고 생각해. 아빠 혼자 있으면 더 힘들었을 거야.

아이: 아, 그래도 너무너무 짜증 나. 나 배고파.

아빠: 아, 채원이가 오래 차 안에 있었더니 배고프구나? 지루한데 배도 고프니까 너무 힘들겠다.

아이: 응, 나 힘들어. 마음도 힘들고 몸도 힘들어.

아빠: 아빠가 도와줄 만한 게 있을까? 지금 집에 빨리 가면 뭘 하고 싶어?

아이: 나 집에 있는 우유 마실 거야.

아빠: 아, 우유가 먹고 싶구나. 아빠도 시원한 물 한잔 마시고 싶다.

아이: 아, 짜증 나. 집에 빨리 가서 우유 먹고 싶어.

아빠: 우유 생각을 하니 더 빨리 집에 가고 싶구나. 아빠가 집에 빨리 가게 할 순 없지만 우리 딸이 덜 힘들게 도와주고 싶어. 아빠가 마술사라면 뽕~ 하고 차들을 다 없애버릴 텐데. 뾰로롱 뽕!!!

아이: 풋. (살짝 웃다가 다시 짜증 낸다) 먹을 거 줘.

아빠: 뭘 좀 먹으면 기분이 풀릴 것 같구나. 그런데 어쩌나. 지금 먹을 게 없어. 다음부터 차를 오래 탈 때는 우리 먼저 꼭 먹을 것을 준비해두자.

아이: 으아아아아! 나 너무 힘들어.

아빠: 채원이가 계속 힘들구나. 그럼 이건 어때? 아빠가 웃긴 노래를 틀어주는 거야.

아이: 필요 없어!

아빠: 그럼 채원이가 좋아하는 노래를 골라볼까? 핑크퐁이 좋아? 아니면 하츄핑이 좋아?

아이: 나 섬집 아기 들을래!

아빠: 좋았어. 그럼 아빠가 섬집 아기 틀어줄게~

차가 막히는 상황을 당장 해결할 수 있는 부모는 없다. 아이는 이 상황을 이성적으로 받아들이고 스스로 조절할 수 있는 능력이 부족하다. 부모의 도움이 필요한 이유가 여기에 있다. 아이는 부모와의 대화를 통해서도 충분히 자신의 정서를 조절하는 방법을 경험할 수 있다.

부모는 아이의 마음에 동조하며 조율할 수 있다. 아빠는 딸이 힘든 마음을 우선적으로 수용(Acceptance)하고 인정했다. 차 안에서 아이가 오래 있는 것이 힘들다는 마음을 중요하게 여기고 이에 공감(Empathy)을 표현했다. 아이는 짜증 나고 부모도 지친 상황이지만 아빠는 유쾌함(Playfulness)을 잃지 않고 차 안의 분위기가 부정적으로 흘러가는 것을 막으려 했다. 또한 아이가 진짜 원하는 것이 무엇인지 알고 싶어 하고, 아이의 감정이나 인식을 더 알기 위해 궁금증(Curiosity)을 표현했다.

이런 대화가 집에 갈 때까지 끊임없이 반복될 수도 있다. 아이는 집에 도착할 때까지 힘들어할 것이고, 아빠도 아이의 정서를 다루어주느라 진이 빠질 수도 있다. 하지만 이 대화의 목적은 '집에 빨리 가게 하거나' 혹은 '집에 가지 못해 힘든 아이의 마음을 기분 좋게 바꾸어서 해결하는 것'이 아니다. 아빠가 아이의 마음을 있는 그대로 인정하고 받아들여줌으로써, 아이는 아빠가 자신의 감정에 귀 기울이고 자신의 감정을 중요하게 여긴다는 경험을 쌓는다. 아빠와의 대화를 통해, 퇴근 시간에는 차가 많다는 지식을 쌓게 되고, 지루한 시간을 견디기 위해서는 다양한 방법을 시도해볼 수 있다는 것도 배운다. 만약 운이 좋다면, 다음에 긴 시간 차량으로 이동할 때 아이가 먼저 제안할 수도 있다. "아빠, 이번에는 우리 물이랑 우유를 준비해서 차에 타면 어때?"

아이와 부모의 대화는 매일 일어난다. 매일 조금씩 일상에서 경험하여 쌓이는 것이 중요하다. 가랑비에 옷 젖듯이, 매일 나도 모르게 우리가 가정 내에서 나누는 대화는 상황을 바라보고 문제에 대처하는 방식과 감정을 조절하는 능력에 영향을 준다. 부모의 적절한 질문을 통해 자신이 생각하지 못하던 부분을 생각하게 되면서, 새로운 시각과 사회적으로 조망하는 법을 익혀나가게 된다.

> 아이와 대화할 때 PACE를 적용한다면, 대화는 훨씬 긍정적이 된다. 긍정적 순간이 쌓이면 아이는 자신의 감정을 조절하는 법과 사회적으로 바라보는 법을 배울 수 있게 된다.

☀️ 아이 스스로 답을 찾게 하는 '소크라테스식 문답법'

우리가 대화하는 기본 수단은 바로 언어 능력인데, 이 언어는 대화를 통해 발달하기도 하고, 반대로 언어 능력이 어느 정도 되어야 대화의 질이 더 높아지기도 한다. 언어는 생활과 학습의 기초가 된다. 아이는 언어를 통해 세상과 만나고 소통하기 때문이다.

　언어 능력이 발달할수록 눈에 보이지 않는 추상적 개념을 이해하고, 머릿속에서 사고하는 능력도 함께 발달한다. 사랑, 미움, 분노 같은 감정을 상징화하여 받아들이기도 하고, 중력이나 기압, 지구 자전 같은 물리학적 현상이나 원리에 대해서도 언어적으로 받아들인다. 이러한 언어적 지능을 통해 논리적으로 사고하는 기초 능력을 쌓게 된다.

언어가 발달함에 따라 대화는 조금 더 구체화되고 깊어진다. 나와는 다른 생각과 사고를 가진 사람과 대화를 하면서 대인 관계 경험을 쌓고, 타인을 이해하는 법과 나를 표현하는 법 그리고 함께 살아가는 법을 배운다. 아이가 청소년기가 되기 전까지 혹은 초등학교 고학년 전까지만 해도, 하루 중 가장 대화를 많이 나눈 대상은 바로 부모다. 그래서 부모와의 대화는 아이의 대화 방식과 대인 관계의 기본 틀을 형성하는 데 큰 영향을 준다.

앞서 대화에는 언어적 의사소통뿐 아니라 비언어적 의사소통인 얼굴 표정, 태도, 분위기 등 모든 것을 포함한다고 했다. 아이는 부모의 일상적인 모습을 보고 배운다. 부모와 비슷하게 말하고 대화하며, 부모가 타인을 대하는 모습을 참고하여 자신의 행동을 결정한다. 부모의 모습을 거울처럼 비춰낸다. 아주 어린 돌쟁이가 수시로 한숨을 쉬는 모습을 본 적이 있는가? 아니면 초등학생이 리모컨을 발가락으로 집는 모습은 어떠한가? 방귀를 아무 데서나 뀐다든지 하는 일상적인 모습은 부모의 모습과 지극히 닮아간다. 대화 또한 마찬가지다.

아이는 부모와의 대화를 통해 자신의 대화 방식을 만들어간다. 가정에서 감정표현이 극도로 적은 부모와 자란 아이는 자신의 감정을 표현하는 것이 잘못이거나 좋지 않은 방식이라고 인식할 가능성이 크다. 장난으로라도 부부끼리 함부로 대하거나 큰 소리로 말한다면 아이 역시 큰 소리를 내거나 장난을 치는 것이 익숙해질 것이다. 서로 감정표현을 많이 하고, 다른 가족의 이야기를 잘 들어주는 가정에서 자란 아이라면, 경청하는 것은 누가 따로 가르치지 않아도 몸에 밸 가능성이 높다.

하지만 부모와 자식의 '진짜 대화'가 이루어지는 순간은 생각보다 많지 않다. "아니 무슨 어린 애랑 대화가 됩니까?" 하고 반문할 수도 있다. 부모는 본능적으로 아이를 보호하고 안전하게 키우고 싶어 한다. 그래서 아이가 곤경에 처할 것 같으면 미리 나서서 해결해주거나, 아이가 조금이라도 힘들어하면 이를 어서 해소해주고 싶어 한다. 아이가 힘든 상황을 보면, 부모가 더 힘들어하는 것이다.

마음이 조급해지는 부모는 눈앞에 보이는 아이의 '불편함'을 빠르게 해결하고자 한다. 눈앞에 닥친 문제로 보이는 것을 해결하고 아이를 곤경에서 꺼내주고 싶은 마음이 커진다. 그렇게 부모의 마음이 조급해질 때, 부모는 아이에게 생각할 시간이나 아이 스스로 사고할 여유, 아이가 자신의 감정을 오롯이 느껴볼 기회, 즉 아이와 대화를 나눌 기회를 잃어버리게 된다.

아들이 네 살 무렵인 어느 날 밤, 샤워를 마친 아이와 내가 나눈 대화다. 아들은 갑자기 속옷을 입지 않겠다며 말도 안 되는 생떼를 부렸다.

아이: 엄마, 나 이 팬티는 입기 싫어. 어제 그 팬티를 입을래!

엄마: 아들, 지금 이 팬티가 입기 싫구나. 어떤 팬티가 입기 싫은 거야?

아이: 새로운 팬티! 나는 새로운 팬티가 싫어.

엄마: 아, 아들은 새로운 팬티가 싫구나. 그럼 어떤 팬티가 좋니?

아이: 나는 원래 입던 팬티가 좋아.

엄마: 원래 입던 팬티는 어떤 팬티지?

아이: 부드러운 거.

엄마: 아하, 원래 입던 것은 부드럽고, 또?

아이: 네모!

엄마: 아하, 부드럽고 네모난 팬티. 원래 입던 것을 입고 싶구나. 그런데 어제 아들이 네모 팬티를 입었을 때 어떻게 되었더라?

아이: 아, 맞다! 엉덩이가 가려웠어.

엄마: 어 그래, 네모 팬티가 너무 부드러워서 막 엉덩이 위로 스멀스멀~~ 말려 올라갔지? 그렇게 올라가니까 가려웠고. 그럼 이 새로운 팬티는 어때?

아이 : 이건 작아.

엄마 : 아, 네모 팬티보다 크기가 작은 세모 팬티구나.

아이 : 응, 세모 팬티, 작은 팬티.

엄마 : 작은 팬티를 입으면 말려 올라갈까?

아이 : 나 새로운 팬티 입을래. 이건 안 말려 올라가거든! 그러니까 나 새로운 팬티 입을래!

5분이 채 안 되는 짧은 대화다. 아이는 이처럼 부모가 보기에 말도 안 되는 떼를 쓴다. 다 하기로 해놓고 하기 싫다고 뒤엎어버리고, 이유를 설명하지도 못하지만 우선 안 하겠다고 억지를 부린다. 아이의 막무가내 주장은 성인인 부모의 눈에는 억지로 보인다. 아이 스스로가 합리적으로 설명하지 못하니까.

아이는 왜 싫은지, 스스로 왜 그런 선택을 했는지, 자신이 진짜 원하는 게 무엇인지 헷갈릴 때가 많다. 알지만 표현하지 못할 수도 있고, 애매하고 왔다 갔다 하는 자신의 마음을 스스로 다잡기는 어렵다. 당연하다. 아이니까.

이런 아이에게 부모는 대화로 자기조절력, 즉 스스로 자신의 마음을 들여다보고 그것을 조절하는 기회를 줄 수 있다. 자기조절력은 나이가 든다고 해서 저절로 생기는 능력이 아니다. 매일의 일상에서 자신의 마음을 들여다보고, 부모의 질문에 스스로에게 답해봄으로써 생각을 정리하는 연습을 하게 된다.

잠자기 전, 속옷을 입으며 나눈 이 짧은 대화를 통해 아들은 스스로 생각하는 기회를 가졌다. 내가 소아정신과 전문의이기 때문에 할 수 있는 특별한 기술을 쓴 것도 아니었다. 나는 그저 아이가 어떤 생각을 하는지 궁금했고, 그래서 아이의 생각을, 입장을 따라갔다.

부모에게 필요한 것은 약간의 여유다. 부모가 너무 힘들고 지쳤을 때, 아이의 억지에 숨어 있는 아이의 진짜 생각이나 마음을 들여다보기에는 시간이 너무 촉박할 때도 있다. 그럴 때 부모는 막무가내로 새로운 팬티를 입히거나, 부모가 이미 지쳐버려서 "그래, 네 맘대로 해" 하고 원래 입던 팬티를 입게 할 수도 있다. 나 역시 그런 날이 있다. 반대로 좋은 질문을 하고 여유가 있는 날도 분명히 있을 것이다. 그렇게 부모가 여유가 있는 날에는 이렇게 아이가 스스로 생각할 수 있도록 하는 대화를 시도해보자.

이러한 대화 방식을 '소크라테스식 문답법'이라고도 부른다. 이는 한 가지 질문에 꼭 한 가지 대답만이 있는 것이 아니라 다양한 관점과 영역을 생각해볼 수 있게 도와주는 질문 방법을 뜻한다. 팬티 하나 입는데 무슨 소크라테스까지 나오냐고 생각할 수도 있다. 하지만 일상에서 아이에게 소크라테스처럼 질문에 대답이 아니라, 질문에 질문을 함으로써 스스로 생각하도록 하는 기회를 줄 수 있다.

사실 이 문답법은 아이가 어릴수록 더 쉽다. 아직은 부모가 아이의 생각이나 사고 과정을 쉽게 파악할 수 있어 큰 그림을 그려놓고 대화를 이어나갈 수 있기 때문이다. 아이의 생각이, 현재의 상황이 어떻게 이루어졌는지 마치 제3자처럼 질문을 던짐으로써 평가나 편잔, 비난이 아니라 진짜 진심으로 궁금하다는 의사를 전달하고, 아이가 스스로 생각할 기회를 줄 수 있다.

부모는 아이의 인식과 의도에 편견 없는 궁금증을 표현하고, 아이는 이를 통해 자신의 마음을 스스로 들여다보는 연습을 한다. 자신이 느끼는 감정을 표현하고 이를 부모와 함께 공유한다. 이를 통해 아이가 자기 인식 능력을 높이는 것은 물론이고, 자신이 느끼는 주관적인 정서를 부모와 함께 공유한다. 부모와 아이는 짧은 대화를 나누는 동안에 서로의 인식과 의도, 정서를 공유하는 상호주관적인 경험을 한 것이다.

양육의 궁극적 목표는 자녀의 독립이다. 아이를 떠나보내야 한다. 어미호랑이가 새끼호랑이가 배고플까 봐 먹이를 잡는 법을 알려주지 않고 먹이를 계속 물어다 준다면, 새끼호랑이는 어떻게 될까? 독수리는 스스로 사냥을 해야 하고, 물고기는 헤엄을 쳐야 한다. 스스로 날고, 사냥해야 한다. 그래야 스스로 살아갈 수 있다.

우리도 마찬가지다. 아이를 한 사람의 독립적인 사람으로 성장시키기 위해, 스스로 생각하고 판단하며 행동할 수 있도록 부모가 키워야 한다. 물고기를 잡아주지 말고 물고기 잡는 법을 가르치라는 말은 너무나 오래되고 유명한 명언이지만, 더 많이 강조해도 지나치지 않을 정도로 중요하다. 부모는 아이에게 안전한 테두리 안에서, 아이가 성장할 수 있는 기회를 줘야 한다. 이는 일상의 대화를 통해서도 가능하다.

어린 시절부터 부모와 일방향적인 지시나 통제를 받기보다 쌍방향적이고 상호주관적인 대화를 많이 나눈 아이는 커가면서 대화가 더욱 풍요로워진다. 부모는 아이와 나누는 대화가 즐겁고, 아이 또한 언제든 부모와 자신의 생각과 사고, 감정과 정서를 나눌 수 있다고 믿는다. 매일의 대화를 통해, 부모와 자녀의 관계의 끈, 애착의 질과 밀도가 높아진 것이다. 부모와 자녀의 대화는 이렇게나 중요하다.

아이의 문제를 해결해주는 것에 초점을 맞추면, 아이 스스로 생각하는 기회를 갖기 어렵다. 조금 여유를 가지고, 아이에게 기회를 주자. 자신의 마음을 들여다볼 줄 아는 아이는 자신의 감정을 조절하고, 타인의 마음에 공감하는 아이로 성장한다. 멀리 보고 여유를 갖자. 부모가 멀리 볼수록 아이는 더 크게 성장한다.

☀️ 대화의 질을 높여주는 궁극의 기술

분명 대화가 쉽지 않은 부모도 있다. 원래 말수가 적거나 대화를 많이 나눠본 경험이 없거나, 그중에서도 아이와의 대화가 어려운 부모도 있다. 다양한 이유로 마음속에 있는 말과 머릿속의 생각을 표현하는 것에 어려움을 느낀다. 대화가 어려운 부모에게 나는 우선적으로 세 가지 방법을 권한다.

첫 번째는 '경청하기'다. 적극적 경청의 중요성에 대해서는 이미 앞 장에서 다루었다. 우리는 누구나 자신의 편이라고 믿는 사람에게 더 이야기하고 싶고 속마음을 털어놓을 수 있다. 이는 아이 또한 마찬가지다. 아이가 부모는 내 편이라고 확실하게 믿게 만드는 방법은 아이의 말에 귀 기울이는 것이다. 아이가 말로 전달하는 것뿐 아니라 마음을 더 잘 읽어내기 위해, 아이의 의도와 인식, 말이 아니라 표정과 태도로 전하는 아이의 진짜 말을 잘 들어야 한다.

부모는 아이와 가장 오랜 시간을 보내는 사람이다. 때로는 전문가보다 아이의 진짜 마음을 더 잘 알아차릴 수 있다. 그러기 위해서는 에너지를 쏟아야 한다. 아이의 말을 그냥 수동적으로 흘려듣는 것이 아니라, 적극적으로 아이를 보고 느끼고, 귀담아들어야 한다. 부모가 자신의 마음에, 자신의 이야기에 귀 기울인다는 것을 알 때,

아이 또한 자신의 생각이나 마음이 중요하고 가치 있다고 느낀다. 그래서 아이 또한 자기 마음의 소리에 더 귀를 기울이게 된다.

두 번째는 '반영하기(마음 읽기)'다. 앞서 반영은 놀이의 기술 중 하나로도 언급했다. 대화에서의 반영하기는 놀이에서보다는 좀 더 고급 레벨이라고 할 수 있다. 아이가 하는 말을 있는 그대로 반영해주는 것을 넘어서서, 아이의 마음을 거울로 비춰내 아이에게 다시 돌려주는 것이다. 마음 읽기(Mind-reading)라고도 할 수 있는데, 이것은 말 그대로 아이의 마음을 부모가 헤아려서 읽어주는 것을 말한다.

마음 읽기에는 전제조건이 있다. 부모는 자신의 소망이나 부모 자신의 욕구, 부모가 원하는 필터를 씌워 아이의 마음을 읽는 것이 아니라 아이의 마음을 있는 그대로 비춰줘야 한다. 설령 현재 아이의 마음 상태가 부모가 원하는 것이 아니라 하더라도, 있는 그대로를 읽어주는 것이 필요하다. 있는 그대로의 마음을 부모가 읽어줄 때, 아이는 부모에게서 자신의 모습 그대로 인정받고 수용받는다는 믿음을 얻게 되면서 신뢰감이 쌓인다.

이 마음 읽기는 이미 수년 전부터 부모 교육 영역에서 많이 활용하는 기법인데, 사실 이 개념을 잘못 적용하는 부모가 꽤 많다. 예를 들어, 아이가 친구와 장난감 가지고 다툴 때 "친구한테 양보할 수 있는 착한 마음이 있지? 우리 경호는 양보할 줄 아는 아이야~"라고 부모가 원하는 감정을 강요하는 경우다. 사실 아이는 장난감을 친구에게 뺏기기 싫어서 화가 났을 텐데 부모 입장에서 좀 더 좋아 보이는 감정을 아이에게 강요하는 격이다.

또 다른 경우로는 아이의 감정을 비꼬거나 비난하는 경우가 있다. "넌 이랬다가 저랬다가 도대체 어쩌자는 거니? 어휴, 네가 네 마음도 모르면 어쩌자는 거니?" 하고 답답한 마음에 핀잔을 주게 된다. 사실 이런 경우는 흔하게 발생하는데, 부모로서 아이가 이도 저도 못하고 있으니 속상하고 답답하니까 해결해주고 싶은 마음에 나오는 말이다. 하지만 속상하고 해결하고 싶은 초조함은 부모의 마음이다. 부모의 초조함은 부모가 스스로 조절하고 해결해야 한다. 아이에게 부모의 초조함을 투사해서는 안 된다.

감정을 다루는 것이 미숙한 아이는 당연히 동시에 여러 가지 감정을 느낀다. 몸은 피곤한데 놀고 싶기도 하고, 친구 때문에 속상해서 집에 가고 싶지만 더 놀고 싶기도 하다. 자신의 상반된 여러 가지 감정 때문에 속상하고 혼란스럽다. 그렇지만 사실 이러한 양가감정이나 복잡한 감정을 느끼는 것은 비단 아이뿐 아니라 성인인 부모도 마찬가지다. 마음이란 원래 왔다 갔다 하는 것이다. 그래서 진짜 거울의 역할은 있는 그대로 혼란스러운 아이의 마음을 읽어주면 된다.

"체육대회를 나가고 싶기도 한데, 또 나가서 못하면 창피할까 봐 마음이 복잡하구나."
"더 놀고 싶은데 피곤하기도 하고, 어떻게 해야 할지 잘 몰라서 속상하구나."

이런 대화 방식이나 경험이 반복되면, 아이는 자신에게 투영된 감정의 소리를 듣고, 자신의 감정을 이해하게 된다.

세 번째는 '부모 자신의 이야기 하기'다. 아이와 대화를 많이 나누는 것이 중요하다고 말하면 "저는 원래도 말이 없는데 아이와 더 무슨 말을 할지 모르겠어요"라고 하는 부모가 있다. 아이와의 대화라고 해서 성인과의 대화와 특별히 다르지 않다. 우리가 좋아하는 사람과 어떤 대화를 나누는지 떠올려보자. 내가 겪은 일, 하루 중 좋았던 일 혹은 나빴던 일, 기대하는 일, 앞으로 일어날 일, 걱정스러운 일 등을 공유하고 그때 느끼는 감정과 정서를 공유하는 대화를 한다. 대단한 주제나 철학적인 이야기를 하는 게 아니다.

아이와의 대화도 마찬가지다. 그날 겪은 일을 회상하고 이야기하는 것부터 시작할 수 있다. 아이가 스스로 이야기하는 게 어렵다면 먼저 부모부터 이야기를 시작한다. 부모의 일상을 아이가 알아들을 수 있게 이야기하고, 그것에 대한 아이의 반응을 살핀다.

말주변이 없는 아이거나 아직은 표현이 서툰 어린아이라면, 아이의 일상에 대해서는 부모가 미리 힌트를 얻어두는 것도 좋은 방법이다. 기관에서 알려주는 알림장이나 노트를 통해서, 다른 친구들을 통해서 그날 일어난 일이나 먹은 음식 등에 대한 정보를 미리 알아둔다면, 아이와의 대화를 좀 더 쉽게 이끌어갈 수 있다. "오늘 유치원에서 뭐 먹었어?"보다는 "오늘 유치원에서 미역국이 나왔다며? 엄마도 미역국 엄청 좋아해~"처럼 구체적인 내용으로 아이가 그날의 일을 회상하고 쉽게 이야기할 수 있게 도와준다.

대화 내용이 대단히 교훈적이거나 길지 않아도 된다. 매일의 대화에서 중요한 것은 그날 서로의 하루에 대해 진심으로 궁금해한다는 느낌, 서로가 느꼈을 감정을 함께 나누는 순간이 중요한 것이다. 서로가 서로의 인식, 의도, 정서를 공유하는 대화야말로 돈으로도 바꿀 수 없는 상호주관적인 대화다.

하지만 무엇보다 중요한 것은 대화의 내용이나 길이가 아니다. 바로 대화를 하는 부모의 태도와 분위기다. '너와 대화하고 싶어', '너의 생각과 감정은 나에게 중요해'라는 마음이 풍기는 부모의 태도와 표정, 분위기가 갖는 힘은 강력하다. 매일 반복되는 이러한 부모의 따뜻하고 진실된 반응과 태도, 즉 PACE를 유지한 부모의 모습은 아이에게 '부모가 언제나 네 곁에 있을 것'이라는 믿음을 준다.

아이가 보고 느끼고 생각하는 것을 부모가 충분히 공감한다는 것이 전해지면 아이는 큰 위안을 얻는다. 부모의 위로를 느낀 아이들은 자신이 혼자가 아니며, 부모에게 언제든 도움을 청할 수 있다는 지지를 얻게 된다. 부모의 그러한 역할은 아이 내면에 깊고 단단하게 자리 잡아 아이 내면의 힘이 되어준다. 그것이 바로 아이를 건강하게 만드는 애착의 힘이자 정서의 힘이다.

아이와 대화를 잘 하는 방법은 아주 쉽다. 첫 번째는 아이의 이야기에 경청하는 것이다. 두 번째는 아이의 마음을 있는 그대로 읽어주는 것이다. 마지막으로 부모가 자신의 이야기로 시작하는 것이다.

5장

'좋은 부모'가 되기 위한 4주 연습

나의 육아 목표는
무엇인가

신혼 때였다. 남편은 결혼 전부터 부모가 된다는 것에 엄청난 부담감을 느꼈다. 하루는 남편에게 우리는 아이를 언제 가지면 좋겠냐고 슬쩍 물어봤다. 남편은 나에게 "왜 아이가 낳고 싶은데?" 하며 물었다. 이 단순한 질문에 나는 당황했다. 한 번도 구체적으로 답을 생각해본 적이 없어서였다. "아니, 사람이 태어났으니까, 내가 여자니까 애는 낳아봐야 하지 않겠어?" 당황하지 않은 척 웃으며 답하고 자리를 피해버렸다. 그 뒤로 나는 한동안 이 질문에 사로잡혀 있었다. '나는 왜 아이를 낳고 싶을까?'

인간으로서의 번식 의무 때문인가? 부모님, 지인들의 기대와 압박 때문일까? 아니면 아이를 갖는 게 가족으로서의 순서라고 생각하기 때문인가? 그 어떤 이유도 답이 될 순 없었다. 나에게 아이를 낳는 것은 당연하고 당위적인 일이었다. 그래서 더더욱 남편에게 말하기 어려웠다. 그래서 나는 아이가 생기면 어떤 모습일지 구체적으로 상상하기 시작했다. '우리 부부는 어떤 모습일까? 부모가 된 나는 어떨까? 아이와 함께하는 삶은 어떤 형태로 흘러가게 될까?' 생각을 하면 할수록 더 기대가 되고 왠지 모르게 설레기도 했다.

☀️ 짧고도 찬란한 육아의 시간
즐기고 또 만끽하라

그렇게 막연한 기대와 상상으로 임신을 결심했고, 난 내 아들을 만났다. 아들을 마주하고 나니 종잡을 수 없던 나의 상상들을 온몸으로 느낄 수 있었다. 내가 왜 엄마가 되고 싶어 했는지 알게 되었다. 나는 내 아이를 마음껏 온전히 사랑하기 위해 엄마가 되고 싶었던 것이다.

아이를 낳고 우리 부부는 육체적으로 힘들고, 정신적으로 예민해졌다. 아이의 수면주기에 따라 쪽잠을 잤고, 수유는 쉽지 않았다. 거기에 나는 출산 후 몸 상태가 완벽하게 회복되지 않아 몸이 부었고 쑤셨다. 하지만 그런 어려움은 내 아이가 주는 충만한 행복을 결코 훼손할 수 없었다. 나를 바라보는 아이의 눈빛, 내 품에서 새근새근

잠든 아이의 숨결, 아이의 정수리에서 나는 포근한 향기 같은 것이 나를 가득 채웠고 나는 '온 세상이 완벽하다'고 느꼈다. 그렇게 아이는 우리 가정에 무한한 행복과 기쁨을 가져다주었다.

아이가 크면서 아이와 교감하는 시간이 쌓여가면서 아이를 사랑하는 마음도 눈덩이처럼 커져갔다. 친한 친구 중 한 명은 아이를 낳고 키우는 일을 마치 '아이돌 덕질'하는 것 같다고 표현했다. 정말 그 말이 맞았다. 바쁘게 일하다가도 아이 사진 하나에 기분이 좋아졌다. 아이의 몸짓 하나라도 놓칠까 봐 우리 부부의 눈과 귀는 항상 바빴다. 우리는 아이에게 푹 빠져 있었다. 아이에 대한 사랑이 감당할 수 없을 정도로 커지고, 아이가 나에게 절대적인 존재가 되었다는 것이 느껴질 때마다 소아정신과 전문의로서 배워온 육아의 원칙을 마음속으로 되새겼다.

마음껏 사랑하자. 그리고 떠나보내자.
아이는 내 것이 아니다. 아이는 내 소유물이 아니다.
육아의 목표는 '자녀의 독립'이다.

하지만 그 생각을 중심에 두니 아이가 커질수록 서글퍼지기도 했다. '이 아이가 다 크면 나를 떠나겠지?' 잠든 아이를 보며 쑥쑥 크는 것이 보일 때마다 나에게서 점점 멀어져간다는 것을 실감하며,

진료실을 찾아온 부모가 하나같이 했던 말이 떠올랐다. "조금만 천천히 컸으면…." 나를 비롯한 부모는 사실 모두 알고 있다. 아이와 이렇게 마음껏 사랑하고 숨김없이 표현하며 친밀하게 지낼 수 있는 시간이 유한하다는 것을. 그렇기에 나는 나의 육아 목표를 더욱 굳게 세웠다. '현재의 이 모든 순간을, 이 찬란한 삶의 순간을 오롯이 느끼고 표현하자'로. 뽀뽀 세례를 하는 아들과 함께하는 행복한 순간을 오롯이 느끼고 내 사랑을 남김없이 아이에게 표현하며 이 짧은 순간을 보내기로 했다.

〈어바웃 타임(About Time)〉이라는 영화가 있다. 영화의 남자 주인공은 특정 시간으로 되돌아갈 수 있는 신비한 능력이 있다. 처음 자신의 능력을 발견한 주인공은 다양한 방식으로 이 능력을 사용한다. 사랑하는 여인을 만나기 위해, 누군가를 도와주기 위해, 실수를 만회하기 위해…. 하지만 결국 남자 주인공은 깨닫는다. 삶에는 한순간도 의미가 없는 순간이 없다고 말한다. 그 사실을 깨달은 후로 주인공은 더이상 시간 여행을 하지 않는다.

"우리가 할 수 있는 것은 이 멋진 삶의 순간들을 최대한 만끽하는 것이다 (All we can do is do our best to relish this remarkable ride)."

영화의 마지막 장면에서 주인공은 자신과 같은 능력이 있는 아버지와 마지막 시간을 보낸다. 생의 마지막 순간에 아버지가 되돌아가기를 바라는 시간은 아들이 어렸을 때 해변가에서 함께 노닐던 평범한 하루였다. 삶에서 가장 소중하고 찬란한 시간이었다. 그렇다면 나는 지금 내 아이와 함께하는, 이 유한하지만 가장 아름다운 이 시간을 어떻게 보내고 있는가.

삶이 힘들고 팍팍해서 혹은 아이가 까다롭고 예민하다는 이유로 우리는 아이와 함께하는 순간순간의 가치와 의미를 잊고 산다. 물론 내 일이나 생활, 아이의 학교 문제처럼 그 순간에 집중해 문제를 해결해야 할 때도 있다. 그것이 부모의 역할이기도 하다. 하지만 그럴 때조차 아이와의 관계와 아이가 주는 즐거움을 잊지 말자.

이 책을 읽으면서 '소아정신과 의사가 너무 감성적인 이야기만 쏟는 게 아닌가?' 하는 생각을 할 수도 있다. 하지만 난 유튜브나 강연이나 어디서든 나를 '감성육아장인'으로 지칭한다. 소아정신과 의사이기 때문에 더더욱 육아에 감성이 필요하다고 강조하게 된다. 육아에는 반드시 감성이 필요하다. 아이는 기계가 아니며 육아는 공식만으로는 풀어나갈 수 없다.

간혹 톱니바퀴처럼 돌아가는 너무 바쁜 일상에서, 타인과 비교하며 육아도 경쟁하듯 하는 부모가 있다. 하지만 나는 육아만큼은 그러지 말자고 하고 싶다. 아이를 낳고 기르는 일, 아이와 함께 살아가는 일만큼은 부디 감성의 영역으로 남겨두자. 마음으로 아이를 보살피는 일, 매일의 일상을 함께하는 일, 그 역할은 소아정신과 의사도, 유명한 육아전문가도 대신 해줄 수 없다. 그것은 부모만이 가질 수 있는 고유한 특권이다. 그 특권을 놓치지 말자. 아이 곁에 있는 순간엔 마음으로 아이에게 집중하고, 나 또한 그 시간을 만끽하는 부모로 살아가자.

'아이와 함께하는 현재의 이 모든 순간을, 이 찬란한 삶의 순간을 오롯이 느끼고 표현하자'는 나의 육아관을 부모들과 나누고 싶다. 그래서 강연장에서 부모들을 만났을 때 이 질문을 빠트리지 않고 꼭 던진다. 책을 읽는 부모도 이 질문에 한번쯤 자신만의 답을 내려보길 바란다.

"부모님의 육아 목표는 무엇인가요?"

"20년 후, 자녀와 어떤 관계로 남고 싶으신가요?"

> **POINT**
>
> 아이는 언젠가 부모에게서 독립한다. 우리에게 주어진 아이와 함께하는 하루하루는 유한하다. 그렇다면, 당신의 육아 목표는 무엇인가? 부모의 가장 큰 특권은 아이와 가장 가까이에서 매일의 일상을 나눌 수 있다는 것이다. 우리에게 주어진 찬란하고 유한한 이 순간을 마음껏 즐겨보자.

육아 점검하기
: 지금 나의 육아는 어떤 모습일까

그렇다면 나는 아이와 어떤 시간을 보내고 있는가? 이제는 아이와의 관계를 단단히 하고 상호주관성의 경험을 쌓는 실전 과정을 해볼 차례다. 아주 쉽게 차례대로 과정을 소개할 테니 차근차근 따라해보자. 지금부터 책에서 소개하는 이 과정은 내가 진료실에서 실제로 사용하는 방법을 조금 더 쉽게 구조화한 것이다.

부부가 함께하면서 피드백해주면 좋다. 단 서로의 단점을 찾아내 헐뜯거나 핀잔을 주는 것은 금지다. 가장 가까이서 관찰할 수 있는 부부가 서로의 장점을 찾아냄으로써 부모로서 성장할 수 있는 동기를 부여하기 위한 피드백이다. 즉 아빠와 엄마가 양육자로서 아이와 가까워지겠다는 공동의 의도를 나누기 위해서다. 서로간의 응원과 격려를 통해 뿌듯함뿐 아니라 좌절이나 자책 같은 마음까지 함께 나눌 수 있을 것이다. 5장의 과정을 끝내고 나면 가족은 더욱 단단하고 끈끈해질 것이라 확신한다.

이제 육아의 3가지 핵심 구조인 아이, 부모 그리고 아이와 부모의 관계로 나눠 살펴보고자 한다. 지금 우리 가족과 육아 상태가 어떤지 체크해보자. 다음 문항에 답을 하다 보면 지금의 상황이 더 분명하게 보일 것이다.

☀ 나도 몰랐던 내 아이의 모습 관찰하기

아들이 신생아일 때, 칭얼대는 아이와 몇십 분을 씨름하던 남편이 나에게 지친 듯 물었다. "의사소통은 도대체 언제쯤 되는 거야?" 울고 버둥거리는 것이 표현할 수 있는 수단의 전부인 아이의 마음을 알지 못해 답답한 남편의 외침이었다. 사실 아이는 신생아 시절부터 아니, 엄마의 뱃속에서부터 의사소통을 시도한다. 다만 그 의사소통이 성인이 하는 것과는 다르기에 우리가 알아차리기 힘들 뿐이다. 아이는 미소나 웃음, 울음이나 손짓발짓으로 자신을 표현한다. 울음에도 높낮이, 크기, 세기가 다르다. 민감한 부모는 아이가 보내는 베이비 사인(Baby Sign)을 기가 막히게 알아차리기도 한다.

아이가 3~4세가 되어 어느 정도 언어표현이 되면 어떠한가? 그때도 별반 다르지는 않다. "엄마 배고파, 아빠 놀자, 저건 비행기야" 같은 단순한 의사표현을 하는 것과 자신의 마음이나 감정을 조리 있게 상대방에게 전달하는 능력은 다르다. 아이는 자신이 느끼는 감정이 정확히 무엇인지 모를 수도 있고, 알더라도 표현하는 방법이 미숙하다. 그래서 필요한 것이 바로 부모의 '민감성'이다. 아이의 욕구와 정서, 감정과 마음을 잘 읽어내는 부모의 능력이다. 아이가 온몸으로 보내는 다양한 신호와 사인 등을 읽어내는 것은 바로 적극적 경청에서 시작된다.

'좋은 부모의 시작은 관찰에서부터 시작된다.'

적극적 경청은 정신과 의사 면담의 기본 중의 기본이라고 했다. 나 역시 정신과 전문의가 되기 위해 거의 1년간 매일 이 면담법을 수련했다. 이 기초적인 면담법은 누구나 배우고 연습하면 일상에서도 충분히 활용할 수 있다. 이제 방법을 알려주려고 한다. 무엇을 관찰해야 하는지, 어떤 부분을 체크하고 유심히 살펴야 하는지 알고 연습하다 보면 나도 모르게 적극적 경청이 몸에 배이게 된다. 그렇게 아이를 관찰한 기본 데이터가 축적되면, 아이가 보내는 신호를 쉽고 자연스럽게 읽어낼 수 있다.

아이 관찰의 기본 틀은 기질을 파악하는 것에서부터 시작한다. 기질은 8가지 측면을 관찰할 수 있다. 오늘부터 1주일간 아이를 관찰하고, 관찰 결과를 기록해보자. 인터넷이나 육아 서적에 있는 자료가 아니라 내 아이의 실제 데이터를 모으는 시간이다.

우리 아이 관찰 일지

*각 항목당 0~10점 사이로 체크해보세요.
부부가 함께 진행하고 비교해도 좋습니다.

1. 신체 활동량과 활동 수준은 어느 정도입니까?		
주로 앉아서 활동하며 상호작용 시도 적은 편이다.	<—0—1—2—3—4—5—6—7—8—9—10—>	활발하게 움직이며 운동량이 많은 편이다.
관찰내용:		

2. 아이의 일과에 리듬이 있고 일정한 규칙이 있습니까		
매일매일 일과가 다르다.	<—0—1—2—3—4—5—6—7—8—9—10—>	정해진 리듬이 있어 예측하기 쉽다.
관찰내용:		

3. 새로운 자극이 주어졌을 때의 반응이 어땠습니까?		
불편해하고 거부한다.	<—0—1—2—3—4—5—6—7—8—9—10—>	거리낌 없이 받아들이고 먼저 접근하고, 탐험한다.
관찰내용:		

4. 주변 환경이 바뀌었을 때 얼마나 쉽게 적응합니까?

불편해하고 거부한다.	<—0—1—2—3—4—5—6—7—8—9—10—>	거리낌 없이 받아들이고 먼저 접근하고, 탐험한다.

관찰내용:

5. 감정표현은 어느 정도로 합니까?

어떤 감정을 느끼는지 모르겠다.	<—0—1—2—3—4—5—6—7—8—9—10—>	아주 격하게 표현하는 편이다.

관찰내용:

6. 자극이나 환경의 변화를 얼마나 잘 알아차립니까?

조그만 자극도 예민하게 잘 알아차린다.	<—0—1—2—3—4—5—6—7—8—9—10—>	둔한 편으로 주변 환경에 영향을 덜 받는다.

관찰내용:

7. 기분은 대체로 어때 보이는가요?

기분이 우울하고 무기력, 혹은 짜증, 분노가 느껴진다.	<—0—1—2—3—4—5—6—7—8—9—10—>	매우 들뜨고 기분이 좋은 편이다.

관찰내용:

8. 한 가지 활동을 꽤 오래 하는 편인가요?

금세 지루해 한다.	<—0—1—2—3—4—5—6—7—8—9—10—>	한 가지를 끈기 있게 지속한다.

관찰내용:

종합 의견:

다양한 아이의 일상 속 모습을 관찰하며 일지에 적어보자. 아이와 함께 외출할 때, 새로운 음식을 먹었을 때, 학교에서 견학을 갈 때, 새로운 장소에 갔을 때, 키즈 카페에 갔을 때, 오랜만에 보는 친척이나 혹은 새로운 사람이 집에 놀러 왔을 때 다양한 상황이 있을 것이다. 0~10점 사이에서 아이의 모습을 점수로 체크해보고, 여백이나 다른 노트에 어떤 행동이 있었는지 메모해두는 것도 좋다.

일지를 작성하면서 궁금증이 생길 것이다. "몇 점 이상이면 어떻게 되는 건가요?", "평균은 몇 점인가요?" 나는 이 일지가 아이를 관찰하는 기회를 얻는 데 목적이 있다고 분명히 밝혀둔다. '까다로운 아이'와 '순한 아이'로 아이를 구분 지으려는 게 아니다.

각 항목을 체크해보면서 아이의 모습을 떠올리다 보면, 내 아이에 대한 이해도가 높아진다. 부부끼리 서로 의견이 다르다면 함께 이야기를 해보는 것이 큰 도움이 된다. 리듬감이 있고 규칙성이 높은 아이라면, 키우기가 상대적으로 수월하다. 반면에 새로운 자극에 대한 반응이 예민하고, 거부반응이 있다면, "아 맞아. 우리 딸은 좀 섬세한 편이지, 적응하는 데 시간이 오래 걸릴 수밖에 없겠네. 그래, 우리 딸에게는 시간을 좀 더 많이 줘야지" 하고 아이의 모습을 다시 떠올려보는 것으로 충분하다. 다만 0점에 가깝거나, 최고 10점에 가까운 항목이 있다면, 일상 속에서도 그 부분을 더욱 중점적으로 관찰하고, 아이에게 필요한 도움이 무엇인지 생각해보아야 한다.

> 아이에 대한 진정한 호기심을 갖고, 아이의 모습을 편견 없이 관찰하자.
> 좋은 부모란 아이의 마음, 인식, 의도를 잘 알아차리고 반응하는 부모다.
> 관찰은 좋은 부모가 되는 첫걸음이다.

☀ 지금의 나를 만든 나의 어린 시절

우리 모두 나를 낳아주거나 길러준 부모 혹은 양육자가 있다. 그 부모와 관계가 좋았든 안 좋았든 간에 우리 모두는 누군가의 딸, 아들로 태어나 자랐다. 지금은 부모가 된 나의 어린 시절은 어땠는가? 내 부모님은 어떤 분인가? 앞서 아이가 어렸을 때 경험하게 되는 부모와 관계가 매우 중요하며 이를 바탕으로 한 사람의 대인 관계 방식과 심리적 틀이 형성된다고 했다. 그런 맥락에서 '유년기 애착 형성이 불안정한 사람은 좋은 부모가 될 수 없을까? 혹은 부모와의 관계가 좋은 사람은 자동적으로 좋은 부모가 되는 것일까?' 하는 의문을 가질 수 있다.

애착은 한 개인의 일생에 걸쳐 커다란 영향을 준다. 하지만 그렇다고 해서 내가 경험한 애착 패턴이 그대로 재연되는 것은 아니다. 어떤 이는 자신의 부정적인 애착 경험을 통해 아이에게 좀 더 좋은 부모가 되기 위해 노력할 수도 있다. 즉 어린 시절 내 부모와 나의 애착 경험은 나에게 영향을 주었지만, 이것이 어떻게 표현될지는 나의 의식적 노력에 따라 달려 있다. 그 노력의 첫 단계는 바로 나의 애착 경험을 확인하는 것이다. 현재의 상황을 잘 알아야, 어떻게 변화할지, 또 어떤 부분을 노력해야 할지 방향을 잡을 수 있기 때문이다.

영유아기 부모와의 애착 경험을 바탕으로 대인 관계의 기본 틀이 형성되고, 그 기본 틀을 바탕으로 이후 친구, 동료, 연인 등의 다양한 대인 관계 경험이 쌓인다. 유아기에 결정된 심리적 틀은 고정된 형태로 존재하기보다는 이후의 경험들과 함께 조금씩 변화하고 다듬어져 한 사람의 성격을 형성하는 근간이 된다.

성숙한 성인이라면, 유년기 다소 불안정한 애착 경험을 했더라도 이성과 노력으로 대부분 원만한 대인 관계를 맺고 산다. 타인과 적당한 거리를 두기도 하고 혹은 의식적으로 친사회적으로 행동하면서 스스로를 조절하며 살아간다.

그런데 웬일인지, 부모가 되고 나서는 지금까지의 모습과는 다른 모습들이 자주 나온다. '나는 원래 이런 사람이 아닌데' 혹은 '내게 이런 모습이 있었다고?' 하며 스스로도 자신의 달라진 모습에 놀라거나 당황하기도 한다.

간혹 멀쩡해 보이던 성숙한 사람이 가족 안에서 완전히 다른 모습을 보이는 경우가 있다. 사회적으로도 성공하고 인정받는 사람이 집에서는 자녀에게 폭력적인 경우라든지, 밖에선 화도 안 내고 아주 친절하고 예의 바르던 엄마가 집에서는 냉담해져 자녀와의 감정교류를 제대로 하지 못하는 경우 등이다.

이러한 경우 부모 자신도 혼란스러워한다. 나름대로 잘 살아왔고 스스로 이 정도면 괜찮은 인간이라고 자부하며 살았는데, 아이를 낳고 기르다 보니 왠지 모르게 나의 밑바닥을 보게 되는 경험을 하는 것이다. 아무것도 모르는 아이에게 소리를 지르거나 나도 모르게 아이에게 손찌검을 해버리고 엄청난 죄책감에 사로잡히기도 한다. 그렇게 아이는 부모를 자극하는 존재다.

성숙한 성인은 한 개인이 합리적 사고와 다양한 노력을 통해 사회적으로 성숙된 행동을 하는 이성적인 사람을 뜻한다. 이처럼 성숙한 성인도 부모가 되면서 본능적인 영역에 굴복되곤 한다. 나도 모르게 해버리는 행동이 늘어난다. 물론 앞에서 말한 부정적인 모습 외에도 위험한 상황에서 내 몸을 던져 아이를 보호한다거나 아이를 위해 절대적으로 헌신하는 모습 역시 합리적 행동이라 보기는 어렵다.

지금은 부모가 된 우리도 한때는 양육자의 보호 없이는 존재할 수 없었던 취약한 존재였다. 누군가가 온전히 먹여주고 재워주지 않았다면 지금의 우리는 없을 것이다. 그 시절의 기억은 지금 우리의 어디에 남아 있을까? 내가 소아정신과 의사가 되고, 많은 부모와 아이를 만나면서, 또 내 아이를 낳고 부모가 되면서 가장 자주 떠오른 기억 중 하나가 바로 나와 내 엄마, 아빠와의 관계였다.

갓 태어난 아이를 바라볼 때, 아이에 대한 무한한 사랑을 느낄 때, "아, 우리 엄마도 나를 보며 이런 기분이었을까?" 하고 궁금증이 떠올랐다. 아이가 밤새 열이 나 옆에서 간호하며 차라리 내가 아프면 좋겠다고 마음 졸일 때, 나의 부모도 이런 간절한 마음이었을까 하고 생각해보았다. '내가 내 아이를 끔찍이 여기는 만큼 우리 엄마 아빠도 나를 끔찍이 여겼겠지' 하는 마음에 갑자기 마음이 몽글몽글해지기도 했다. 부모가 된 우리는 아이를 기르면서 몸과 마음에 배어 있는 원부모와의 관계를 재경험하게 된다.

그렇다면 당신은 어머니, 아버지와 어떤 경험을 했는가? 내가 기억하는 나의 어린 시절과 나를 보살펴주던 부모님은 어떤 모습이었는지 기억을 거슬러 올라가보자. 먼저 다음 질문에 답해보자.

> 어린 시절 나의 기억 중 가장 강렬하게 떠오르는 기억은 무엇인가?

그리고 다음의 부모 특성 목록표에서 나의 엄마 혹은 주양육자를 가장 잘 묘사하는 단어 5개를 골라보자.

부모 특성 목록표

정직한	성급한	피상적인	자신감 있는	조심스러운	짜증스러운	부드러운	공평한
용기 있는	두려워하는	창의적인	거친	거만한	주의 깊은	부정직한	인색한
상처 주는	유연한	따뜻한	사랑스러운	둔한	쾌활한	신뢰할 수 있는	거만한
안정적인	지지적인	공격적인	비판적인	위험한	폐쇄적인	솔직한	수줍어하는
경직된	재치 있는	안전한	믿을 수 있는	의지할 수 있는	확고한	검소한	긴장하는
우울한	열정적인	연결감이 있는	미성숙한	용서하지 않는	잘 싸우는	개방된	차별적인
교활한	친절한	객관적인	침입하는	대담한	냉담한	이타적인	인내하는
무관심한	참을성이 없는	감사하는	무관심한	현명한	책임감 있는	성숙한	존경할 만한
비겁한	가혹한	상냥한	뻔뻔스러운	겸손한	무기력한	진실된	연약한
성숙한	위로하는	용감한	민감한	지루한	어리석은	잔인한	어리석은

부모도 사람이다. 내 부모도, 부모인 나도 마찬가지다. 100% 장점만 있는 부모는 없다. 이번에는 내 차례다. 앞의 특성들을 다시 살펴보자. 우리 아이는 나를 어떤 부모라고 생각할까? 내 모습은 어떤지 5개의 단어를 골라보자. '현재의 나' 칸에 지금 내 모습을 표현하는 내용을 채워보자. 나의 부모와 현재 부모가 된 나의 모습은 얼마나 비슷하고 또 얼마나 다른가? 마지막엔 내가 생각하는 이상적인 부모의 모습은 무엇인지 (혹은 아이가 의사소통이 된다면 아이가 바라는 부모는 어떤 모습인지) 적어보자.

나의 부모님	
현재의 나	
내가 생각하는 이상적인 부모 (아이가 원하는 부모)	

내 부모와 나, 그리고 이상적인 부모 이 세 가지는 얼마나 닮아 있는가? 다르더라도 괜찮다. 이 세 가지를 떠올려보는 것만으로도 큰 영감을 얻을 수 있다. 차이점을 알고 방향을 잡는 것이 바로 우리가 원하는 부모가 되는 첫걸음이다. 부모로서의 내가 어떤지 돌아보며, 필요하다면 어린 시절의 나를 다독여주자. 내 부모를 비판하기보다는 어린 시절의 나와 현재의 나를 돌이켜봄으로써 과거의 부정적 경험을 인정하고 받아들이자. 과거를 인식하고 받아들인다면 의식적으로 노력해 내 행동의 방향을 잡을 수 있을 것이다. 부모가 된 지금의 나를 더욱 건강하게 하는 것이 가장 중요한 과제다.

이제는 과거와 현재를 뛰어넘어 20년 후 나와 내 아이의 모습을 상상해보자. 책을 읽어오면서 어렴풋하게나마 떠오른 상이 있을 것이다. 글도 좋고 그림도 좋다. 머릿속에 있는 생각을 종이에 옮기는 것은 생각보다 큰 힘을 발휘한다. 실제로 정신과 진료에서도 많이 사용하는 인지행동치료 방법 중 하나인데, 추상적이고 불분명한 생각을 의식적인 형태로 끌어와 정리할 수 있도록 도와준다.

글이나 그림을 완성한 후 소리 내 어떤 모습인지 말해보자. 부부끼리 각각 그려본 후 묘사해주어도 좋다. 미래의 내 모습을 그려보고, 소리 내어 말해보는 것은 생각보다 강력한 힘이 있다. 부모로서 나의 방향을 명확히 세우는 데 큰 도움이 될 것이다.

20년 후에 나와 내 아이는 어떤 모습일까?

> **POINT**
>
> 부모가 되는 과정은 나를 돌아보는 과정이다. 좋은 부모가 되기 위해 내가 먼저 건강한 성인으로 존재해야 한다. 그러기 위해서는 나를 돌아보는 시간이 필요하다. 부모인 나의 모습은 어떠한가? 그리고 어떤 방향으로 가길 원하는가?

☀️ 아이와의 애착
결국 열쇠는 부모에게 있다

육아의 핵심 중 마지막인 부모와 자녀 사이의 관계를 확인할 차례다. 관계란 서로 다른 두 사람 이상이 만들어내는 것으로, 유동적이고 창조적이라는 특징이 있다. 관계는 1+1=2처럼 정답이 딱 떨어지지 않는다. 부모가 100점 만점짜리 부모이고 아이도 100점 만점의 아이라고 해고, 관계가 100점이 되는 것은 아니다. 관계는 변화하면서 진화하고 성장한다. 그렇다면 관계의 질은 무엇으로 판단해야 할까? 나와 내 아이의 관계는 누구의 기준으로 판단해야 할까?

"선생님, 저랑 제 아이 애착 괜찮은가요?"
"아이가 키즈 카페에 가면 뒤도 안 돌아보고 놀아요. 제가 출근할 때도 별로 저를 찾지 않아요. 저희 애착에 문제가 있나요?"

"선생님, 아이가 네 살인데도 여전히 어린이집 갈 때 힘들어해요. 저랑 떨어지는 게 괴로운가 봐요. 불안정 애착일까요?"

많은 부모가 공통적으로 하는 질문이다. 아이의 신체 성장만큼이나 심리적 성장과 안정에 많이 신경 쓰는 요즘 부모의 최대 고민은 '애착'이다. 하지만 단편적인 상황으로 애착을 판단하긴 어렵다. 관계는 주관적인 것이다. 어떤 가정에서는 옳은 일이 다른 가정에서는 틀린 방법이 될 수 있다. 그때는 문제였으나 지금은 아닐 수도 있다. 나는 부모에게 역으로 질문한다.

"아이와 함께 있을 때 마음이 어떠세요?"
"아이를 바라볼 때 기분은 어떠세요?"
"아이를 떠올릴 때 가장 먼저 드는, 혹은 가장 많이 드는 생각은 뭔가요?"

부모는 가장 먼저 자신의 마음을 들여다볼 수 있어야 한다. 관계란 서로가 함께 만들어낸 결과물이기에, 그 정서와 감정은 공유된다. 부모가 자녀를 생각하고 바라볼 때, 마음이 따뜻해지고 행복한 마음이 대부분이라면, 안정된 애착일 가능성이 높다. 반대로 아이를 떠올리면 마음이 초조해지고 걱정되고 어떻게 해야 할지 모르겠다는 생각에 사로잡힌다면, 불안정 애착일 가능성이 높아진다.

감정은 전염되고, 정서는 공유된다. 아이는 부모의 감정과 의도, 인식을 공유한다. 부모는 행복한데 아이는 불행하거나, 혹은 아이는 우울한데 부모만 행복한 가정을 나는 한 번도 본 적이 없다. 아이의 불안이나 우울 문제로 병원에 찾아온 부모도 면담을 하다 보면 숨겨진 우울과 불안이 있다. 나는 엄마 혹은 아빠니까 힘든 것은 당연하며 참아야 한다고 억누르는 경우다. 하지만 부모가 감추려는 이 마음을 아이들은 이미 알고 있다.

그렇기에 부모와 자녀의 관계, 나와 내 아이의 관계의 질을 확인하는 데 가장 먼저 해야 할 것은 바로 부모의 마음 상태를 확인하는 것이다. 아이에 대한 부모의 마음이 편안하고 안정적일 때, 아이도 그 안에서 신뢰가 높고 안전한 경험을 하고 있을 가능성이 높기 때문이다.

> 아이와 건강한 애착을 쌓기 위한 첫걸음은 부모의 마음 상태를 확인하는 것이다. 아이는 부모의 마음을 공유한다. 따라서 부모 스스로 건강한 마음을 갖도록 노력해야 한다.

☀️ 아이가 신뢰하는 부모는 따로 있다

아이가 부모와의 관계에서 안정감, 신뢰감을 얻기 위해서는 3가지가 필요하다. 각 요소는 정서적 유대감, 관계를 끈끈하게 강화하는 데 중요한 역할을 하며 이는 부부 관계, 연인 관계에도 적용된다.

첫 번째는 가용성(Available, 접근성과 함께 묶어 설명되기도 한다)으로 아이가 필요할 때 부모에게 언제든 도움을 청할 수 있고, 접근이 가능하다는 것을 의미한다. 부모의 상황이나 상태에 따라 달라지는 것이 아니라 언제든지 도움을 청할 수 있고 가까이할 수 있다는 것을 의미한다. 애착에서 이야기되는 일관된 부모의 반응과도 연결된다. 자녀에게 부모란, 언제든 어느 순간에든 가까이할 수 있는 존재여야 한다. 내가 필요할 때 언제든 의지할 수 있고 도움을 받을 수 있는 존재가 있다는 것만으로도 아이에게는 큰 힘이 된다.

두 번째는 반응성(Responsible)이다. 아이의 미숙한 표현이나 정서적 요구에 부모가 민감하게 반응하고 적절하게 답해주는 것을 말한다. 아이의 욕구나 의도를 무시하거나 폄하하지 않고 적절하게 대응해줌으로써 아이는 자신이 수용받는다고 느낀다. 동시에 부모가 자신에게 애정과 에너지를 쏟는다는 것을 확신한다.

세 번째는 정서적 몰입(Emotional Engagement)으로 부모와 자녀가 정서적으로 관계를 맺는 것을 말한다. 이는 단순히 의식주를 제공하는 것을 넘어서 따뜻한 애정을 주고 받고, 서로의 마음을 공감하고 공유하는 것을 뜻한다. 겉으로 보이는 물질적인 차원을 넘어서 눈에 보이지 않는 생각과 감정들이 이해받고 공유될 때, 부모와 아이는 서로에게 강하게 몰입될 수 있다. 즉 서로 간의 정서적 몰입을 통해 상호주관적 경험을 하게 되는 것이다.

이 3가지는 부모와 자녀, 부부 관계에서 건강하고 친밀한 관계를 유지하는 핵심 요소다. 이 요소를 통해 서로에게 감정적으로 접근 가능하며, 상대의 욕구에 민감하게 반응하고 서로에게 깊게 몰입할 수 있다. 즉 더 강한 정서적 유대 관계인 '상호주관적 관계'를 형성하고 유지할 수 있다. 이제 나에게 적용해보자. 내 아이는 언제나 나에게 접근할 수 있는가? 나는 아이의 요구에 반응하며 정서적으로 공명하는가? 아이는 어떻게 느끼는가?

> 아이와 친밀한 관계를 맺는 부모의 특징은 3가지다. 첫 번째는 아이가 부모에게 충분히 접근할 수 있어야 하며, 두 번째는 아이의 욕구나 의도에 적절하게 반응해야 한다. 마지막으로 부모가 아이와 정서적으로 연결되어 있는지 여부다.

아이와의 관계 밀도를 높여줄 4주 워크시트

머리로 아는 것을 행동으로 옮기기는 매우 어렵다. 특히 육아를 하는 부모는 더욱 그렇다. 아이를 먹이고, 씻기고, 재우는 것뿐 아니라 집안일까지 해야 하니 정신이 없다. 내 아이에게 필요한 것은 알지만 머릿속 지식을 정리해 실천으로 옮기는 것이 더딜 수밖에 없다. 하지만 우리에게 필요한 것은 처음 한 번의 경험이다. 처음 한 번이 가장 중요하다. 한 번을 하면 두 번을 하고, 이후 3번째 도전은 좀 더 쉬워진다. 그렇게 행동들이 쌓이다 보면 육아 효능감이 높아진다.

그런 마음으로 다음에 나오는 워크시트와 일기를 채워보자. 1주일에 한 번만 쓰면 된다. 앞에서 말했듯 머릿속의 생각을 글로 옮기는 것은 매우 중요하다. 뇌의 생각을 현실로 끌어주기 때문이다. 지금 당장 써봐도 좋고, 1주일 중 시간이 날 때 적어봐도 좋다. 아이와 놀았던 경험, 대화했던 것 중 가장 먼저 떠오르는 것을 적어보자.

☀️ 대화/놀이 워크시트

다음 대화/놀이 워크시트는 누군가에게 평가받기 위해 작성하는 것이 아님을 명심하자. 현재의 나와 내 아이의 대화나 놀이 상태를 확인하고, 오늘과 내일의 대화와 놀이를 준비하는 태도를 갖출 수 있다. 나아가 아이와의 소중한 순간들을 더 오래 기억하고 간직할 수 있을 것이다. 아이와 함께 나누었던 놓치고 싶지 않은 순간들을 기록해보자. 부부끼리 서로의 대화를 작성해주고 피드백을 주는 것도 좋은 방법이다.

예시) 놀이

참여자: 선우랑 엄마	날짜: 2024년 7월 31일 수요일 오전 8시	시간: 10분

상황: 선우랑 둘이 아침에 일어나서 아침 먹기 전 상황, 함께 누운 채 놀았다. 아이가 눈을 뜨고 기분이 좋아 보여서 뒹굴면서 놀았다.

PACE	
P 유쾌함	아침에 눈을 떴는데 아이가 방긋 웃어주자 기분이 좋았다. 이유는 모르지만 아이를 따라 그냥 웃으니까 덩달아 계속 기분이 좋아졌다.
A 수용	아이에게 어떻게 하라고 요구하기보다 아이가 어떻게 하는지 지켜보았다.
C 호기심	아이가 기지개를 자꾸 반복해서 켜던데, 왜 그런지 궁금했다.
E 공감	아침에 일어났더니, 눈앞에 엄마가 있어서 기분 좋은 아이의 마음을 이해할 수 있었다. 나는 보통 아이보다 먼저 일어나서 출근준비를 하는 경우가 더 많았으니까. 그래서 오늘은 좀 더 누워 있기로 했다.

상호주관적 경험: 아이는 내가 자신을 바라본다는 것을 아는 듯했다. 나를 기쁘게 해주고 싶어 했고, 나도 그것을 알아차렸다. 아이와 함께하는 내내 아이는 즐겁고 평온해 보였다. 나도 아이와 같은 감정을 느끼며 마음이 따듯해졌다.

PRIDE	
P 칭찬	"우리 선우 눈뜨고 엄마한테 웃어주니까 너무 이쁘다. 기지개도 참 잘 켜네" 하고 말해주었다.
R 반영	아이가 단순히 "우와아아" 하고 말했는데 같이 따라 말해주었다.
I 모방	아이가 기지개를 켤 때 나도 함께 켰다.
D 묘사	"우와, 우리 선우가 팔다리를 쭉쭉 길게 만들었네." 단순한 것 같지만 아이의 모습을 그대로 읽어주었다.
E 즐기기	아이 기분 좋아 보여서 나도 같이 기분이 좋았다. 내가 기지개 켜는 것을 좋아하는 것을 알고, 아이가 계속 반복해서 기지개를 켰다.

감상평: 별거 아닌 행동인데, 이렇게 쓰고 나니 정말 행복한 순간이라는 것을 알았다. 출근 전의 10분이 이렇게 소중하게 쓰이다니, 아이와 내일 아침에도 같이 기지개를 켜야지!

예시) 대화

| 참여자: 선우랑 아빠 | 날짜: 2024년 9월 6일 금요일 오후 5시, 그리고 그다음 날 비슷한 시간 | 시간: 5분 |

상황: 선우와 놀이터에서 놀다가 집으로 돌아오는 길. 아이가 낙엽에 대해 물어봤다. 궁금증이 많은 시기라서 최대한 대답해주려고 했다. 다음 날 똑같은 걸 다시 물어봤다.

아들: 아빠, 나뭇잎은 왜 떨어져?
아빠: 응, 가을, 겨울이 되면 나뭇잎이 수명이 다해서 추운 날이나 바람 불 때 땅에 떨어져.
아들: 왜요?
아빠: 땅에 떨어지면 썩어서 흙이 돼.
아들: 왜요?
아빠: 흙이 되면 나무에게 영양분을 준단다.
아들: 왜요?
아빠: 나무에 영양분을 주면 추운 겨울을 버티게 해주고 따뜻한 날에 새로운 나뭇잎으로 다시 태어나게 돼.

〈바람 분 다음 날〉

아빠: 나뭇잎이 많이 떨어졌네?
아들: 왜요?
아빠: 우리가 언제 떨어진 나뭇잎을 함께 관찰했었지? 어제 아빠가 나뭇잎이 떨어지면 어떻게 된다 그랬지?
아들: 새로운 아기 잎으로 태어나.
아빠: 우와, 우리 아들이 낙엽이 어떻게 자라고 사라지는지 다 알고 있네. 아빠랑 나눈 대화를 기억해주고 있었어!! 아빠 너무 기쁘다. 장하다, 우리 아들!

PACE	
P 유쾌함	놀이터에서 진을 뺀 터라 약간 피곤했지만, 나도 선우가 낙엽에 대해 궁금해하는 것 자체가 상당히 신기했기에 적극적으로 답했다.
A 수용	답을 알려주기보다 아이가 어떻게 생각하는지 들었다.
C 호기심	선우가 이제 자연환경 변화에 관심을 갖게 되었네? 아이가 또 어떤 자연환경을 바라보는지 함께 보았다.

E 공감	생각해보니, 선우는 낙엽이라는 것을 처음 알게 된 것일 테니까 초록색이던 나뭇잎들이 색깔이 바뀌어서 땅에 떨어진 것이 신기한 게 당연한 일 아니겠는가? 이렇게 쓰다 보니 내가 선우의 마음에 공감했네.
상호주관적 경험	아이는 떨어진 나뭇잎이 궁금했고, 나는 선우가 나뭇잎의 변화를 제대로 느낀 것을 알아챘다. 아이가 왜요? 하고 묻는 것은 이해가 잘 안 되며, 더 잘 이해하고 싶다는 뜻 같았다. 동시에 이해가 안 돼서 답답해 보였다. 그래서 나도 아이의 질문에 단순하게 답하지 않고, 아이가 이해할 수 있도록 알려주었다.

PRIDE	
P 칭찬	"아빠랑 나눈 대화를 기억해주고 있었어!! 아빠 너무 기쁘다. 장하다, 우리 아들!" 하고 칭찬했다.
R 반영	"오, 선우가 나뭇잎이 궁금했구나" 하고 아이의 마음을 읽어주려고 했다.
I 모방	아이가 나뭇잎을 보기 위해 쪼그려 앉자 함께 쪼그려 앉았다.
D 묘사	
E 즐기기	내가 칭찬해주니 아이는 쑥쓰러운 듯 기분 좋아했고, 다른 나뭇잎을 보며 몇 번이나 "아기로 다시 태어나라~"고 했다. 그런 아이를 보니 귀엽고 흐뭇했다.
감상평	다음 날 내가 말해준 내용을 기억하고 스스로 말해주어서 정말 반가웠다. 아이가 내 말을 귀담아 듣는다는 것을 알게 되어 행복했다. 다음에도 질문하면 성심성의껏 대답해줘야지!

| 참여자: | 날짜: | 시간: |

상황:

PACE

P 유쾌함	
A 수용	
C 호기심	
E 공감	

상호주관적 경험:

PRIDE

P 칭찬	
R 반영	
I 모방	
D 묘사	
E 즐기기	

감상평:

참여자:	날짜:	시간:

상황:

PACE	
P 유쾌함	
A 수용	
C 호기심	
E 공감	

상호주관적 경험:

PRIDE	
P 칭찬	
R 반영	
I 모방	
D 묘사	
E 즐기기	

감상평:

참여자:	날짜:	시간:
상황:		

PACE

P 유쾌함	
A 수용	
C 호기심	
E 공감	

상호주관적 경험:

PRIDE

P 칭찬	
R 반영	
I 모방	
D 묘사	
E 즐기기	

감상평:

참여자:	날짜:	시간:

상황:

PACE	
P 유쾌함	
A 수용	
C 호기심	
E 공감	

상호주관적 경험:

PRIDE	
P 칭찬	
R 반영	
I 모방	
D 묘사	
E 즐기기	

감상평:

☀️ 아이와 함께 쓰는 일기

다음 시트는 아이와의 소중한 순간을 기록하는 일기다. 매일 써야 하는 것은 아니다. 1주일에 한 번 정도 부담 없이 써보자. 아이와 함께 오랜 시간을 보낸 주말에 써도 좋고, 평범하지만 즐거운 평일의 일상을 적어도 좋다. 만약 자녀가 일기를 스스로 쓸 수 있는 나이거나 그림을 그릴 수 있다면 함께 써보길 추천한다. 아이가 일기를 쓸 수 없다면 아이가 말하는 것을 받아적어 주자. 일기 내용은 짧아도 좋고 그림일기 형식으로 써도 좋다. 만약 이 일기를 주기적으로 쓰고 싶다면, 시중에 파는 그림일기 노트를 사용하면 된다. 단 아이에게 억지로 시키거나 스스로 숙제처럼 생각하면서 쓰면 안 된다. 일기를 쓰는 목적은 우리의 인식, 의도, 정서를 나눈 상호주관적 경험을 다시 떠올리고 나누기 위해서다. 그렇게 써내려간 일기는 우리의 몸과 마음에 스며들 것이다. 오래도록 기억하고 싶은 순간을, 그 순간 나와 내 아이가, 우리가 함께 나눈 감정을 기록해보자.

| 날짜 : | 아이 이름 : | 부모 이름 : | 날씨 : |

오늘의 일기 :

아이의 한마디	
부모의 한마디	

날짜 :	아이 이름 :	부모 이름 :	날씨 :

오늘의 일기 :

아이의 한마디	
부모의 한마디	

| 날짜 : | 아이 이름 : | 부모 이름 : | 날씨 : |

오늘의 일기 :

아이의 한마디	
부모의 한마디	

날짜 :	아이 이름 :	부모 이름 :	날씨 :

오늘의 일기 :

아이의 한마디	
부모의 한마디	

행복한 부모 나무에서
행복한 아이 열매가 맺힌다

이 책의 마지막인 5장은 부모와 아이가 직접 참여할 수 있는 워크시트로 구성했다. 워크시트를 모두 채우지 못해도 괜찮다. 하나라도 실천했다면 스스로를 칭찬해주자. 그리고 워크시트를 쓰면서, 혹은 아이와 시간을 함께 보내며 책의 내용 중 하나라도 떠올렸다면 충분하다. PACE, PRIDE 등 하나라도 떠올리며 노력했다면 그것만으로도 이 책은 제 역할을 다 했다고 생각한다.

모든 사람은 자신이 해냈다는 성취감에서 동기 부여를 얻는다. 아이를 키우는 일은 누군가 물질적으로 보상해주는 일이 아니다. 육아의 보상은 나와 내 아이의 단단한 관계, 잘 커가는 아이, 그리고 부모로서 잘 해내고 있다는 육아 효능감에서 온다.

누군가 나에게 "너 아이 정말 잘 키운다", "넌 정말 최고의 엄마야"라고 말해주길 기다리기보다는 나 스스로에게 내가 먼저 말해주자. 부모로서 나의 변화와 노력을 알아차려주고, 나를 격려하고 인정해주자. 그리고 나 스스로에게 해주는 응원을 소리내어 목청껏 말해주자. 처음에는 쑥스럽지만 몇 번 하다 보면 익숙해질 것이다. 나도 자주 하는 방법인데, 그렇게 나를 응원하고 칭찬하는 목소리를 듣다 보면 어느새 위로받고 힘을 얻은 나를 발견한다.

"소영아, 오늘도 아들에게 세 번이나 사랑한다고 네 마음을 표현했구나. 잘했어. 아들도 네 마음을 알 거야."
"솔미야, 아이 둘 키운다고 힘들 텐데 오늘도 두 아이 모두에게 엄마의 따뜻한 미소를 보여주었구나. 참 잘했고 수고했어."
"수예야, 오늘도 사춘기 딸의 이야기를 진심으로 들어주는 너의 모습이 참 대견했어."

☀️ 우리는 이미 충분히 좋은 부모다

사실 나를 포함한 요즘 부모는 어째서인지 아이와 관련된 일에는 완벽을 추구한다.

> "저는 완벽주의 아니에요, 선생님. 그냥 남들처럼 애들한테 해줄 수 있는 거 해주고, 애착도 잘 쌓고 그러길 원하는 거예요."
> "제가 일을 하니까 (혹은 제가 집에만 있으니까), 더 못해주니까 아이한테 미안해요."

진료실을 찾아오는 부모에게 가장 많이 듣는 말이다. 영양가는 물론 모양까지 예쁘게 먹이고 싶은 욕심, 잠을 줄여서라도 아이에게 좋은 책 한 권 읽어주고 싶은 마음, 한 주 내내 직장에서 시달렸더라도 주말만큼은 아이를 좋은 곳에 데려가주고 싶은 마음…. 부모라면 누구나 내 자식에게 최고를 해주고 싶고 모든 걸 제공하고 싶다. 하지만 완벽한 부모는 없다. 모든 면에서 다 잘하고 싶다면, 필연적으로 우리는 좌절감을 겪게 된다.

옆집 아이 엄마만큼, 아이 유치원 친구 아빠만큼, 혹은 SNS상의 아무개 엄마처럼 못하는 나 자신이 한심하게 느껴지기도 하고 답답해지기도 한다. 완벽하고 이상적인 부모상을 두고 스스로를 채찍질하다 보면 돌아오는 것은 자책감, 좌절감, 열등함 혹은 미안함이다. 이런 마음은 육아에 큰 도움이 되지 않는다.

육아는 단거리 마라톤이 아니기 때문에 부정적 에너지로 힘을 내게 하는 것은 힘을 발휘하지 못한다. 육아는 아이와 함께 성장해가는 장거리 마라톤이다. 그렇기에 우리 스스로를 응원하며 지속 가능한 육아를 해야 한다. 힘들고 고된 육아 전쟁에서 긍정적인 에너지를 찾아낼 수 있게 된다면 우리의 육아는 한결 수월해질 것이다.

소아정신분석학자 도널드 위니코트는 이렇게 말했다.

"Good enough mother(충분히 좋은 엄마)."

평범한 부모는 평범한 육아를 한다. 그리고 평범한 실수를 하고, 그 실수를 만회한다. 위니코트는 평범한 실수를 하고 그것을 만회할 수 있는 부모면 충분하다고 한다. 아이에게는 자신의 엄마, 아빠 그 자체가 소중하고 중요한 것이지 완벽한 부모가 필요하지 않다는 것이다. 따라서 나는 말해주고 싶다. "그만하면 잘하고 있어요. 당신은 이미 충분히 좋은 부모인걸요."

행복한 부모 아래서 자란 아이는 더욱 행복해질 가능성이 높다. 마음이 튼튼한 부모와 함께 생활하고 자란 아이는 시련과 역경을 견딜 수 있는 힘이 있다. 아이는 부모와 함께 자라며, 부모를 보고 자란다. 부모가 자신의 삶을 사랑하고 스스로를 아끼는 모습을 보일 때, 아이 또한 자신을 사랑하고 아끼게 된다. 마음이 부자인 아이로 아이를 키우고 싶은가? 그렇다면 부모의 마음부터 챙기자. 아이는 부모를 바라보며 성장한다는 사실을 잊지 말자.

이 책을 읽으며 좋은 부모가 되려고 노력한 당신은, 이미 충분히 좋은 부모다. 부모로서 부족한 자신의 모습을 떠올리기보다 아이와의 행복한 시간에 집중해보자. 마음이 부자인 아이는 매일의 풍성한 일상이 쌓여서 자라난다.

마음이 부자인 아이는 어떻게 성장하는가
ⓒ 박소영, 2024

초판 1쇄 발행 | 2024년 9월 25일
초판 3쇄 발행 | 2024년 12월 4일

지은이 | 박소영
책임편집 | 김다미
콘텐츠그룹 | 배상현, 김아영, 박화인, 기소미
디자인 | STUDIO 보글
일러스트 | 김해

펴낸이 | 전승환
펴낸곳 | 책 읽어주는 남자
신고번호 | 제2024-000099호
이메일 | bookcrayon@thebookman.co.kr

ISBN 979-11-93937-22-8 (03370)

- 북크레용은 '책 읽어주는 남자'의 출판 브랜드입니다.
- 이 책의 저작권은 저자에게 있습니다.
- 저작권법에 의해 보호를 받는 저작물이므로 저자와 출판사의 허락 없이 무단 전재와 복제를 금합니다.
- 이 책의 일부 또는 전부를 재사용하려면 반드시 저작권자와 출판사 양측의 동의를 받아야 합니다.
- 책값은 뒤표지에 있습니다.